Marion Harder-Merkelbach

Wahrheit und Irrtum

Roman

Lektorat: Diana Schaumlöffel, München
Umschlaggestaltung: MHM Verlag, unter Verwendung von: Columcille von Iona, Cathach, 6. Jh., Ausschnitt (public domain)
ISBN 978-3981723434
www.verlag-bodensee.com
www.marion-merkelbach.de

Marion Harder-Merkelbach

Wahrheit und Irrtum

Roman

MHM

HiStory – Welt und Mensch
MHM Die Bodensee-Romane

Meiner Familie gewidmet

Natürlich kann der Irrtum lange stehen bleiben.
Aber die Wahrheit stand schon immer länger
und widerlegt ihn stets.

Columba

Prolog

Um 590

Iona
Eine kleine Insel zwischen Irland und Schottland

Der Meister der Meister und die Schiffbrüchige

Zunächst nannten sie ihn Crimthann, den Fuchs. Jetzt war er der allerhöchste Meister, der Abt der Äbte. Jetzt war er Columcille von Iona!

Columcille saß an der Schwelle der Tür zu seiner kreisrunden Hütte. Er hatte den Schemel und den Tisch dorthin verrückt, wo Außen und Innen sich trafen, wo die Weite und die Enge, das Licht und die Dunkelheit aufeinanderstießen. Immer wieder tunkte er die Feder in das Horn mit der braunen Gallustinte und setzte sie anschließend auf das Pergament. Dabei sang er so laut, wie es seine heißere Stimme zuließ. Der Lauf der Jahre hatte sie geschwächt, und so glich sie bei all der Freude und Kraft, die darin mitschwingen sollten, einem geheimnisvollen steten Murmeln. Da er die Lippen kaum bewegte, waren die Worte nicht zu verstehen. Doch das kümmerte den bedeutenden Columcille nicht, denn es ging ihm darum, die Bilder festzuhalten, die mit den Anrufungen in seinem Kopf entstanden. Seine Augen hafteten ohne Unterlass auf dem Pergament.

Noch ein weiteres Augenpaar folgte der Bewegung von Columcilles zitternder Hand und der Spur, die die Tinte auf dem Pergament hinterließ. Leise und voller Demut hatte sich Calman dem allerhöchsten Abt genähert. Doch der große Meister ließ sich ohnehin nicht stören, denn seine Versenkung war tief und sein Gehör vom schrillen Lauf der Zeit beeinträchtigt.

Calman, in dessen hellem Haar einige silberne Strähnen im Sonnenlicht schimmerten, staunte. Das, was der Abt der Äbte auf das Pergament zauberte, schien schlicht. Es war ein Buchstabe. Doch der Buchstabe bekam Zeichen und Symbole zugeteilt, und diese umfassten zwei Welten: die Welt der vielen Götter und die Welt des einen Gottes sowie deren Vermittler. Es war ein Buchstabe, der einen Wortanfang bildete, ja den Anfang eines Satzes, ja eines ganzen Psalms. In dieser Initiale, so erkannte Calman, waren die heiligen Geheimnisse ihrer Welt verborgen. Jeder konnte die Initiale sehen, aber nur die Eingeweihten wussten sie zu entschlüsseln. Was für eine Verkörperung von alldem, was ihr Glauben, ja ihr Dasein beinhaltete, staunte Calman.

»Siehst du dieses Zeichen?«, fragte der Abt der Äbte, ohne aufzublicken, »es steht fest auf zwei auseinandergespreizten Beinen. Es wird Jahrhunderte überdauern, es wird in die Ewigkeit eingehen, sei es auf diesem Pergament oder eingemeißelt in die heiligen Steine. Es ist das allumfassende Zeichen unserer Vergangenheit, unserer Gegenwart und der Zukunft. Denn darin enthalten ist das + der vier Elemente und das X, das Chi, die Energie des Rho, die Kraft der Vernunft und des Verstandes.«

»Ja, Meister Columcille«, erwiderte Calman ehrfürchtig, »ich sehe auch das Sonnenrad. Es ist das Symbol, das für das Licht, den Kreislauf und die Elemente steht.« – »Und für den Retter«, fügte er noch hinzu.

Langsam und etwas schwerfällig steckte Columcille die Feder in das Horn mit der Tinte. Er erhob sich und sah Calman an. Er sah das strahlende Blau seiner Augen. Er sah die unergründliche Tiefe, die dieser Mann in sich barg. Er sah dessen verzweifelte Suche nach der Wahrheit. Er sah dessen Zerrissenheit zwischen Leidenschaft und Selbstaufgabe. Er sah dessen Aufbruchsstimmung. Er gab ihm den Bruderkuss und schloss ihn schweigend in seine Arme.

Schließlich sagte er: »Du bist ein würdiger Träger meines Namens. Trage die wahren Botschaften des höchsten aller Druiden, den wir als Chi Rho verehren, den andere *k r ç s t ó s* oder *lógos*, den Verstand oder die Vernunft nennen, in die Welt hinaus und verbreite sie. Bedenke aber stets: Um die Wahrheit zu verbreiten, bedarf es der Vernunft; um die Wahrheit aufzunehmen, des Verstandes; und um die Wahrheit zu verstehen, des Wissens. Und beherzige noch eins: Wende niemals Zwang an!«

Sein Blick schweifte zum Ozean.

»Der große Sturm wird uns in drei Tagen erreichen. Ihr werdet morgen früh, kurz bevor das Sonnenrad sich am Himmel zeigt, aufbrechen. Seid ihr bereit?«

Noch war der Wind lau, und die Oberfläche des Meeres kräuselte sich nur sanft. Allein ein kleiner Luftzug umspielte die Hütte des Abtes, als eine aufgeregte Stimme erklang. »Die Schiffbrüchige ist erwacht, Meister. Schnell, kommt«, rief der wild gestikulierende Bruder, der sich der Hütte näherte. Als er außer Atem vor ihnen stand, fügte er hinzu: »Sie ist eine von uns. Sie ist Skotin und murmelt … ja, sie stammelt Unverständliches …«

Die Schiffbrüchige war auf das Lager in der Krankenhütte gebettet worden. Ihren bruchstückhaften Sätzen ließ sich entnehmen, dass sie eine weite Reise hinter sich hatte. Sie habe sich einst einer Gruppe von Schwestern und Brüdern aus dem Monasterium von Brig angeschlossen, um die Heimat für immer zu verlassen.

Sie war eine Skotin aus dem Monasterium von Brig? Calman wurde hellhörig. Seine Familie kam aus diesem Monasterium in Cill Dara, das einst von der berühmten Äbtissin und Seherin Brig gegründet worden war. Er selbst hatte dort seine erste Ausbildung erhalten, bevor er nach Bangor gerufen wurde.

Aus dem weiteren kräftezehrenden, aber drängenden Murmeln entnahmen sie folgende erstaunliche Geschichte der Schiffbrüchigen: Ihre rastlose Pilgerschaft durch Europa war zunehmend zu einer Flucht vor dem Unheil geworden, das den Weltkörper heimsuchte. Das Reich der Franken sei in verfeindete Königreiche unterteilt, und die Menschen würden sich dort gegenseitig quälen und ermorden, gleichgültig ob Brüder oder Schwestern, Väter oder Mütter, Söhne oder Töchter. Überall würde man auf Schlachtfelder und skelettierte Dörfer stoßen. Und auch ihr wäre Grausames widerfahren.

Schließlich hätte die Skotin sich einem Kaufmannszug angeschlossen und die heiligen Berge, die Alpen, überquert. Zerlumpt und ausgehungert sei sie in Papia – später sollte es Pavia heißen – angekommen. Schnell sprach sich herum, dass sie, eine einfache Frau, eine Pilgerin sei und von einer Insel am Rande der Welt käme. Erstaunlicherweise konnte sie ausgezeichnet lesen und schreiben und darüber hinaus Latein und Griechisch. Ihre seltenen Kenntnisse drangen vor bis zur Königin der Langobarden. Theodelinda wurde auf sie aufmerksam und ließ die gebildete Frau in ihren königlichen Palast von Papia bringen. Die ihr nachgesagten Fähigkeiten bewahrheiteten sich, und sie berichtete der staunenden Königin von ihrer heimatlichen Insel, von den Monasterien und den Lehrinstituten. Schließlich offenbarte die Frau der Königin, dass sie mit dem Verlassen der Heimat – auf alle Ewigkeit – Buße für begangene Sünden tun wollte. Gleichzeitig hätte sie, als skotische Pilgerin, es sich zur Aufgabe gemacht, den wahren Glauben auf dem Kontinent zu verbreiten, um zur Heilung des Weltkörpers beizutragen.

Die Schiffbrüchige stöhnte jetzt laut auf ihrem Lager auf. Calman flößte ihr einen Heiltrank ein, der ihr sichtlich Erleichterung verschaffte, und sie berichtete stockend weiter.

Während ihrer Aufwartung bei der Königin sei dann die schlimme Botschaft eingetroffen.

»Welche Botschaft?«, fragte Calman, als die Schwerverletzte nach Atem rang und erneut nach dem schmerzlindernden Trank verlangte.

»Es war die Botschaft«, wieder wurde die Kranke von einem heftigen Hustenanfall unterbrochen, dann fuhr sie fort, »dass ihr Gemahl ermordet wurde.«

»Der König der Langobarden?«, fragte Calman ungläubig. Immer wieder drangen Nachrichten von wichtigen Begebenheiten, die sich auf dem Kontinent ereigneten, zu ihnen auf die Inseln. Doch vom Tod des Königs, dessen Reich am anderen Ende der Welt lag, hatte er bislang nichts erfahren. Calman hatte keine Vorstellung vom Wesen und Dasein der Menschen, die dort in weiter Ferne lebten. Um zu ihnen zu gelangen, so hieß es, sei man gezwungen, das spektakuläre Gebirge zu überwinden. Dessen Anblick sei atemberaubend. Bei der Überquerung würden die Berggötter jedoch zahlreiche Menschenleben fordern. Calmans Bewunderung galt jetzt der Skotin, die vor ihm lag und das Gebirge bezwungen hatte. Das Meer jedoch hatte ihr die letzten Kräfte geraubt, so dass die sie jetzt erschöpft um ihr irdisches Leben rang.

Die Königin sei vor ihren Augen zusammengebrochen, hörte er die Schiffbrüchige matt flüstern. Verzweifelt hätte die Königin gejammert, sie hätte keine Kraft mehr, gegen all das Schlechte und Grausame in dieser Welt anzukämpfen! Sie könne nicht mehr. Sie würde aufgeben. Da hätte die Skotin ihr gesagt, sie würde über viel Wissen verfügen … auch über heilige Weisheiten. Sie hätte ein Wissen, das auf der Insel ihrer Heimat gehütet wurde und das gemeinsam mit den Botschaften des Chi Rho helfen würde, den Weltkörper zu retten. Man dürfe aber nie daran zweifeln und schon gar nicht die Hoffnung aufgeben!

Plötzlich hätte sich der Gesichtsausdruck der Königin verändert. Gefasst und voller Würde sei sie aufgestanden, hätte ihr kostbares Kleid in Ordnung gebracht und sei zu einer schweren Truhe geschritten. Sie entnahm daraus eine kleine Kiste mit einem festen Lederbeutel darin. Dann sagte sie, und die

Schiffbrüchige war sich sicher, dass die Königin mit der Zunge einer Seherin sprach: »Ich glaube und vertraue dir. Weil ich weiß, wovon du sprichst. Bring das dem obersten Meister deiner Insel vom Rande der Welt. Es ist eine Schrift, die nach der Wahrheit sucht. Sie hilft uns, sie zu finden!«

Während die Schiffbrüchige die letzten Worte sprach, verschwanden die Strahlen der untergehenden Sonne hinter den dunklen Wolken.

Calman beobachtete, wie die Skotin schwächer und schwächer wurde. Er rang mit sich, denn eine Frage brannte ihm auf der Seele, seit er gehört hatte, dass sie mit den Pilgern aus dem Monasterium von Brig aufgebrochen war. Schließlich nahm er sich ein Herz: »Kennst du Atala?«

Die Schiffbrüchige nickte kaum merklich, dann überschritt sie die Schwelle zum Reich der Ewigkeit.

»Wer kann das lesen?«

Keiner übertraf Columcille an Klugheit, denn er war der oberste Meister des heiligen Wissens. Doch während er über den Pergamentseiten, welche die Königin der Langobarden der verstorbenen Schiffbrüchigen anvertraut hatte, brütete, schien selbst er mit seiner Weisheit am Ende.

»Es gibt zuweilen Zeichen darunter, die den unseren ähneln, und gleichzeitig sehen sie aus wie Buchstaben«, überlegte Calman laut.

»Sieht aus wie griechische Buchstaben. Aber es sind keine«, stellte Columcille mit rauer Stimme fest.

»Es ist eine eigentümliche Schrift. Womöglich eine Geheimschrift?«

Calmans Herz galoppierte, ohne zu wissen wohin.

»Zieh mit deinen Gefährten los, findet es heraus, sucht die Wahrheit und rettet den Weltkörper! Die, welche im Irrtum sind, werden sonst die Macht übernehmen, und das mit Zwang«, prophezeite der Abt der Äbte. Er hob den Zeigefinger und mahnte: »*Wir* aber zwingen niemanden, hörst du, Calman! *Wir* wenden keine Gewalt an. *Wir* überzeugen die Menschen durch unser Wissen, unsere Fähigkeiten und durch unsere Taten. Im Namen des Herrn der Elemente, unseres obersten Druiden, im Namen des Retters und des Vermittlers. Im Namen der Wahrheit. Darauf schwören wir!«

Mit diesen Worten schickte Columcille, der Abt der Äbte, Meister Calman und seine Gefährtinnen und Gefährten hinaus in die Welt. Im Gepäck hatten sie das geheimnisvolle Manuskript der Königin der Langobarden. Voller Neugier brannten sie darauf, die Schrift zu entschlüsseln, denn stets waren sie bestrebt, den wahren Inhalten des neuen Glaubens näherzukommen, um diese dann auf dem Kontinent zu verbreiten. Ihr heiliges Wissen über die Natur, die Tiere und die Gestirne verlieh ihnen den Mut dazu, sich auf die Reise hinaus in die Welt voller Gefahren zu begeben.

Calman sollte sich von nun an Columba, die Taube, nennen.

Um 591

Mediomatricum – Metz
Austrasien, östlicher Teil des Frankenreichs

Königin Brunichilde

»Wo sind deine Haare, Meister Columba?«, fragte Königin Brunichilde, die Regentin von Austrasien.

»Sie sind hier«, erwiderte Columba, schlug den Schal zurück und zeigte sein Hinterhaupt mit der auf den Rücken fallenden hellen Haarpracht. Seit Beginn ihrer Reise rasierte er sich wie Columcille, der Abt der Äbte, den vorderen Teil des Schädels.

»Tatsächlich!«, stellte sie im Tonfall freudiger Überraschung fest. Ob diese Überraschung geheuchelt war und die Königin ihn und die Brüder ins Verderben führen wollte, darüber war sich Columba in jenem Moment nicht im Klaren.

Kurz erfüllte Stille den Raum. Dann sprach die Königin weiter: »Es ist eine ungewöhnliche Tonsur, die ihr tragt. Sie unterscheidet euch von den Mönchen, die der römischen Kirche folgen ... Mutig!«, fügte sie hinzu.

»Das ist wohl nicht das Einzige, was uns von unseren römischen Brüdern unterscheidet«, gab Columba ehrlich zurück.

»Nun, sie sagen ...«, sie schloss den Mund und umkreiste mit dem linken Zeigefinger ihre Lippen. Dann fuhr sie fort: »... es sei die Tonsur eines Magiers, die du trägst.«

»Mag sein«, entgegnete er unverbindlich.

»Habt ihr keine Bedenken, dass euch der Bischof deswegen zürnt?«

»Welcher Bischof?« Columba legte fragend den Kopf schief, »und warum sollten wir Bedenken haben? Bischof Aigulf von Mediomatricum ist uns wohlgesonnen, und die anderen Bischöfe dürfen ihre Meinung frei äußern. Wir respektieren das.« Er hob seine Augenbrauen und ergänzte: »Aber wir haben ihnen gegenüber keinerlei Verpflichtungen. Sie unterstehen Rom und dem Papst. Wir nicht. Unterstehen wir nicht deinem Schutz, verehrte Königin?«

Brunichilde legte den Zeigefinger auf die Oberlippe und Columba sah, wie sich darunter ein mehrdeutiges Lächeln verbarg.

»Nun, Meister Columba, ihr befindet euch in einem Reich, welches sich dem römischen Glauben angeschlossen hat.«

»Wir, die wir vom oberen Ende der Welt kommen, sind nicht der römischen Kirche untertan«, bekräftigte Columba erneut. »Wir sind unabhängig von Rom und leben nach unseren eigenen Regeln. Ich bin keinem Bischof zu Gehorsam verpflichtet!«

Der Fremdling entwickelt sich mehr und mehr zu einem interessanten Gesprächspartner, überlegte die Königin und sagte dann: »Tritt näher, Meister Columba!« Sie winkte ihn mit der Rechten zu sich heran.

Columba verbeugte sich ehrerbietig und trat einige Schritte vor. Das Rot und Blau ihres opulenten Kleides – es waren offensichtlich kostbare Mineralien zum Färben des Stoffes verwendet worden – stachen ihm ins Auge.

»Pass auf, Fremder vom Ende der Welt, dass du die Bischöfe nicht unterschätzt. Wenn *sie* nicht zum Spielball der Mächtigen werden, entwickeln sie sich selbst zu Künstlern der Machtspiele.« Wieder hielt sie inne, um dann fortzufahren: »Der Bischof von Mediomatricum hat dich als Bruder von einer fernen Insel angekündigt. Er nannte sie die Insel der Skoten. Es gibt Stimmen, die sagen, dass dort die gefährlichen Mysterien und die Geheimnistuerei immer noch *heilig* sind ...«

Bei dem Wort *heilig* rümpfte sie die Nase.

»... und dies, obwohl sie schon lange von Rom verboten wurden«, fügte sie kopfschüttelnd hinzu.

»Wir nennen unsere heimatliche Insel Eriu, bei den Römern heißt sie Hibernia, und wir bezeichnen uns als Skoten. Wir kommen von der Insel mit den vielen Namen.« Columba lächelte, und die schmeichelhaften Grübchen, die sich in den ebenmäßigen Gesichtszügen des stattlichen Mannes bildeten, gefielen der Königin.

»Ihr wisst, dass eure *heilige* Geheimniskrämerei schon lange verboten ist und dem heidnischen Irrglauben zugeordnet wird?« Während sie sprach, beobachtete sie jede seiner Regungen. »Das bringt dich und deine Brüder in Gefahr«, ergänzte sie und fügte ihrer Stirn weitere Fältchen hinzu, indem sie die Augenbrauen zusammenzog.

»Das lass unsere Sorge sein, verehrte Königin!«

»Nun, du bist weder ein Germane noch ein Romane. Deine Ahnen sind …«

»Skoten, wie gesagt, wir nennen uns Skoten und haben uns schon immer aus dem Herrschaftsbereich der Römer herausgehalten.«

Brunichilde staunte: »Ihr Skoten habt nie zum Römischen Reich gehört?« Sie schüttelte erneut den Kopf und rief: »Das ist ja unglaublich!« Wieder umkreiste sie mit dem Zeigefinger ihre Lippen und überlegte fieberhaft.

»Mir brennt schon lange eine Frage auf dem Herzen. Vielleicht kannst *du* sie mir beantworten, Meister Columba?«

»Wenn das Herz der Königin brennt, lodert das Feuer an der richtigen Stelle, und ich bin begierig, die Frage zu hören.«

»Ou!«, entwich es der Königin. Jetzt strich sie sich nachdenklich mit der Linken – den Ellenbogen auf der Lehne des schweren Eichenholzthrones abgestützt, auf dem sie saß – über das Kinn, während sie ihren Kopf leicht nach rechts neigte.

»Nun, bevor ich meine Frage stelle«, zögerte sie, »möchte ich dich näher kennenlernen, Meister Columba. – Erkläre mir, warum du hier bist und Ländereien von mir verlangst. Nicht jeder Mönch erhält Zutritt zu meinen Gemächern, schon gar nicht, wenn er solch verwegene Wünsche äußert. Du hast es Bischof Aigulf zu verdanken. Er hat ein gutes Wort für dich eingelegt«, erklärte sie lächelnd und spielte jetzt mit der kreisrunden goldenen Fibel, die ihr kostbares Kleid schmückte.

»Es gibt viele arme und hilfsbedürftige Menschen auf dem Weltkörper. Viele vollziehen noch die alten und unmenschlichen Riten. Sie sind den Göttern hörig und glauben, diese mit lebenden Opfern versöhnlich zu stimmen. Sie liefern sich den bösen Göttern aus, die es gar nicht gibt. Und dann sind da all die Kriege, die Gewalttaten und Morde, auch unter Brüdern und Schwestern. – Aber wem erzähle ich das?«, sagte er. »Die Menschen haben nichts Besseres zu tun, als sich gegenseitig zu quälen und zu töten.«

Während Columba sprach, suchte er in den Gesichtszügen der Königin nach einer Reaktion auf seine Worte.

»Sie kennen den Wert des Lebens nicht. Sie kennen ihren eigenen Wert nicht. Wir wollen ihnen helfen, diese Werte zu finden. Wir sind von dem höchsten Gott dazu berufen, unser Wissen und den Glauben an ihn an alle Menschen weiterzugeben, ehrwürdige Königin. Bildung ist ein Segen für das Volk. Wir sind alle Glieder eines Körpers, und wenn ein Glied verletzt ist oder einer der Sinne des Körpers leidet, müssen wir sie pflegen, damit nicht der ganze Körper zugrunde geht. Und Chi Rho gibt uns die Anleitung zur Rettung.«

»Chi Rho …?«, überlegte sie laut und fuhr fort: »Ein schönes Bild, das du zeichnest. Und wie sehen die Geschlechtsteile des Weltkörpers aus? Ist es ein Mann oder eine Frau?«

Bevor Columba Zeit für eine Antwort hatte, lachte sie scherzhaft, wandte dabei ihr Antlitz in Richtung seiner bloßen Füße und fragte: »Hast du in letzter Zeit bei einer Frau gelegen?« Sie verharrte einen Augenblick, gebannt, wie der Bruder auf die vertrauliche Frage reagieren würde. Als er nichts erwiderte, winkte sie lachend ab: »Ich erspare dir die Antwort. – Nein, das war nicht das, was ich dich fragen wollte.« Jetzt setzte sie ein verschwörerisches Lächeln auf. Es war jedoch nicht ersichtlich, ob sie sich mit ihm oder gegen ihn verschwor.

»Viel mehr interessiert mich, ob du die Weisheit in Person an deiner Seite hast.«

Er hatte gelernt zuzuhören. So erfuhr er meistens mehr von seinem Gegenüber als jenes von ihm. Das Zuhören und Beobachten sollten ihm mehr über die Königin verraten. Doch es gelang ihr, ihn zu verwirren. Brunichilde hatte in ihrem Leben, das war bekannt, die Schule grausamer Schicksalsschläge durchlaufen, deren Auswirkungen auf ihre Seele er jedoch nicht einzuschätzen wusste. Er ließ ihre Frage in seine Antwort einfließen, ohne selbst den Schleier des Geheimnisvollen zu lüften. Er sagte schlicht: »Selbstverständlich habe ich die Weisheit in Person an meiner Seite.«

Und das genügte der Königin. Ihre Gesichtszüge wurden ernst. Sie fragte weiter und musterte Columba währenddessen aus den Augenwinkeln: »Glaubst du, er ist ein Gott? Oder glaubst du, er ist menschlicher Natur?«

Das war die entscheidende Frage.

Das war *die* Frage! Es war die Frage, die über Rechtgläubigkeit oder Irrglauben entschied. Es war die Frage, welche die Christenheit spaltete und immer wieder Kriege provozierte. Es war die Frage, weshalb sich die germanischen Christen und die römischen Christen zu Todfeinden erklärten. Es war die gezielte Frage, ob Columba und seine Nachfolger Verfechter des häretischen Glaubens der Arianer waren oder dem rechten Glauben der römischen Kirche folgten. Hing davon ab, ob Brunichilde ihm ihre Unterstützung gewähren würde oder nicht?

»Weißt du«, sprach sie weiter, »nicht nur die Welt der Christen ist gespalten, was diese Frage betrifft, sondern auch meine Familie und meine Verwandtschaft – Gott hab sie inzwischen beinahe alle selig. Selbst mit meiner Mutter und meiner Tochter stritt ich darüber, und es kam zum Bruch – mit mir. Was ist das für ein Leben, wenn selbst das eigene Fleisch und Blut sich mit Mordlust gegen dich stellt? Der neue Glaube soll uns doch einigen. Oder etwa nicht?«

Columba hob den Kopf und suchte in den Augen der Königin nach einer Antwort auf seine stumme Frage. Brunichilde hatte die Macht, über Verbannung, Vernichtung und über die Zuteilung von Ländereien unter ihrem Schutz in ihrem Regierungsbereich zu entscheiden.

Sie selbst war von ihren Eltern, beide überzeugte Arianer, im Glauben der *Irrlehre* erzogen worden. Doch Columba wusste auch, dass Brunichilde vor der Vermählung mit König Sigibert I. – er wurde schon vor Jahren erstochen – zur römischen Kirche übergetreten war. Hätte Brunichilde am Irrglauben festgehalten, wäre sie aus der Welt der mordenden und meuchelnden fränkischen Herrscher und Herrscherinnen verbannt worden. Oder hatte sie etwa ihren alten Glauben aus Liebe aufgegeben?

»Du musst verstehen, Fremder«, fuhr die Königin fort, ohne seine Antwort abzuwarten, »du kommst von weit her. Du sprichst zwar ein ausgezeichnetes Latein, aber die Sprache deiner Herkunft ist mir fremd. Warum soll ich dir ein Stück Land für dein Monasterium überlassen, ohne jemals die Möglichkeit gehabt zu haben, Vertrauen in dich und deine Brüder aufzubauen?«

So wie Columba verstand es auch Brunichilde, ihr wahres Gesicht hinter einer Maske zu verbergen.

»Wir bitten nicht um Ländereien in der Stadt oder in Stadtnähe. Wir überlassen das Missionieren dort den Rom unterstellten Bischöfen. Wir möchten uns auf dem Land niederlassen. Dort, wo das einfache Volk lebt und wir Felder bearbeiten können. Wir wollen niemandem in die Quere kommen«, antwortete Columba diplomatisch.

»Und warum denkst du, sollte ich unsere adligen Landbesitzer dazu anhalten, dir diesen Wunsch zu gewähren?«, fragte Brunichilde insistierend.

»Nun«, begann Columba langsam und kratzte sich den kahlen Vorderkopf, »wir haben das Wissen, das wenige besitzen, und können es an eure Söhne und auch an eure Töchter weitergeben. Wir bauen eine Schule, sammeln Schriften aller Art, darunter auch zahlreiche heilige Schriften, und versorgen die Armen und Kranken, die Witwen und Waisen mit unserem Wissen über die Pflanzen und Tiere und selbstverständlich über den Körper des Menschen. Und du weißt, verehrteste Königin«, fügte er mit einem Augenzwinkern hinzu, »Wissen ist Macht! Und – ohne mir zu erlauben, dein Wissen infrage zu stellen – unser Wissen hat die Macht über das Leben und ... selbstverständlich auch über den Tod. – Das könnte auch dir zum Vorteil gereichen«, ergänzte er mit hochgezogenen buschigen Augenbrauen.

»Pass auf, was du sagst, Columba!«, warnte sie. »Das Wissen, das andere nicht haben, kann zu einer bedrohlichen Gefahr anwachsen.«

»Nun«, lenkte der Skote ein, um dem Gespräch eine Wendung zu geben, »wir arbeiten an einem Rezept, welches das ewige Leben mit dem Paradies in Einklang bringt.«

»Du kennst also das geheime Rezept der ewigen Jugend?«, fragte die Regentin erfreut.

»Beide Rezepte dürften sich ähneln«, antwortete Columba gleichfalls lächelnd.

»Du bekommst das Land, wenn du mir versprichst, das Rezept niemandem zu verraten außer mir. – Habt ihr eine Vorstellung, wo ihr eure Schule aufbauen wollt?«

»Wir sind die letzten Monate viel umhergereist, und wir haben einen Ort auserkoren, der unseren Vorstellungen sehr entgegenkommt. Dort werden wir gebraucht.«

»Sag schon, Meister Columba, wo soll das Grundstück liegen?«

»Dürfen wir also mit dem Schutz der Königin rechnen?«, stellte er die Gegenfrage.

Ein lautes Poltern ließ sie beide zusammenzucken. Während Brunichilde erschrocken von ihrem Thron aufsprang, eilte Columba einem durch die Tür fallenden jungen Mann entgegen und fing ihn gemeinsam mit einem Diener auf.

»Childebert ...« Brunichilde riss entsetzt die Augen auf, als sie den mit Blut durchtränkten Mantel ihres Sohnes sah. »Childebert ...«

»... Egidius, dieser Verräter ...«, röchelte der Verwundete mit bleichem Gesicht, bevor er die Augen schloss und zusammensackte.

Gemeinsam mit dem Diener bettete Columba den Schwerverletzten auf das Lager der Königin. Die kostbaren Felle und edlen Decken wurden von dem Rot des königlichen Blutes durchtränkt.

»Mit deiner Erlaubnis, Königin Brunichilde ...« Mit diesen Worten öffnete Columba vorsichtig die kostbaren Fibeln, die den königlichen Mantel und das Gewand darunter zusammenhielten.

Laute Schreie eines Kindes und heftiges Trampeln von rennenden Füßen riefen Brunichilde aus der Starre zurück ins Leben.

»Sei still, Theuderich, und verschwinde von hier!«, herrschte sie den kleinen Jungen an, der jetzt in das Gemach der Königin stürzte. »Nimm ihn, Faileuba, und kümmere dich um dein Kind! Der Anblick seines verwundeten Vaters wird sich sonst in seinen Kopf einbrennen wie ein ewiges Brandzeichen.«

»Er hat es gesehen ...«, schluchzte Faileuba, die als Nächste bleich und atemlos die Tür erreichte hatte. »Er ... hat gesehen, wie sie auf ihn eingestochen haben. Er hat gesehen, wie sie ihn überfallen haben!« Ihr Gesicht war tränenüberströmt, und sie vermied es, an Brunichilde vorbei auf das Lager zu blicken, auf dem sich Columba um ihren röchelnden Gemahl kümmerte. Laut aufheulend packte sie Theuderich am Kragen und stürzte Hals über Kopf aus dem königlichen Gemach.

Columba verlangte nach sauberen Tüchern und heißem Wasser.

Cailech hatte vor der Tür auf seinen Meister gewartet. Während des plötzlichen Aufruhrs hatte auch er es gewagt, das königliche Gemach zu betreten, und nun gab Columba dem

Bruder Anweisungen in der gälischen Sprache. Gemeinsam – auch die Königin legte mit Hand an – wuschen sie den blutüberströmten Körper, betupften die klaffenden Stichwunden und stillten das Blut. Immer wieder stöhnte und schrie der Patient auf.

»Was gibst du ihm?«, fragte Brunichilde misstrauisch, als Columba getrocknete Kräuter aus seinem Beutel kramte und sie mit dem heißen Wasser zu einem Trank vermischte.

Er sah sie an. »Vertrau mir, Königin. Es wird deinem Sohn die Schmerzen nehmen, und er wird in einen tiefen und erholsamen Schlaf fallen.« Dann fügte er hinzu: »Vielleicht haben sie dem Menschensohn etwas Ähnliches gegeben, als er gekreuzigt wurde?«

»Er war also in deinen Augen ein Mensch?!« Brunichildes erbleichtes Gesicht rötete sich wieder, während sie ihn prüfend ansah.

»Er konnte nicht jedem seiner Schüler trauen, aber er hatte eine Gefährtin, und ihr hat er alle seine Geheimnisse anvertraut. Also vertrau du auch mir!«, antwortete Columba ausweichend.

»Du bist nicht mein Gefährte«, erwiderte die Königin. Ihre Stimme klang leise, ja beinahe unsicher, während sie den Kopf des Sohnes auf ihren Schoß bettete, damit Columba ihm den Trank besser verabreichen konnte.

»Weißt du, Meister Columba«, sagte sie nach einer Weile, beruhigt, dass Childebert jetzt in einen friedlichen Schlaf gesunken war, »dass mir Geheimnisse Angst machen? Nicht alle Geheimnisse, nein. Es gibt zweifellos gute Geheimnisse, die notwendig sind. Anscheinend hatte der Menschensohn, wie du ihn nennst, auch welche … habe ich ja auch«, lächelte sie und streichelte liebevoll den Kopf ihres Sohnes. »Mir machen diejenigen Geheimnisse Angst, von denen es heißt, dass sie die Macht haben, die Welt zu beherrschen, ohne dass es die Menschheit bemerkt. – Ich bin sehr neugierig und ...« Ihr argwöhnischer Blick fiel erneut auf Columbas Haartracht. Sie brach den Satz ab und fragte: »Wieso trägst du die Tonsur eines Magiers?«

Sie erwartete keine Antwort. Stattdessen sagte sie: »Ich habe die Hochzeit von ihm …«, sie sprach mit Blick auf ihren schlafenden Sohn »… mit Theodelinda verhindert. Weißt du warum ich Faileuba, dieses gute und treuherzige Mädchen, als Schwiegertochter vorgezogen habe?«

»Hattest du Angst vor Theodelinda?«, fragte Columba, suchte ihre Augen, fand sie aber nicht, da sie immer noch auf Childebert gerichtet waren. Er suchte in Gedanken nach einer Vorstellung von der langobardischen Königin, die ihn in Form des rätselhaften Manuskripts stets begleitete. Obwohl er immer wieder darüber brütete, gelang es ihm nicht, die geheimnisvolle Schrift zu entschlüsseln. Was für ein Mensch verbarg sich hinter dieser Frau mit dem Namen Theodelinda?

»Vielleicht«, erwiderte Brunichilde ausweichend. »Sie war einst meine Gegnerin. Jetzt sind wir dabei, den Frieden mit der langobardischen Königin und ihrem zweiten Gemahl Agilolf zu schließen. Aber es gibt noch einen weiteren Grund …«

Columba sah sie fragend an.

»Theodelinda und ihre Mutter Waldarada haben einen zweifelhaften Ruf … Du weißt, was das heißt …« Wieder blieb ihr Blick an Columbas Tonsur hängen. »Schon mein Schwiegervater, König Clothar, wurde vom Bischof gewarnt, Waldarada, die Arianerin, zu heiraten. Wäre sie wie ich zur römischen Kirche übergetreten, wäre sie Königin der Franken geworden. Nicht die Frau eines kleinen, unbedeutenden bajuwarischen Herzogs.«

»Ist das der Grund, warum du zur römischen Kirche übergetreten bist? Als Arianerin wärst du nie und nimmer Königin der Franken geworden …« Columba befürchtete, einen Schritt zu weit gegangen zu sein. Nichts war für ihre Mission schädlicher, als die Königin in die Enge zu treiben. Viel wichtiger war es, ihr Vertrauen zu gewinnen. Also sagte er: »Wir vertrauen wenigen, aber ohne jegliches Vertrauen können wir nicht helfen und nicht heilen. Genauso wenig wie ohne Glauben. Wir glauben, ohne zu wissen. Aber dennoch glauben wir!«

Daher, so prophezeite Columba, glaube er fest daran, dass ihr Sohn Childebert genesen werde. Er würde so fest daran glauben, wie er an das Unsichtbare und an das Unaussprechliche glauben würde.

»Was redest du, Skote?«, flüsterte die Königin beinahe ängstlich.

Wie konnte dieser sonderbare Skote, wie er sich nannte, es wagen, ihrer Seele derart nahezutreten? Sie beobachtete, wie er inzwischen mit einer silbernen Nadel und einem wollenen Faden die tiefen Wunden an Childeberts Bauch zunähte und dabei einen seltsamen Singsang anstimmte. Dann legte er getrocknete, in Salbe getunkte Blätter sowie einen Verband darüber. Ein unbekanntes Gefühl der Dankbarkeit beschlich Brunichilde nun doch.

»Glauben? Du sprichst von Glauben? Was ist das? Wer hilft uns dabei zu glauben? Wer hilft uns dabei, den richtigen Weg durch dieses erbärmliche Leben zu finden? Dieses Leben ... dieses Leben voller Grauen und Demütigungen, voller Leid und Schmerz.« Sie sprach mit rauer Stimme und verzog dabei verächtlich den Mund. – »Sag mir, Meister Columba, wem soll ich vertrauen? Egidius, dem Bischof von Reims? Diesem hinterhältigen Scheinheiligen? Der soll mir helfen, den Weg zu dem einen Gott zu finden? Was sagst du dazu, Meister Columba? Ich soll mich in Glaubensfragen an den wenden, der meinen Sohn umbringen will? Soll ich denen vertrauen, die sich meine Vertrauten und Berater nennen? Die nichts anderes im Sinn haben, als mich und meinen Sohn zu hintergehen?«

Sie stand auf und bettete vorsichtig den Kopf des schlafenden Childebert auf das Kissen. Dann trat sie ans Fenster und blickte hinaus über die Strohdächer der kreisrunden Hütten von Mediomatricum.

»Sie bringen alle um! Sie bringen sich gegenseitig um. Brüder ermorden sich und rechtfertigen es mit den Brudermorden von Kain an Abel oder von Romulus an Remus.« Nicht nur ihre Stimme hatte sich verändert, sondern auch der Ausdruck ihrer

Augen und ihre Haltung schienen plötzlich leblos. Ihr Körper, der zu Beginn ihres Gesprächs aufrecht, voller Würde, Kraft und Spannung gewesen war, sackte jetzt in sich zusammen. Ihre Schultern fielen nach vorne, ihr Kopf senkte sich zu Boden. Sie wirkte nicht mehr wie die Königin, die Starke, die Regentin. Ihre kostbare Kleidung, der Schmuck, die schwarzen Schuhe aus glänzendem Leder glichen jetzt einer lächerlichen Verkleidung.

Luxus, dachte Columba, das falsch verstandene Lux, das äußerliche Licht hatte keine Bedeutung, wenn das innere Licht erloschen war. Es war der Moment, in dem der Schleier fiel. Der Hass, der sich in all den Jahren angestaut hatte, die Trauer, die tödlichen Konflikte innerhalb des Königshauses. Columba sah ihre Verzweiflung, ihre Erschöpfung. Ihre Verletzlichkeit. Er sah den Mensch hinter der Königin.

»Ist es bewiesen, dass Bischof Egidius hinter dem Anschlag steckt?«, überlegte Columba laut, während er ein letztes Mal die Verbände prüfte und den ruhig schlafenden König zudeckte.

Brunichilde sammelte ihren Blick, der sich ins Leere verlaufen hatte, wieder ein. Sie fixierte Columba. Gleichzeitig straffte sie ihren Rücken, zog die Schultern zurück und wechselte das Thema, so, als würde sie ein neues Gewand anlegen.

»Du nächtigst mit deinem Diener heute am Hof und kümmerst dich um die weitere Genesung des Königs.« Mit diesen Worten und einer entsprechenden Handbewegung wollte sie Columba entlassen. Dieser aber entgegnete: »Nein, verehrte Königin Brunichilde, wir werden zu unseren Brüdern zurückkehren.«

Irritiert blickte sie ihn an. Der Mönch widersetzte sich ihrer Anordnung?

»Wir kommen wieder«, lenke Columba ein, »sehen nach dem König und beratschlagen über die Ortswahl für unser Monasterium.«

Luxovium – Luxeuil

Austrasien, östlicher Teil des Frankenreichs

Der Gott und die Göttin

»Es ist heiß! Richtig heiß!«

Es war die unterdrückte Stimme von Domoalis, dessen Flüstern, vom Heulen der Wölfe untermalt, durch die Dämmerung drang.

Auch die großen irischen Wolfshunde spitzten die Ohren und folgten dem Ruf von Domoalis, der sich ehrfürchtig vor einer Quelle verbeugte. Equonanus rannte und hüpfte schneller denn je. Er stoppte unvermittelt und sah fragend zurück zu Columba, der majestätisch heranschritt. »Darf ich, Meister?«

Columba bedeutete den Gefährtinnen und Gefährten innezuhalten und zu schweigen. Er besprach das plätschernde Nass, fühlte es und bekam große Augen. Er schmeckte es und staunte noch mehr. Dann gab er das Zeichen zur Versammlung. Sie bildeten einen Halbkreis um die Quelle und vollzogen die Riten und Mysterien, welche die Verehrung der Quelle forderte. Im Anschluss erteilte Columba Bruder Equonanus als Erstem die Erlaubnis, seinen von der langen Wanderung geschundenen Pferdefuß von den Verbänden zu befreien und in die heilende Quelle einzutauchen. Da die Quelle nicht nur warm, sondern geradezu heiß war, tauchte er den Klumpfuß nach und nach ein, um ihn an die Temperatur zu gewöhnen. Sie alle begleiteten die Zeremonie mit einem leisen Gesang.

»Das Unsichtbare massiert meinen Pferdefuß«, hauchte Equonanus mit einem seltenen Ausdruck der Entspannung, noch bevor Ragnacharius sich hinkniete, um den verkrüppelten Fuß des Bruders zu waschen. Die Wärme der heilenden Quelle tat Equonanus sichtlich gut.

Schließlich hatten sie alle das Ritual der gegenseitigen Fußwaschung vollzogen, um sich dann voller Genuss von der Wärme und dem Sprudeln der Quelle verwöhnen zu lassen.

»Da ist ein göttliches Feuer unter der Erde«, murmelte Cailech beeindruckt, während er seine an den Sohlen von dicker Hornhaut überzogenen Füße im Becken baumeln ließ, um die vom Wandern heftig beanspruchten Muskeln zu lockern.

»Ich fühle unsere Insel vom Rande der Welt«, flüsterte Cuimmine und benetzte ihren Bauch mit dem heißen Wasser. Die Kräfte der Fruchtbarkeit sollten auf ihren Unterleib wirken. »Winnoc«, rief sie leise nach ihrem Gefährten, »wo bist? Komm zu mir!«

»Du hast recht, Cuimmine«, bestätigte Deicola kopfnickend, »Brigantia, unsere Heilgöttin, wohnt in den Quellen. Und hier vereinigt sie sich mit dem göttlichen Feuer, das unter der Erde lodert.« Auch Deicola tauchte ihre Füße in die heilende Quelle. Sie war auf dem Weg durch die düsteren Ruinen des Tempels zur Quelle über einen Stein gestolpert. Jetzt vermischte sich das Blut, das aus ihrem großen Zeh quoll, mit dem Wasser. Die Seherin nahm das rötlich gefärbte Nass, besprenkelte ihr Gesicht damit, um dann in großen Schlucken davon zu trinken.

Winnoc hatte Deicola aufgeholfen und dabei staunend ein eingemeißeltes Zeichen in der großen Steinplatte neben der Quelle entdeckt.

Während die anderen weiterhin mit leisem Lobgesang die Quelle priesen, lief er, von Neugier gepackt, zurück und wischte die lose Erde von dem bearbeiteten Felsblock. Er rief begeistert: »Seht nur, was die Seherin zu Fall gebracht hat!«

Seine laute, tiefe Stimme übertönte das Flüstern seiner Gefährten und das heilige Plätschern der Heilquelle. Die darin verweilenden Schwestern und Brüder schreckten auf und drehten ihre Köpfe erstaunt in Richtung Winnoc. Wild gestikulierend winkte er sie zu sich. Sie stiegen aus dem Becken, eilten zu dem aufgeregten Bruder, gespannt darauf, was dieser Ort an weiteren Überraschungen zu bieten hatte.

Deicola entzündete, während sie Beschwörungen vor sich hin murmelte, ein kleines Feuer, in dessen Schein sie gemeinsam und voller Eifer begannen, den bearbeiteten Felsblock von der Erde zu befreien.

Staunend lasen sie, was darin eingemeißelt war:

Luxovio / et Brixtae / G Iul Fir / v s l m

Für Luxovius und Brixta ...

BRIXTA – LUXOVIUS – LUX, LUGH – BRIGTA, BRIXTA, BRIG, BRIGANTIA.

Lugh und Brigantia wurden demnach nicht nur auf ihrer Insel am Rande der Welt verehrt, sondern die Götter waren auf dem gesamten Weltkörper zu Hause. »In totius Europa«, wie Columba sich ausdrückte. Das war der Beweis!

Die Inschrift bezeugte die Vereinigung des Sonnengottes mit der Göttin der Fruchtbarkeit, des Feuers und der Gewässer.

Die Skoten waren den mythischen Erzählungen der Bauern und ihrer Familien, bei denen sie auf ihrer Reise immer wieder Unterschlupf fanden, gefolgt. Viele sprachen voller Angst und mit weit aufgerissenen Augen von dem unterirdischen, Feuer speienden Drachen, der in dieser Gegend sein Unwesen trieb, die Quellen erhitzte und die Menschen, die sich im Moor verirrten, zu sich in die Unterwelt zog. Die Neugier der Skoten, jenen magischen Ort des Weltkörpers zu erkunden, war schnell geweckt. Tatsächlich waren sie bald in das mystische Gebiet der heißen Quellen, der eisigen Gipfel, der hohen Berge und tiefen Täler, der Tausend Seen, der gespenstischen Moore, der felsigen Abgründe und der dunklen Wälder vorgedrungen.

Das Wetter in dieser unwirtlichen Gegend war meist stürmisch, und beinahe jede Nacht schlichen sich Nebel und Frost durch die kalte Dunkelheit und breiteten sich lautlos über der Moorlandschaft aus. Allein während der Monate, in welcher der Sonnengott am heißesten glühte, besiegte er auch nachts das Eis.

Die heißen Energien, welche unter der Erde brodelten, die Verschlingungen, Verwicklungen, ja die Geheimnisse, die sich in der unsichtbaren Dunkelheit abspielten, versetzten die Schwestern und Brüder von der Insel am Rande der Welt in Euphorie und Ehrfurcht. Selbstverständlich hatten schon die Römer die warmen Quellen für ihre Bäder genutzt und darin lustvoll gebadet. Doch sie hatten es nicht verstanden, diesem Ort seine magischen Kräfte zu entlocken. Das war den Hütern der geheimen Weisheiten vorbehalten. Als Nachfahren der Skythen besaßen sie als Skoten das heilige Wissen, um die göttliche Magie des Ortes auszuschöpfen.

»Finden wir hier auch den heiligen See unserer Göttin, den Lacus Brigantiae?«, fragte Equonanus, und seine Augen strahlten, in der Hoffnung, das große Gewässer würde seinen Fuß endgültig heilen.

»Nein«, erwiderte Columba und kratzte sich den kahlen Vorderkopf. »Der heilige See mit der magischen weißen Felswand liegt zu Füßen der heiligen weißen Berge, die zu überwinden sind, um in das Reich der Langobarden zu gelangen.«

Columba suchte die Augen von Deicola. Der Abt und die Seherin waren im Einvernehmen. Sie beide sahen das Institut der Weisheit hier an diesem Ort, durch welchen sich die Brixta schlängelte. Der Fluss würde später Breuchin heißen, und die Berge würden Vogesen genannt werden, nach dem Gebirgsgott Vogesus, der hier einst sein Unwesen trieb.

Hier vereinten sich Lugh und Brigantia, die Sonne, das Licht, der eine Gott, mit der heilenden Quelle. Hier bündelte der Schöpfer seine Kräfte.

»Hier … hier ist … ja, ich erkenne hier noch etwas …«, sagte Cailech, während er wühlte und kratzte, um den Felsblock weiter freizulegen, »es ist rund … Ich ahne, was es ist … – jaaa«, schnaufte er schließlich ehrfürchtig, »meine Vermutung ist richtig … Es ist …«

»… das Sonnenrad!«, rief jetzt Winnoc erfreut, »Das Sonnenrad! Unser Sonnenrad!«

»… mit acht Speichen …«, ergänzte Equonanus, humpelte um den ausgegrabenen Stein herum und ließ sich neben Cailech nieder, um weitere Erdklumpen von dem Felsblock zu entfernen.

Herzog Waldelenus

Das Land der heißen Quellen lag im Reichsgebiet von Königin Brunichilde und gehörte Herzog Waldelenus.

Mit großer Spannung erwartete Waldelenus die Ankunft von Columba, der um ein Treffen gebeten hatte. Denn – so hatte es sich herumgesprochen – Columba habe nicht nur ein umfassendes Wissen in der Heilkunst und König Childebert das Leben gerettet, sondern er hätte auch sein Haar bis zum Hinterhaupt geschoren. Letzteres ließ den Herzog aufhorchen, da es sich der Beschreibung nach um eine Haartracht handelte, die einst den Druiden und Magiern vorbehalten war. Das wäre mutig, frech, ja geradezu dreist. Denn diese Art von Tonsur war schon lange verboten. Ihre Träger wurden als Anhänger der Irrlehren angesehen.

Waldelenus wusste jedoch, dass das von Rom verbotene Druidentum im Untergrund weiterlebte. Als Agilolfinger war er mit Theodelinda verwandt und die Königin der Langobarden und deren Mutter Waldarada, eine Arianerin, standen im Verdacht, der schwarzen Magie anzuhängen …

»Du willst dein Kloster tatsächlich ohne die Zustimmung des Papstes, des Pontifex Maximus, gründen? Darüber hinaus möchtest du dich der Autorität des Bischofs entziehen?«, seufzte Herzog Waldelenus und sah auf Columbas langes helles Hinterhaupthaar, das von silbernen Strähnen durchzogen wurde.

»Wer soll der Gründung deines Monasteriums zustimmen?« Er rieb sich das Kinn und warf einen zweifelnden Blick zu Herzog Chagnerich, der sich wie Herzog Eustasius ihrem Spaziergang über das Landgut angeschlossen hatte.

»Nun, das ist nicht alles ...«, sagte Columba langsam. Sie hatten ihm den Vortritt gelassen, und er hielt inne, um die Reaktionen der Herzöge zu beobachten, als er weitersprach:

»In den Monasterien auf unserer Insel am Rande der Welt unterscheiden wir nicht zwischen Laien und amtlichen Würdenträgern. Und schon gar nicht, was Äußerlichkeiten betrifft. Wir Hirten tragen das, was uns auszeichnet, in uns. Wir kleiden uns alle in schlichte, helle Tuniken und heben uns weder von den weltlichen Bewohnern unserer Monasterien und nur wenig von denen der Umgebung ab.« Er strich sich über das bartlose Kinn und fuhr lächelnd fort: »Wir tragen allerdings keine Bärte, wie euch sicherlich schon aufgefallen ist.«

Die Herzöge sahen sich wortlos an, nachdem ihre Blicke Columbas Tonsur gestreift hatten. Waldelenus war der älteste von ihnen. Sein abstehendes, graues Haar glänzte im Sonnenlicht, und seine Augen hatten den treuen Ausdruck eines Wolfshundes. Das gefiel Columba. Auch Herzog Chagnerich lauschte aufmerksam und nickte befürwortend mit dem Kopf. Columba gelang es nicht, Eustasius einzuschätzen. Dessen zweierlei Augenlider verwirrten ihn.

Ungeachtet dessen lief er weiter und sprach laut, aber in Richtung Wald: »Selbstverständlich gibt es Prüfungen und Einweihungsfeiern für Neulinge und je nach Eignung aufsteigende Weihegrade für diejenigen, die wir für besondere Aufgaben auserwählen. – Es bleibt jedoch immer eine Entscheidung des Herzens und der Seele, sich uns anzuschließen oder wieder zu gehen. Aber das ist immer noch nicht alles.«

Er hielt erneut inne, als er langsam und deutlich in Richtung der Herzöge sagte: »Außerdem steht es jedem von uns frei zu heiraten. – Auch den Priestern, Diakonen und den Äbten«, ergänzte er mit einem prüfenden Seitenblick zu seinen Begleitern.

»Ihr heiratet? Alle?«, fragte Chagnerich, und sein Mund blieb offen stehen.

»Wir legen kein Keuschheitsgelübde ab!«, bestätigte Columba.

»Bist du auch verheiratet, Meister Columba?«, fragte Eustasius und kniff jetzt beide Augen zusammen, so als wollte er die Antwort nicht sehen. Eigentlich hätte er dies nur mit einem Auge tun müssen, da das andere ohnehin stets zur Hälfte von dem herabhängenden Lid bedeckt war.

»Nun, ich war verheiratet«, antwortete Columba ehrlich.

»Du warst verheiratet? – Das tut mir leid«, sagte Waldelenus mit ehrlichem Bedauern. »Friede sei mit der Gemahlin!«

»Wir haben uns getrennt«, sagte Columba. »Es war eine Ehe, die unsere Eltern vereinbart haben. Sie war nicht meine Gefährtin. Ich habe ihr keinerlei Geheimnisse anvertraut, und als sie zurück zu ihrem Vater gehen wollte, habe ich sie ziehen lassen – mit unserem Sohn Lasreanus.«

»Du bist kein Asket?«, fragte Eustasius weiter, und jetzt wurde ein Auge groß, während das andere sich abmühte, genauso viel zu sehen, was die Lidschwäche jedoch verhinderte.

Columba lächelte. »Oh doch. ich bin ein Asket. Schaut mich an!«

Er zeigte seine dürren Finger und Arme, die nur aus Haut und Knochen bestanden. »Du darfst Askese nicht mit Keuschheit verwechseln, und sieh dir die Gemeinschaften an, die uns zum Vorbild dienen: Sei es die des Pythagoras, sei es die des Simon Magus. Oder sei es die des Chi Rho. Sie alle hatten Gefährtinnen an ihrer Seite.«

»Du weißt, dass Rom das Lesen der heidnischen Philosophen, die ihr euch zum Vorbild nehmt, seit dem Konzil von Orange im Jahr 529 verurteilt? Ihr brecht mit allen Konzilsbeschlüssen«, wandte Eustasius ein und kniff erneut die Augen zusammen.

»Wir wollen Stätten der Gewaltlosigkeit und der Bildung gründen, für die Menschheit, für Männer, Frauen und Kinder. Die Äbtissin Brig gehört zu unseren Vorbildern, genauso der Abt der Äbte Columcille. Wir streben danach, Männer und Frauen zu Priestern, Priesterinnen, Äbten und Äbtissinnen auszubilden. Wir verlangen weder von den Frauen noch von den Männern ein Keuschheitsgelübde, aber unabdingbaren Gehorsam.«

»Ich kann meine Söhne und meine Tochter Burgundofara in deine Schule schicken? Sie können in eurem Monasterium wohnen, und ihr gebt ihnen euer Wissen weiter?«, fragte Chagnerich begeistert.

»Selbstverständlich! Du und deine Frau, ihr könnt auch bei uns einziehen. Wir taufen euch in der Brixta, solltet ihr das Ritual noch nicht vollzogen haben.« Columbas Augen leuchteten. Das Interesse zumindest dieses Herzogs war geweckt. »Wenn deine Kinder nach Wissen und Weisheiten streben, werden sie in unserem Monasterium mehr als willkommen sein!«, ergänzte er begeistert.

Eustasius schnappte nach Luft: »Du wirst die Bischöfe mehr und mehr gegen dich aufbringen. Du bringst auch dich ...«, Eustasius sah Chagnerich und Waldelenus an, »und deine Schülerinnen und Schüler in Gefahr.«

»Ihr dürft nicht so viel Angst haben, ihr Agilolfinger!«, sagte Columba lächelnd. »Eigentlich ist es ganz einfach. Wir kämpfen für die Wahrheit. Wir Skoten und ihr Agilolfinger – lasst uns gemeinsam für die Einheit Europas kämpfen, für die wahren Botschaften des Chi Rho, für den Verstand und für die Rettung des Weltkörpers mithilfe der Bildung und der Weisheiten. Gesteht uns das Stück Land bei Luxovium zu!«

Einige Wochen später
Lua

Es waren dreizehn Gestalten, die sich in jenen frühen Morgenstunden lautlos aus dem Nebel schälten. Zunächst waren sie kaum zu erkennen. Sie verschmolzen, gehüllt in ihre langen hellen Gewänder und in die um ihre Köpfe geschlungenen Tücher, mit der verschleierten Natur. Dann kam ein heftiger Windstoß. Er vertrieb nicht nur den Nebel, sondern erhaschte auch einen Schal und trug ihn weg. Das Tuch wirbelte durch die Luft und landete am Wegesrand. Luas Mund öffnete sich, genauso wie ihre Augen groß wurden, als sie das vom Wind entblößte Haupt des Mannes erblickte. Sie sah genau hin und staunte. Sein Schädel war kahl rasiert. Doch nicht vollständig. Denn am Hinterkopf wucherten wild und ausgelassen helle, lange, wallende Haare. Sein Kopf sah aus, als wäre er vorne fein modelliert, mit ebenmäßigen Gesichtszügen, die von einem wohldurchdachten Faltenwerk durchzogen waren. Hinten jedoch war alles roh und unbearbeitet belassen. Dieser Kontrast verwirrte Lua.

Als hätte es der Wind befohlen, nahmen jetzt alle ihre Kopfbedeckungen ab, legten sie um ihre Schultern und sichtbar wurden die blonden, roten, braunen oder grauen Haare der unrasierten Köpfe. Was für eine Vielfalt, staunte Lua. Es war nicht auszumachen, ob sich Frauen- oder Männerkörper unter den schlichten hellen Gewändern verbargen. Denn sie alle trugen keine Bärte. Jeder hielt einen Stock in der Hand und hatte eine Ledertasche umgehängt.

Lua bemühte sich, die wenigen Worte, die sie miteinander austauschten, zu erhaschen. Sie wollte verstehen, aber verstand nicht. Es war eine fremde Sprache, die ihr genauso seltsam erschien wie das gesamte Verhalten dieser Menschen. Gleich lebenden Steinsäulen formierten sie sich zu einem Kreis und erinnerten Lua an die heiligen Steinkreise der Umgebung. Kurz nachdem die kleine Glocke des Anführers verstummte, begannen sie zu singen. Es waren Stimmen von Männern und Frauen. Sie summten, sie sprachen, sie sangen, alles im Gleichklang. Mal lauter, mal leiser. Der Gesang war ergreifend, und Gänsehaut breitete sich über Luas Körper aus. Während sie sich den Harmonien hingab, schloss sie die Augen, ließ sich hinter einem Strauch nieder und nickte ein.

Sie erwachte und ihr Herz hämmerte, als sie die groben Hände zwischen ihren Oberschenkeln spürte. Erschrocken öffnete sie die Augen. Der Verwalter kniete vor ihr, hob seine Tunika und reckte ihr sein Gemächt entgegen. Mit ungeahnter Kraft stieß sie den Erregten von sich, sprang auf und hielt sich die Hände vor den Unterleib. Sie fühlte sich schuldig und ertappt, nicht nur weil sie anstelle zu arbeiten eingeschlafen war. Viel schlimmer! Sie hatte es zum wiederholten Mal gewagt, ihn – und dazu noch lustvoll im Schlaf – in Versuchung zu führen. Es war der Schreck, sagte sie sich, der ihr den Mut dazu gab, ihn von sich zu stoßen. Die Angst vor den zu erwartenden Schlägen ließ sie verwirrt stammeln: »Hast du ... hast du ... die Fremden gesehen, Herr?«

Der Verwalter fing sich, ließ seine Tunika fallen, blickte sie voller Zorn an, packte und schubste sie: »Frag nicht so viel, du kleine Schlampe! Liegst hier und wartest darauf, dass ich deiner Lüsternheit erliege, sündiges Weib. Das nächste Mal, wenn ich dich erwische, bekommst du deinen Willen.« Er fuhr mit der Zunge über seine Lippen. »Aber jetzt wirst du deine Geilheit bezwingen müssen. An die Arbeit mit dir!« Der Schlag ins Gesicht folgte, und er versetzte ihr zusätzlich einen heftigen Stoß in den Rücken. »Aber schnell, bevor ich deinem Vater von deiner Verderbtheit erzähle!«

Es war nicht das erste Mal, dass der Verwalter sie schlug und anfasste. Er hatte sie auch schon vergewaltigt, ohne dass neues Leben aus der Gewalttat entstanden wäre. Voller Angst und mit der Hand an der schmerzenden Wange rannte Lua jetzt aufs Feld und bemühte sich, die Arbeit möglichst so aufzunehmen, als wäre nichts geschehen. Sie selbst sei die Ursache für dessen gewaltsame Übergriffe, behauptete der Schänder immer wieder, und die animalische Triebhaftigkeit drang dabei aus seinen Augen. Seine Grausamkeiten brandmarkten nicht nur ihren Körper, sondern auch ihren Geist und ihre Seele, die voller Scham und Schuldgefühle waren. Wie konnte sie für die Schuld, die sie durch ihre Brüste und die weiteren Mängel ihres weiblichen Körpers auf sich lud, büßen? Wie konnte sie sich von dem unerträglichen Gefühl der Beschmutzung, dem sie sich seit der Vergewaltigung ausgesetzt fühlte, jemals befreien? Wie oft hatte er sie schon geschlagen, verflucht, angeschrien und behauptet, das sei die Strafe, die sie für ihre Sündhaftigkeit verdiene. Im Glauben daran, dass er im Recht war, nahm sie die Schläge und die Schmerzen demütig hin.

Er hatte leichtes Spiel. Denn sie war eine Frau, darüber hinaus eine Geschändete, Geächtete, Unreine. – Eine Schande! Niemals würde sie ihr eigenes Vernichtungsurteil aussprechen, indem sie das, was er mit ihr tat, verriet. Außerdem – selbst wenn Vergewaltigung unter Strafe stünde – welcher Mann im Ort hatte diesbezüglich keine Schuld auf sich geladen?

»Konntest du das Rätsel lösen, Lua?«, fragte der Vater, als er mit seinen beiden Töchtern abends beim gemeinsamen Essen ums Feuer in der Hütte saß.

Lua begann zu zittern.

»Warum zitterst du?«, fragte die kleine Schwester.

Lua schwieg. Der Schweiß rann ihr aus den Poren, obwohl die abendliche Kälte die Lehmhütte erfüllte.

»Warum schwitzt du?«, fragte die kleine Schwester.

Lua schwieg. Sie fühlte sich ohnmächtig. Die Gedanken an den morgendlichen Vorfall lähmten sie.

»Lua?« Immer wieder bemühte sich Fridoald, das düstere Gemüt seiner Tochter aufzuheitern. Mehr und mehr verschloss sie sich in einer Welt, zu der er keinen Zutritt hatte.

»Was brennt ums Haus, zündet's aber nicht an? – Meinst du diese Frage, Vater?« Endlich verließen die Worte ihren Mund.

»Also, was ist es?«, fragte ihre kleine Schwester.

Dann begann Lua zu reden. Sie redete so, als wäre ihre Stimme von ihrem Körper und von ihrer Seele getrennt.

»Ich habe die Antwort gesucht, aber nicht gefunden. Du hast gesagt, ich finde es überall, auch in den Sträuchern oder im Wald. Also hab ich es überall gesucht. Aber ich habe es nicht gefunden. Dafür habe ich etwas anderes entdeckt …«

Während sie von den Fremden erzählte, vereinten sich ihre Stimme, ihr Körper und ihr entferntes Ich wieder. Fasziniert fügte sie schließlich hinzu: »... und weißt du Vater, ich weiß nicht, ob es Männer oder Frauen sind. Sie sehen alle gleich aus. Keiner hat einen Bart. Nur«, und jetzt leuchteten ihre Augen, »einer der Fremden hat seltsame Haare. Das heißt, er hat gar keine Haare ... Das heißt ... er hat sogar lange Haare ...«

Ihre kleine Schwester lachte erleichtert. Endlich schienen Luas Traurigkeit und ihre Reizbarkeit verflogen.

»Hat er nun Haare oder nicht?«

»Also, er ist glatt geschoren bis zu den Ohren, und dann hat er lange Haare. Das sieht sehr komisch aus«, lächelte jetzt auch Lua.

Der Vater hingegen fragte ernst: »Was sagst du da, Lua? Er hatte einen rasierten Schädel von Ohr zu Ohr und hinten lange Haare?«

»Ja, Vater, ja, genau so, ich schwöre es dir.«

»Es ist sehr mutig, das Haar so zu tragen«, sagte Fridoald mehr zu sich als zu seinen Töchtern.

»Warum?«, fragte Lua.

»Weil es verboten ist.«

»Warum ist es verboten?«

»Weil diese Tonsur nicht der entspricht, welche die lateinisch sprechenden Priester vorschreiben. Es heißt, Magier, Zauberer und … Druiden rasieren sich in dieser Weise.«

»Druiden?« Die kleine Schwester riss die Augen weit auf.

»Ja, Priester, Zauberer und die Hüter des heiligen Wissens.«

»Die Hüter der Geheimnisse des Lebens, von denen du uns immer wieder erzählst?«, hakte Lua gebannt nach.

Geheimnis. – Das Wort führte ihr die verborgene Welt der Pflanzen, der Flüsse, der Bäume vor Augen. Sie alle hüteten die Mysterien des Lebens. Immer wieder erzählte der Vater von den Nymphen, Elfen und Feen mit geheimnisvollen göttlichen Kräften, die in den Pflanzen und Flüssen wohnten. Aber welche Geheimnisse hüteten diese Menschen?

»Das Geheimnis«, sagt Fridoald ernst und legte den Finger zum Zeichen der Verschwiegenheit auf die Lippen »ist stärker als jede Herrschaft.«

An einem der kommenden Tage machte Lua eine Entdeckung. Sie fand eine Rolle. Sie lag noch nicht lange auf der Erde, denn sie leuchtete hell wie eine längliche Rübenfrucht, am Rand des frisch beackerten braunen Feldes. Lua befreite die Rolle von den kleinen anhaftenden Erdklumpen und befühlte das Material. Nie hatte sie so etwas in den Händen gehalten. Es fühlte sich glatt und fest an. Was war das? Woher kam das? Von Neugierde gepackt, blickte sie sich verstohlen um. Sie sah das Feld, die Wiese, die Brixta und den Wald. Nicht weit von ihr waren die Menschen vertieft in die Aussaat und das Eineggen von Samenkörnern. Niemand beachtete sie. Ihre Aufregung wuchs, als sie die Rolle öffnete. Ihre Augen verirrten sich in den vielen feinen Zeichen wie in einem Wald mit unterschiedlichen Bäumen und Sträuchern. Die Zeichen waren jedoch geordnet, gleich in Reih und Glied gesäte Samen, waren sie sorgfältig auf der Innenseite des Pergaments aufgetragen. Sie überlegte, ob sie ihren Fund dem Vater zeigen sollte. Sie rollte ihre Entdeckung wieder ein und versteckte sie im Hemd, das sie unter ihrem Kleid trug.

Lua spürte das Pergament auf ihrer nackten Brust, unter welcher ihr Herz heftig pochte. Und plötzlich fühlte sie sich stark. Sie hob den Kopf und lächelte. »Das Geheimnis«, hatte der Vater gesagt, »ist stärker als jede Herrschaft.« Jetzt hatte sie ihr Geheimnis, und sie würde es hüten wie einen Schatz. Es würde ihr die Herrschaft über den Verwalter verleihen.

Immer wieder, wenn sie sich unbeobachtet fühlte, holte sie das Pergament aus dem Versteck, welches ihm ihre weibliche Brust bot, und begutachtete die Zeichen. Sie untersuchte sie und erkannte bald, dass sich manche Striche und Linien wiederholten, konnte aber keinen Rhythmus oder Sinn darin entdecken. Dennoch wuchs ihr die Rolle mehr und mehr ans Herz. Das Pergament und seine Zeichen trösteten sie, wenn der Verwalter einen neuen Versuch der unzüchtigen Annährung unternahm, oder wenn sie sich unglücklich und voller Scham fühlte, oder wenn die Verzweiflung über die Schande, eine Frau zu sein und darüber hinaus eine Geschändete, sie überkam. So wurde die Rolle zu ihrem heiligen Geheimnis. Sie entschloss sich, dieses Geheimnis mit dem Fluss zu teilen. Ihr Vater hatte erzählt, dass in dem Fluss die göttliche Brixta hauste. Sie sei eine Göttin der Heilung. Es stimmte. Das Rauschen der Brixta, der Geschmack ihres Wassers, wenn sie aus ihr trank, das erfrischende Gefühl, wenn sie sich darin wusch, verliehen Lua die Kraft, die sie jetzt suchte.

Auf dem Weg zum Fluss, vorbei an den Ruinen des Tempels, fiel ihr Blick auf den freigelegten Felsblock mit der Inschrift zu dem Götterpaar Brixta und Luxovius.

Ähnelten die eingemeißelten Zeichen denen auf ihrer heiligen Rolle? Lange starrte sie auf die Buchstaben, bemüht darum, sie sich einzuprägen. Dann lief sie zur Böschung des Flusses, ließ sich dort nieder, zog das Pergament hervor, rollte es auf und suchte nach Übereinstimmungen.

Auf der anderen Seite des Flusses erschienen die Fremden, die mit ihren Netzen ins kalte Wasser stiegen, um Fische zu fangen. Einer von ihnen beobachtete Lua interessiert. Er schien erstaunt, ja neugierig darüber, sie zu sehen. Kurzerhand watete er durch den Fluss. Mit dem Tuch über dem Kopf, stand er vor ihr, zeigte zunächst auf sich und stellte sich als Cailech vor, um dann fragend auf Lua zu deuten. Sie nannte ihren Namen. Die kleinen Fältchen um die Augen verrieten nicht nur, dass er lächelte, sondern auch, dass er älter war als sie selbst.

Als sein Blick auf die Rolle in ihrer Hand fiel, wurden seine Augen ernst. Es gefiel Lua nicht, dass ihr Geheimnis seine Aufmerksamkeit auf sich zog.

Er suchte nach Worten in ihrer Sprache und bemühte sich, ihnen einen zusammenhängen Sinn zu geben.

Sie sah ihn fragend an und schwieg.

Cailech bedeutete ihr, dass sie ihm das Pergament zeigen solle. Vielleicht würde es sie ja sogar interessieren, was darin stand, und er könne ihr weiterhelfen.

Luas Misstrauen wuchs, und statt es ihm zu zeigen, rollte sie das Pergament langsam ein, in der Hoffnung, die Aufmerksamkeit, die auf ihrem Geheimnis lag, würde in der eingerollten Dunkelheit verschwinden. Doch er blieb hartnäckig. Die Rolle lag jetzt, mehr der Dunkelheit als dem Licht ausgesetzt, in ihrem Schoß. Cailech gab Lua zu verstehen, dass sie ihn ihre Sprache lehren solle und er ihr im Gegenzug helfen könne zu entschlüsseln, was auf dem Pergament stand.

»Glaubst du mir nicht, dass ich lesen kann?« Wie ein Pantomime vermittelte er ihr die Frage, und ohne es zu wollen, lachte sie über seine lustigen Grimassen und Gesten. »Komm mit!«, sagte er schließlich.

Gemeinsam gingen sie zu dem Felsblock und er erläuterte ihr die Buchstaben, die die Worte Brixta und Luxovius ergaben. Es würde sie sicherlich interessieren, was in der Rolle stand, denn es ginge darin um eine besondere Frau. Schließlich bot er Lua an, wenn sie interessiert sei, könne er ihr mehr über diese mutige, die Welt bewegende Frau erzählen.

Luas Neugier war nun doch geweckt. Woher wusste er, was die Rolle barg? Es ginge darin um eine Frau, die die Welt bewegte. Wie sollte sie sich das vorstellen? Sie sah Cailech an. Er hatte große Augen, die das Grün des Waldes auf der anderen

Seite der Brixta widerspiegelten. Rötlich schimmernde Locken lugten unter dem Tuch hervor, das er locker um den Kopf geschlungen hatte und das Mund und Nase verhüllte.

Unermüdlich gestikulierend gab er ihr zu verstehen, dass er zwar ihre Sprache kaum sprechen würde, aber dafür könne er die Schrift lesen, die sie in der Hand hielt. Er und seine Schwestern und Brüder kämen von weit her, und sie würden gern die Sprache der Menschen von Luxovium lernen. Auf Luas Frage, warum, antwortete er, damit sie, er zeigte auf Lua, ihn besser verstehen würde, denn sie hätten viel zu verkünden. Es sei viel Gutes dabei, und es würde auch sie betreffen.

Lua machte ihm verständlich, dass die Menschen hier verschiedene Sprachen sprechen würden. Die einen würden die gallorömische Sprache sprechen. Sie und ihre Familie aber das Alemannische.

Als die Clocca läutete, hob er den Zeigefinger, um Lua darauf aufmerksam zu machen, dass er nun gehen müsse. Dann deutete er auf die Rolle und erklärte ihr mit ausschweifenden Gebärden, dass *er* die Rolle verloren hatte.

Lua sah ihn an und schwieg. Sie überlegte. Schließlich nahm sie die Rolle langsam aus ihrem Schoß und übergab ihm ihr Geheimnis. Dabei staunte sie über sich selbst.

Er nahm das Pergament dankend an und lud sie mit einer Geste und einigen germanischen Wortbrocken dazu ein, als Gast ins Monasterium zu kommen, wann immer sie Lust dazu hätte.

Dann watete er durch den Fluss zurück, den anderen Brüdern hinterher, und verschwand im Wald.

Was hatte er ihr zu verstehen gegeben? Sie solle ins Monasterium kommen? Sie würden ihr dort viel Gutes erzählen? Was meinte er damit?

Sie hatte ihr Geheimnis weggegeben und dafür etwas Geheimnisvolles zurückbekommen. Es war nichts zum Anfassen. Es war etwas Unbekanntes, etwas, was sie sich nicht vorstellen konnte. Sollte sie ihrem Vater von der Begegnung erzählen?

Als Lua am Tempel vorbei zurück zur Siedlung von Luxovium lief, hatte sich dort eine kleine Ansammlung um den Priester versammelt. Immer wieder zog er von Ort zu Ort und predigte. Keiner verstand, was er sagte, da er die Einwohner der Umgebung von Luxovium in der Sprache der Römer zu belehren suchte. Wenn er nicht auf Latein predigte, die heilige Sprache der römischen Kirche, wie er sie nannte, die Sprache der Gebildeten und Gelehrten, schimpfte der Galloromane über den germanischen Dialekt der Einheimischen, über den Tempel, über den Felsblock mit den Götternamen darauf und über die Eiche, die den Einheimischen heilig war. Sie dürften allein an den einen Gott glauben, rief er in seiner Verzweiflung in alemannischen Bruchstücken. Den Baum anzubeten, sei lachhaft und verboten. Lua überlegte immer wieder, ob er selbst überhaupt verstand, wovon er predigte.

»Und Brixta?«, fragte Lua, als sie diesmal auf den Priester stieß. Die Begegnung mit Cailech am Fluss hatte sie freudig erregt. Immer noch dachte sie an seine Worte. Es gab da eine Frau, die die Welt bewegte. Eine Frau! Eine mutige Frau! Auch sie wollte eine mutige Frau werden. Jetzt konnte sie den Anfang machen: »Was ist mit unserer Göttin Brixta, unserer Flussgöttin, und was ist mit Luxovius?« Der Priester verdammte beide. Er verdammte ihre Göttin und ihren Gott! Und außerdem verdammte er sie. Denn sie solle nicht so viel fragen. Neugier sei eine Sünde. Sie solle schweigen. Sie sei eine Frau, und Frauen seien schuld an der Erbsünde und schuld daran, dass auch die Männer unter dieser Sünde leiden müssten und daher das Leben voller Leid sei. Nur Buße tun, könne die Frauen vor der ewigen Verdammnis retten. Und daher solle sie heiraten, demütig und ihrem Mann untertan sein, ihm gehorchen und ihm unter Schmerzen Kinder gebären. Das sei ihre Aufgabe! Lehren, Lernen und Hinterfragen stünden ihr nicht zu. Der Verwalter, der hinzukam, bekräftigte die Aussagen des Priesters und lobte diesen und dessen Worte überschwänglich.

Wieder fühlte Lua den tiefen Schmerz, der mit der Schande und der Demut verbunden war, eine Frau zu sein, darüber hinaus ein geschändetes, lüsternes Weib! Sie fasste sich an den Kopf, raufte sich die Haare und unterdrückte den Schrei, der ihr für den Augenblick Erleichterung verschafft hätte.

Das Monasterium

Die Bewohner von Luxovium beobachteten mit Neugier, was sich auf dem Land tat, das den Fremden von Herzog Waldelenus zugestanden worden war und unter königlichem Schutz stand. Es war offensichtlich, dass die Fremdlinge die Arbeit mit den Händen nicht scheuten. Sie beackerten die Felder, säten Getreide, ernteten Obst, züchteten Schweine, Rinder, Schafe, Ziegen, Pferde – Letztere schienen sie besonders zu verehren – und kümmerten sich um die verletzten Tiere des Waldes. Die Einheimischen staunten, wie sie das Wasser stauten, über ihre Fähigkeiten, mithilfe von Gräben und Dämmen Sümpfe trockenzulegen, wie schnell sie Wege einebneten und Brücken bauten. Geschickt hatten die Schwestern und Brüder ihre runden Hütten aus Lehm und Holz errichtet und mit Strohdächern gedeckt. Sie empfingen Gäste aus nah und fern freundlich und heiter mit Fußwaschungen und aufwendigen Mahlzeiten. Mehr und mehr schwand das anfängliche Misstrauen und die Scheu vor den Menschen vom anderen Ende der Welt. Denn sie erwiesen sich nicht nur als humorvoll, sondern auch als äußerst hilfsbereit. Für alle Lebenslagen hatten sie einen Rat parat, und die Bewunderung für ihr Wissen, ihre Fähigkeiten und Kenntnisse war in aller Munde. Jedem wurde geholfen: Bettlern, Armen, Witwen, Waisen und Kranken. Ihre Heilkunst erschien den Einheimischen magisch und sprach sich herum. Immer besser lernten die Skoten, die später Iroschotten genannt wurden, die Sprachen der Einheimischen, und mehr und mehr wendeten sie diese an. Langsam, vorsichtig und mit Bedacht fassten sie die Ursachen und Beweggründe ihrer Mission in Worte. Zunehmend fanden sie Gehör, diskutierten und stellten Fragen.

An den Tagen der Sonnen- und Mondfeste, es waren acht im Jahreskreislauf, entzündeten sie auf dem Hügel ein gigantisches Feuer. Es stellte sich heraus, dass ihre Bräuche den Einheimischen weniger fremd waren als die der Römer.

Bald, so beobachtete Lua, suchten häufig auch hochwohlgeborene Menschen auf edlen Pferden das Monasterium auf. Sie wurden am Tor der inzwischen von einem kreisrunden Wall umgrenzten Siedlung empfangen.

Lua dachte immer wieder daran, was Cailech gesagt hatte. Die Gedanken daran wuchsen in ihren Vorstellungen wie geheimnisvolle Blumen mit prächtigen Blüten, die das unnütze Kraut um sie herum zunichtemachten. Er hatte sie ins Monasterium eingeladen. Hatte er das ernst gemeint? Würde er sich noch an sie erinnern? Wäre sie dort vor den Übergriffen des Verwalters sicher? Andererseits hieß es, auch die Fremden seien Christen. Auch ihr Vater bezeichnete sich als ein Christ. Doch seitdem der Priester ihn bezichtigt hatte, gefährliche Irrlehren zu verbreiten, schwieg der Vater in Glaubensfragen, um seine Kinder und auch sich selbst nicht in Gefahr zu bringen.

Lua fürchtete sich vor dem Priester, der behauptete, ein vollkommener Christ zu sein. Lua wollte nichts mit denjenigen Christen zu tun haben, die ihre Götter genauso wie sie selbst und all die anderen Frauen verdammten. Sie wollte nicht ständig auf ihre Sünde und ihre Schuld hingewiesen werden, eine Frau zu sein.

Der Tag kam, als der Verwalter erneut gewalttätig gegen sie wurde. Sie hatte sein Angebot, sie zu seiner offiziellen Konkubine zu ernennen – neben seiner Hauptfrau –, vehement abgewiesen. Daraufhin tobte er, schlug sie und schrie, dass sie sich wieder und wieder versündige, wenn sie ihn nicht gewähren lasse. Diesmal wehrte sie sich, schlug heftig um sich, kratzte, biss und schrie zurück, bis er sie gehen ließ.

Lua hatte schon immer gespürt, dass ihr Vater Fridoald ein Geheimnis in sich trug. Er erledigte zuverlässig seine Arbeit als einfacher Feldarbeiter, doch er hatte eine Vergangenheit, von der er nur wenig preisgab. Immer wieder verschwand er für mehrere Tage. Keiner wusste, wohin er ging und was er tat. Er konnte lesen, schreiben, rechnen. Der Verwalter beherrschte nichts dergleichen, auch wenn er es niemals zugeben würde. Unter dem Siegel der Verschwiegenheit suchte er Fridoald auf, denn er war diesbezüglich auf dessen Hilfe angewiesen.

»Wir haben dich erwartet«, sagte Cailech, inzwischen beinahe fließend in Luas Sprache, und begrüßte sie nach dem morgendlichen Singen. Zum ersten Mal sah Lua Abt Columba aus der Nähe. Voller Ehrfurcht erkannte sie ihn an der Tonsur. Er war groß. Sein Gesicht war knochig und wirkte streng. Seine blauen Augen irritierten Lua. Sie erkannte trotz ihres Leuchtens auch die Schatten von Traurigkeit und Wehmut, die sich darin verbargen. Seine Hände waren rissig, von der Feldarbeit gezeichnet, aber Lua bemerkte die filigrane Feinheit der langen Finger, die in einem absoluten Gegensatz zu den grobschlächtigen Pranken des Verwalters standen. Der Abt entfernte sich mit dem Vater. Lua erstaunte die Vertraulichkeit, die die beiden miteinander verband.

Cailech entführte Lua in die Welt des Lehrens und Lernens. Luas Herz tat einen Sprung, als sie die jungen Menschen sah, die sich darin aufhielten. Es waren Kinder aller Altersstufen. Beim genauen Hinsehen erkannte Lua, dass auch Mädchen darunter waren. Als ihr Blick das Schreibpult der Lehrmeisterin streifte, hielt sie inne. Sie konnte kaum glauben, was sie sah. Da lag ihr Geheimnis. Das Geheimnis, das ihre Brust, ja ihr Herz berührt hatte. Offen. Ausgerollt. Die Schülerinnen und Schüler entschlüsseln es, raste es durch ihren Kopf. Die Zeichen verbargen die Geschichte einer Frau, die die Welt bewegte, hatte Cailech gesagt. Die Geheimnisse einer Frau. Luas Herz pochte jetzt bis zum Hals.

Die Lehrmeisterin rief einen Schüler namens Chagnoald auf. Er war ungefähr elf Jahre alt. Er zeigte die Zeichen, die er mit dem angespitzten Knochen in die vor ihm liegende Wachstafel geritzt hatte. Er las langsam vor, was er in die gallorömische Sprache übersetzt hatte: »Petrus fragt: ›Der Erlöser hat doch nicht etwa mit einer Frau heimlich vor uns und nicht öffentlich geredet? Hat er sie mehr als uns erwählt?‹«

Die Lehrmeisterin lobte den Jungen für die Sorgfalt seiner Schrift und die Richtigkeit seiner Übersetzung.

»Ja, das hat er«, erklärte die Lehrmeisterin mit dem Namen Cuimmine und sah dabei ihren Schülerinnen und Schülern fest in die Augen. »Er weihte eine Frau in seine Geheimnisse ein und gab ihr, einer Frau«, betonte sie, »eine besondere Stellung innerhalb seiner Nachfolger. Sie war diejenige, die ihn nach seinem Weggang vertrat …«

»Hier im Monasterium werden Schriften gelesen, die euer Priester verbietet«, flüsterte Cailech mit einem verschwörerischen Lächeln Lua ins Ohr.

»Das ist nicht mein Priester!«, entrüstete sich Lua. »Aber das ist meine Rolle …«, flüsterte sie lächelnd, um dann vorsichtig zu fragen: »Wer ist der Erlöser? Wer ist die Frau?« Dabei dachte sie auch daran, wer sie wohl von dem Verwalter erlösen würde.

»Chi Rho, Χ ρ η σ τ ό ς«, antwortete Cailech, kniete sich hin und zeichnete mit dem Finger ein großes X und ein großes P in den sandigen Erdboden. »Das sind seine Zeichen und die ersten Buchstaben, die ich dich lehre«, freute er sich. »Seine Gefährtin heißt Maria, wie seine Mutter.«

Die Stimme des Vaters, der sie zur Feldarbeit für die Herrschaft rief, riss Lua aus einer faszinierenden Welt, die sie nicht mehr loslassen sollte.

Immer wieder durchdrang während der Aufbauarbeiten im Monasterium ein unterdrückter Schmerzensschrei die Septa secreta. Mal trafen die Steine den einen, dann den anderen. Mal schrie Cailech auf, dann Equonanus oder Winnoc. Der Kessel, in welchem die heilenden Kräuter brodelten, stand genauso bereit wie die Salben und das Verbandsmaterial. Denn ab und an löste sich ein Stein aus dem frisch errichteten Mauerwerk, und wer nicht schnell genug reagierte, der bekam es zu spüren.

Gemeinsam hatten die Brüder das rechteckige Oratorium aus den passenden Steinen der Umgebung errichtet. Stein auf Stein. Die Technik hatten die skotischen Brüder aus ihrer Heimat mitgebracht. Mit dem treppenförmigen Abschluss glich das Oratorium einem umgedrehten Schiff aus Stein. Sie hatten ihre in die heilige Bau- und Steinmetzkunst eingeweihten Brüder Potentinus und Libranus dabei. Doch durch die lange Reise waren beide, was beim Errichten des Gewölbes besonders zum Tragen kam, aus der Übung gekommen. So war tragischerweise einige Tage zuvor das steinerne Dach des neuen Oratoriums mit einem ohrenbetäubenden Krachen und Poltern eingestürzt. Sie dankten dem Allmächtigen, dass der Raum in jenem Moment menschenleer war. Jetzt, beim Wiederaufbau, stand Fridoald, Luas Vater, ihnen zur Seite.

Er hatte Hammer und Meißel noch in der Hand und begutachtete stolz das Flechtwerk, das er, unterhalb des achtspeichigen Sonnenrads, in einen der beiden Megalithe eingemeißelt hatte. Die großen, aufrecht stehenden Steingiganten mit der Steinplatte darüber bildeten den Eingang. Zusammen glichen sie dem Tor Π, das einst in die kreisrunden Grabhügel, in die heiligen Kultstätten ihrer Ahnen, führte.

Columba, Cailech, Equonanus, Cuimmine, Winnoc und die weiteren skotischen Schwestern und Brüder betrachteten das Flechtwerk mit großer Freude. Es hatte die Form eines Dreiviertelkreises, dessen Enden sich in der Mitte kreuzförmig ineinander verschlangen, um dann wieder mit dem Rand des Kreises auf der Gegenseite zu verschmelzen.

»Es ist ein Symbol der Fruchtbarkeit, die der Frühling mit sich bringt. Ein Symbol für Brigantia, Brig, Brixta, wie auch immer wir unsere gemeinsame europäische Göttin nennen wollen. Das Zeichen steht für das neue Leben. Für die Zeit von Pascha und von Ostara. Wir formen es auch aus unserem Brotteig und nennen es Brixiola«, erklärte Fridoald voller Begeisterung.

»Ein faszinierendes Zeichen«, staunte Cailech und analysierte munter: »Da ist alles darin enthalten: Das X, das P, das mit seinem unteren Bogen zum B erweitert wird, und all das gedreht aus dem Sonnenrad.«

Auch Cuimmine lachte und ergänzte: »Alle Buchstaben von Brixta sind darin enthalten.«

»Ja, du hast recht«, begeisterte sich jetzt auch Equonanus und drängelte sich humpelnd vor die anderen. »Ein wunderbares Zeichen für unsere Göttin!«

Später würde ein wie dieses Symbol geformtes Gebäck Brezel heißen und über Jahrhunderte hinweg verzehrt werden.

Fridoald offenbarte sich mit seinen Kenntnissen als Meister der Steine, und Meister der Steine waren Hüter der Weisheiten. Er war, wie sich herausstellte, ein Nachkomme ihres iroschottischen Bruders Fridolin, der einige Jahrzehnte zuvor von der Insel am Rande der Welt gekommen war, um ein Oratorium für die Einheimischen von Luxovium zu errichten. Doch nach seinem Weggang war es schnell wieder zerstört worden. Fridolin, so erzählte Fridoald, gründete schließlich ein Monasterium, an dem Ort, der später Bad Säckingen heißen sollte. Es entstand an der Heilquelle von Sequaniacum, die an der Seite von Pater Rhenus entsprang.

Um 600

Luxovium

Atala

Der Sturm öffnete mit einem ohrenbetäubenden Knall die Tür. Im Gegenlicht und unter dem Schal mit dem Fell darüber war zunächst nicht zu erkennen, wer eintrat. Die schattenhafte Gestalt war schlank, die Hände waren feingliedrig. Sie nahm die Kopfbedeckung ab und sah Columba an. Er blickte in die hellen Augen, die dem Ozean glichen. Das braune Haar war kurz geschnitten wie die Mähne des braunen Hengstes, den sie einst in Bangor geritten hatte. Ihre Wangen waren von der Kälte gerötet. Ihr Gesicht war schmal, beinahe hager. Doch das bemerkte Columba nicht. Er sah auch nicht die Fältchen, die sich um ihre Augen gebildet hatten. Er sah nur das, was er sehen wollte, und das sah er in ihrem Blick, der ihn genauso verschlang wie er ihre gesamte Erscheinung.

Columba hatte die Gefühle vergessen. Die Zeit hatte die Gedanken und Vorstellungen nach und nach verschluckt und dies, ohne sie tatsächlich zu verdauen. Der Weltkörper, die Menschen, die Studien, die Schriften, die Gesänge, der Aufbau des Monasteriums, all das hatte sein Leben stets vorwärtsgetrieben. Es blieb ihm keine Muße für nicht gelebte, vergangene Sehnsüchte. Dabei schien es ihm, als wanderte er all die Jahre auf einem schmalen Grat. Auf beiden Seiten drohte der Abgrund, und dort lauerten tödliche Gefahren. Den machthungrigen und skrupellosen Königsfamilien musste er mit genauso viel Bedacht entgegentreten wie den Heiden mit ihren grausamen Bräuchen. Von vielen Seiten peitschten ihm Hass und Unverständnis entgegen. Mehr und mehr spiegelte der Zynismus, der sich zum

Schutz seiner Seele eingeschlichen hatte, die zahlreich erlebten Rückschläge wider.

Gleichzeitig genoss er den Ausblick, den ihm der Grat bot. Er sah sein Monasterium wachsen. Er beobachtete, wie die Herzöge und deren Gefolge die sich ausdehnende Siedlung aufsuchten und ihre Kinder in ihre Schulen schickten. Beichten, Gebete, Gesänge, Unterrichten, Schreiben, Lesen, Kopieren, Kranke pflegen, Feldarbeit und Viehzucht gehörten zum Alltag.

Immer wieder zog Columba sich zum Fasten in seine Höhle zurück, um sich den heiligen Geheimnissen der Natur, der Tiere, des göttlichen Kreislaufs der Gestirne und des Lebens hinzugeben. Die Einsamkeit verlieh ihm bei allzu großer Erschöpfung die notwendige Kraft, weiterzugehen.

In seinen Gedanken und Vorstellungen gab es keinen Platz für leidenschaftliche Gefühle. Es hatte auch keine Veranlassung gegeben, dagegen anzukämpfen, denn die Begierde nach einer Frau hatte ihn seit langem nicht mehr bedroht. Jetzt jedoch vermischten sich in seinen Erinnerungen an Bangor Licht und Dunkelheit sowie goldene und braune Töne.

Schon damals, als Atala – gleichfalls aus dem Monasterium von Brig – nach Bangor kam, verwirrte die zu einer Frau herangewachsene Schülerin nicht nur Columbas Verstand, sondern auch seinen Körper. Ihr weiblicher Zauber zog ihn in Bann und versetzte ihn in Erregung. Ihre Anziehungskraft entführte ihn in die Welt der Sinne und der Sinnlichkeit. In die Welt der Körperlichkeit. Er wollte sie berühren, sie anfassen. Schon damals zwang er sich, ihr nicht zu nahe zu treten.

Denn immer wieder ertappte er sich dabei, dass ihn ihre Anwesenheit nicht nur erregte, sondern auch inspirierte. Sie lieferte ihm Ideen und Gedanken, die weiblich waren. Sie war eine Bereicherung seines Unterrichts.

Und dann … dann beschlichen ihn wieder die Zweifel. Er hatte Angst vor der Magie, vor den Kräften, vor der Wucht, mit der sie seine Seele gefangen nahm. Immer wieder erschien ihr Bild neben einer Theano oder Helena, Gefährtinnen von

Männern, die er aus den Schriften kannte. Die Vorstellung von ihrem schönen Körper und ihrem klaren Geist lenkten ihn allzu oft von seinen Studien ab. Warum gelang es ihm nicht, seine Gedanken zu kontrollieren? Er sollte sich auf die Sternenkunde und die Berechnungen der zukünftigen Sonnen- und Mondfeste konzentrieren. Und dann kam ihm die Farbe ihrer Augen in den Sinn, die der seinen glich. Dieser helle Ton war selten zu finden. Es war ein strahlendes Blau, das ihrer beider Augen miteinander verband. Es glich dem Spiegelbild des Himmels im Ozean. Er sah darin die gleiche Tiefe.

Schon früh war er vor den Frauen gewarnt worden. Von der höchsten Seherin Ita, die im Wald in der Nähe des Monasteriums von Brig lebte. Die Seherin hatte das Wissen einer Druidin. Sie erkannte Columbas hellen Verstand, seine besondere Gabe des schnellen Denkens und Kombinierens sowie seine ungewöhnliche Merkfähigkeit. Die Seherin verehrte sein athletisches Äußeres und sein schönes Gesicht. Doch seine äußere Gestalt schien ihr zu vollkommen. Und das sah sie mit Sorge. Ja, sie warnte ihn davor, dass ihn die Weiber wie Spinnen umgarnen und er ihren Versuchungen erliegen würde. Das würde seiner Zukunft als bedeutender Meister im Wege stehen. Wie oft hätte sie beobachtet, dass die Fähigkeiten der verheißungsvollsten Schüler durch die Tücken der Lust, verlockt durch die Weiber, sich im Nichts auflösten. Und so sähe sie es als ihre Pflicht, Calman vor den Gefahren, die vom Weib und von der Lust ausgingen, zu warnen. Und dies wiederholte sie mehrmals eindringlich. Die düsteren Bilder der magischen Verführungskünste der Weiblichkeit hatten sich ihm eingeprägt. Aber er hatte die Prophezeiungen verdrängt, da er nie der Gefahr zu erliegen drohte. Doch mit dem Erscheinen der zu einer reifen Frau gewordenen Atala im Monasterium von Bangor erhielten die Worte der Seherin eine neue Bedeutung. Waren Atala und ihr Zauber genau das, wovor sie ihn gewarnt hatte? Immer wieder fürchtete er um seine Mission und seine Ziele. Er verdrängte Atalas Bild, das in ihm aufstieg, und mit ihm all die Sehnsüchte, die Leidenschaft, die verzweifelte Suche nach dem richtigen Weg … Sie war sein Anam Cara, das Bild seiner Seele.

Mit Atalas unvorhergesehenem Anblick – diesmal in Luxovium – überfiel ihn erneut dieser unbändige Ansturm von überwältigenden Sinneseindrücken. Ihre überraschende Ankunft ließ ihm keine Zeit, innere Barrikaden zu errichten, und so war er dem Angriff auf seine Gefühlswelt hilflos ausgeliefert. Die Turbulenzen, die Sorgen, der ewige Kampf gegen den heftigen Wind, der ihm täglich entgegenwehte, schienen plötzlich wie weggeblasen. Stattdessen fegte jetzt ein kräftiger Herbststurm durch sein Inneres.

»Atala«, hauchte er mehr, als dass er ihren Namen aussprach. Mit einem lauten Knall schlug der Windstoß die Tür hinter Atala zu. Er schloss sie in die Arme und der Bruderkuss fiel intensiver, länger und anhaltender aus, als vorgesehen.

»Atala!«, rief Cailech hingegen laut und deutlich. Er strahlte voller Freude. »Du bist kaum wiederzuerkennen … Die kurzen Haare, wie ein Mann … verwerflich …«, lachte er. »Frauen, die sich den Kopf scheren, gehören exkommuniziert, und Bischöfe, die das dulden, abgesetzt.«

»Zügle deine Zunge, Cailech. Du solltest mit diesen unwürdigen Beschlüssen nicht spaßen«, rügte Columba streng, während er die Augen nicht von Atala lassen konnte. Auch mit den kurzen Haaren und den deutlich sichtbaren Wangenknochen sah er in ihr noch immer die mutige junge Kämpferin, die Amazone mit der außergewöhnlich schönen Schrift und dem starken Willen. Sie raubte ihm die Sinne und zog sie in ihre Welt. Er ließ es für den Moment geschehen. Er wollte sehen, hören, schmecken und fühlen, was sich darin verbarg. »Außerdem«, fuhr er geistesabwesend fort und suchte jetzt Zuflucht in Cailechs spöttischen Sätzen, um die eigene Verwirrung zu überspielen, »sind es Gesetze, die uns nicht betreffen. Wir leben nach unseren eigenen Regeln und halten uns an die Worte, die uns Chi Rho, der Retter, hinterlassen hat, und damit an unseren Verstand.«

Atalas Ankunft wurde an jenem Abend mit feierlichen Ritualen, die Columba und Deicola gemeinsam vollzogen, gefeiert. Die Seherin hatte die Rückkehr ihrer Tochter, wie sie Atala nannte, vorhergesehen und war vor Freude berauscht und in jedem Sinne außer sich.

Atala ereilte in der frühen Jugend das Schicksal vieler junger Mädchen ihrer Heimat. Mit dem Eintritt der Mondblutung wurde sie einem Mann zur Frau gegeben. Sie war zu jung, um zu ahnen, was auf sie zukam. Sie vertraute den Worten der Mutter, er sei ein guter Mann und würde für sie sorgen. Doch ihr Ehemann zeigte vor allem Interesse an ihrem Körper. Sie sollte sich der Arbeit widmen, welche den Frauen zustand, und sie sollte seine Fruchtbarkeit zur Schau stellen und Kinder bekommen. Mehr und mehr entwickelte sie eine Abneigung gegen ihn und seine Erscheinung. Je öfter sie sich ihm verweigerte, desto mehr vergnügte er sich mit seinen Nebenfrauen, die ihm Kinder gebaren – eines nach dem anderen, während Atala noch kein einziges lebend zur Welt gebracht hatte.

Dann, als sie sich ihm wieder einmal verweigerte und er sie schlug und mit Gewalt nahm, erlitt sie eine weitere Fehlgeburt. Es war Deicola, die sie blutüberströmt und halb tot im Wald fand. Die Seherin brachte sie ins Monasterium von Brig. Die achtsamen Berührungen, ihr harmonischer Singsang, die heilenden Tränke und Salben, mit denen Deicola ihren von den Vergewaltigungen und Geburten geschundenen Körper und auch ihre schwer verletzte Seele behandelte, brachten ihr schließlich Heilung. Während der Zeit von Atalas Genesung war zwischen den beiden Frauen eine innige Beziehung entstanden. Gebannt lauschte Atala Deicolas Erzählungen von Brig, der Gründerin des Monasteriums, die selbst eine christliche Druidin gewesen sei, eine allwissende Meisterin, die den Menschen half, Armen zu essen gab und Kranke pflegte. Brig gründete eine Sgoil, eine Schule für Jungen und Mädchen. Im Monasterium von Brig sei Deicola selbst im universalen Wissen ausgebildet und auch ihre seherischen Fähigkeiten seien dort geschult worden.

Deicola prophezeite Atala schließlich ein neues Leben voller Reichtümer. Sie würde Mut und Kraft benötigen, da sie eine Reise vor sich habe, die für die Menschheit von großer Bedeutung sei. Doch um das für sie vorhergesehene Leben in Angriff zu nehmen, solle sie von ihrem Recht Gebrauch machen und sich endgültig von ihrem Mann trennen.

Atala verließ ihn und ließ sich auf die Welt des Wissens und der Weisheiten ein, von deren Existenz sie nichts geahnt hatte. Ihr Wissenshunger beeindruckte ihre Lehrmeisterinnen und Lehrmeister. Als sie schließlich mit Deicola nach Bangor übersiedelte und Columbas Unterricht besuchte, lasen sie Platon, Aristoteles, Euklid, Pythagoras, und immer wieder verglichen sie die verschiedenen Botschaften mit denen, die Chi Rho in den Mund gelegt wurden. Unter all den Schriften fand sich nur ein Manuskript, das eine Frau zur Hauptperson hatte: Es war die Schriftrolle, die Lua gefunden hatte und die von Maria als Stellvertreterin von Chi Rho sprach. Maria wurde Atalas Vorbild, als sie sich mutig Schwestern und Brüdern aus anderen Monasterien anschloss, um die Insel am Rande der Welt für immer zu verlassen und die ewige Pilgerschaft anzutreten. Unter den Pilgern war auch die Frau, die später vor Iona Schiffbruch erlitt. Doch ihre Wege hatten sich damals schon bald getrennt. Während die Gefährtin über die Alpen nach Papia gezogen war, führten die abenteuerlichen Pfade Atala in den Süden des Frankenreiches.

Die rituellen Feierlichkeiten zu Ehren von Atalas Ankunft in Luxovium wurden innerhalb der streng bewachten Septa secreta abgehalten. Das war der heilige Bezirk des Monasteriums, zu dem ausschließlich die skotischen Schwestern und Brüder Zutritt erhielten. Es war der Bereich, in dem das heilige Wissen gehütet und die allerheiligsten Rituale und Mysterien zelebriert wurden. Die heiligen Schriften, genauso wie die von der römischen Kirche verbotenen Manuskripte der heidnischen Römer und Griechen, wurden hier kopiert und analysiert.

Eine steinerne Mauer, ein großer Graben und undurchsichtige Palisaden trennten die Septa secreta vom weltlichen Teil des Monasteriums, in welchem die Familien, Frauen, Männer und Kinder in ihren schlichten Hütten wohnten.

Auf all das, was innerhalb der Septa secreta geschah, hatten die Skoten den Eid der Geheimhaltung und der Verschwiegenheit abgelegt.

»Stellt euch vor …«, erzählte Atala nach den vollzogenen Mysterien und Ritualen von ihren bitteren Erlebnissen in dem Kloster, das im Süden des Frankenreiches lag, »sie sperren die Mädchen ein. Ihr Leben lang. Sie gehen nicht freiwillig in die Klöster. Sie werden gezwungen. Oft sind es die Väter, die ihre Töchter hinter den Mauern oder auch zu Hause als Virgines, als junge Frauen, einsperren. Aber auch viele Mütter sagen, sie weihen ihre Töchter Gott als Jungfrauen. – Ich habe das nicht mehr ausgehalten, Columba.«

Seine Tonsur verriet ihr, dass er stolz darauf war, das Ansehen des Abtes, des großen Meisters, des Vaters und Beschützers des Monasteriums von Luxovium zu genießen.

»Pater …«, verbesserte sie sich.

»… nenne mich Columba, wie alle unsere skotischen Schwestern und Brüder«, verbesserte er sie.

Columba, die Taube …

»Das darf nicht sein«, fuhr Atala fort, »sie missbrauchen die Botschaften. Sie sagen, das Einsperren schütze die Mädchen vor sich selbst. Die Abgeschiedenheit von der Welt bewahre sie vor unzüchtigen Gedanken und Taten, vor den Begierden und Lastern der Welt. Sie denken, da draußen gibt es nur Verwerflichkeit. Doch was zwingen sie ihnen für ein Leben auf? Ein Leben hinter Mauern, in Gefangenschaft, ohne die Natur, ohne Flüsse, Pflanzen, Tiere, es sei denn, eine Maus oder eine Ratte verläuft sich? Ohne jemals die Gestirne zu sehen? Ohne den Lauf der Sonne oder des Mondes beobachten zu können? Sie werden völlig vom Kreislauf des Lebens abgeschnitten. Diese Moniales dürfen auch keine Almosen verteilen, und niemand Fremdes, noch nicht einmal eine Frau, darf jemals das Kloster betreten. Inzwischen sind sogar alle Zugänge zugemauert. Allein der Zugang über die Kirche ist möglich, die aber darf von den Schwestern nicht betreten werden. Was bedeutet Leben, wenn man weder sich selbst, aber schon gar nicht den Armen, Waisen und Kranken helfen darf? Caesarius von Arles, nach dessen Regeln sie dahinvegetieren, und dessen Nachfolger haben sich mit Rom verbündet. Viele Jahre habe ich versucht, gegen die menschenunwürdigen Sitten anzukämpfen. Zuerst vorsichtig. Ich wurde bestraft. Dann vehementer. Ich wurde noch mehr bestraft. Und es kam immer schlimmer, denn die Regeln schreiben nicht nur das Wegschließen der Mädchen und Frauen, sondern ihnen auch das Fasten vor. Natürlich fasten wir alle.« Sie blickte in die Runde. »Aber wir fasten nur zu bestimmten Zeiten, um uns auf unser Dasein, unseren Glauben und das Leben im Kreislauf der Natur zu besinnen. Wir schöpfen daraus Kraft. Die Mädchen und Frauen dort müssen hinter verschlossenen Mauern fasten, und es wird so sehr übertrieben, dass sie sich übergeben, allein, wenn sie auch nur ein Stück Brot zu sich nehmen.« Atala trank einen Schluck Bier, sah eindringlich von einem zum anderen und fuhr fort: »Viele Mädchen sterben. Ja, sie verhungern! Und die Vorsteherinnen und Vorsteher vertuschen es, genauso wie die Bischöfe. Skandale sollen unter allen Umständen vermieden werden. Also werden die Mädchen kurz vor dem Verhungern gezwungen, Nahrung zu sich zu nehmen. Und sie speien sie wieder aus. Es ist ein Teufelskrcislauf. Sie sind alle krank. Sei es ihr Körper, sei es ihre Seele, sei es beides. Die Regeln machen Männer, und die Vorsteherinnen gehorchen. Frauen dürfen keine Priester sein.« Sie schüttelte verächtlich den Kopf. »Und die Äbtissinnen sind selbstverständlich den Bischöfen untergeordnet. Und wenn ich dagegen aufbegehrt habe, zitierten sie Epheser, Kapitel 5, 23 und 24: *Denn der Mann ist das Haupt der Frau, wie auch der Christus das Haupt der Gemeinde ist, er als der Retter des Leibes. Wie aber die Gemeinde sich dem Christus unterordnet, so auch die Frauen den Männern in allem.* Sie meinten damit, dass ich keinerlei Rechte hätte, mich gegen die Regeln von Caesarius aufzulehnen. – Aber ich kenne die Wahrheit«, fügte sie hinzu, nahm eine Brixiola, betrachtete sie lächelnd, brach ein Stück ab und aß es. Dann erzählte sie weiter: »Und dann kommen die Bischöfe, diese Lüstlinge, ins Kloster und ...« Sie stockte mitten im Satz. »Sie sind Fornicatores! – Bischof Brictius, dieser Hurenbock, ist einer von ihnen. Er hat sich von einer Sanktimoniale, einer der Schwestern, die Wäsche waschen lassen, und ... sie wurde schwanger ... und dann haben sie gesagt ...«, wieder nahm sie einen kräftigen Schluck Bier, lachte jetzt und prustete, »dass das Kind im Alter von einem Monat reden konnte und den Bischof von allem Verdacht freisprach.« Dann wurde Atala wieder ernst. »Ich bin geflohen. Und jetzt bin ich hier ... Wir müssen dagegen kämpfen! – Ich bin eine Frau. Aber ich gebe mich seit meiner Flucht als Mann aus. Das Vorbild ... das Vorbild von Maria hat mir die nötige Kraft gegeben. Immer wieder habe ich an sie gedacht. Sie war die Gefährtin von Chi Rho. Sie war stark. Nie und nimmer stimmt das, was ich dort erlebt habe, mit dem überein, was die beiden verkünden wollten. So etwas verlangt niemand, der die Menschheit retten will. Das sind Lügen, die in seinem Namen verbreitet werden. Und ...« Sie stockte, sah verlegen zu Boden, erblickte einen Käfer, der einem Skarabäus glich und eifrig seinem Ziel entgegenkrabbelte, »ich habe an meinen Lehrmeister gedacht. Das hat mir Mut gemacht.«

Deicola rümpfte die Nase, als hätte sie ein bitteres Kraut zu sich genommen, und Columba bemühte sich, die letzten Worte nicht auf sich zu beziehen. Er schluckte und sagte betont ruhig: »Alles ist gut. Du bist bei uns. Du bist müde und erschöpft.« Er nahm das Quellwasser der göttlichen Brixta und vermengte es mit dem Bilsen-Bier, das sie nach dem Rezept von Brig brauten. Er reichte Atala einen Schluck, um dann selbst zu trinken. Seine Augen leuchteten im Schein des Feuers, als er Atalas warme, feingliedrige Hand in der seinen fühlte. Die Vereinigung ihrer Hände veranlasste ihn, sogleich einen weiteren

Schluck zu nehmen. Dann sagte er: »Wir kämpfen für die Wahrheit!«

»Maria ist die Menschentochter!«, sagte Atala mit fester Stimme.

»Und Brig, die Lehrmeisterin unserer Mütter und Väter, hat mit ihrem Monasterium Marias Gedanken zu neuem Leben erweckt!«, erklärte Deicola, während ihr Blick sich im Feuer verlor und ihre Miene sich verdunkelte.

In Columbas Kopf herrschte seit Atalas Ankunft Aufruhr. Es war ein Aufstand seiner in der Vergangenheit unterdrückten Empfindungen. Das, was er in seinen Regeln für das Zusammenleben im Monasterium predigte, nämlich die Kontrolle über die Gedanken zu behalten, gelang ihm selbst nicht mehr. Wie damals in Bangor erschien Atala ständig vor seinem geistigen Auge. Immer wieder war sie da und sah ihn an mit einer unergründlichen Tiefe. Auch wenn er ihren tatsächlichen Anblick mied, ihr auswich, ein Zusammentreffen zu verhindern suchte, begleitete sie ihn stets. All das, was sie gesagt hatte, schwirrte durch seinen Kopf. Diese irrsinnigen Auslegungen der heiligen Schriften, die Frauen betrafen und die Männer festlegten … Was war das für ein großer Irrtum, der sich im Namen des Chi Rho ausbreitete und die christliche Welt mehr und mehr ins Ungleichgewicht brachte? Weitere Verletzungen bedrohten den Weltkörper, anstatt ihn zu heilen.

Für Columba kam erneut die Zeit, sich zurückzuziehen, um sich dem natürlichen Kreislauf des Lebens im Wald hinzugeben. Er würde sich auf die Verwurzelungen der Bäume in der Erde und ihr Streben nach Höherem einlassen. Er würde den Wölfen beim Heulen zuhören, den Flug der Vögel beobachten, sich den Bären stellen und aus den Konstellationen der Gestirne die Wirkungen ihrer Kräfte auf das Leben studieren. Es war die Zeit fürs Fasten, gerade weil die Dunkelheit, die Kälte und die Herbststürme ihren Einzug hielten. Es war an der Zeit, mit den Ahnen in Kontakt zu treten. Er sehnte sich danach, das

Tor zu seiner Seele zu öffnen, den verschlungenen Pfad hineinzufinden, um alles, was wild darin wuchs, in Ordnung zu bringen. Er wollte seinem Herzen ein Geständnis entlocken, ohne es auszusprechen. Das Geständnis sollte heilsam sein und zur eigenen Rettung dienen, um sich dann wieder vollständig ihrer aller Mission widmen zu können.

Mediomatricum

Das Fest

Bischof Vitalis von Visontio tobte.

»Wie könnt ihr diesen Frevlern Schutz bieten? Wie kann es sein, dass ihr die Herzöge dazu anhaltet, diesen Magiern, diesen Irrgläubigen Ländereien zu schenken? Sie haben mehr Felder und somit auch mehr Erträge an Obst, Gemüse, Getreide als mein ganzes Bistum.«

»Du vergisst das Vieh, das sie züchten. Die Rinder, die Schafe, die Ziegen … Sie sind reich …«, brachte sich eine weitere Stimme ein.

»Du vergisst die Pferde, die sie züchten. Sie pflegen die Gäule und verehren sie wie Götter ...«

Jeder, der um den Thron von Brunichilde stand, übertraf den anderen mit Gerüchten, Gerede und Behauptungen, die im Umlauf waren. Das, was sich tatsächlich innerhalb des Monasteriums von Luxovium abspielte, blieb jedoch im Unklaren.

Brunichilde hatte anlässlich des Geburtstags ihres Enkelsohnes Theuderich zu einem Fest in die Aula regia von Mediomatricum – die Stadt sollte später Metz heißen – geladen. Der prachtvolle Saalbau, dessen Mauern schon die Römer errichtet hatten, war nach der Zerstörung durch die Hunnen von den Merowingern wieder aufgebaut worden.

An den Wänden, die von großen Fenstern durchbrochen waren, sprangen, hüpften und zuckten wild die Schatten der zahlreichen Fackeln. Ihr Licht strahlte ein grandioses Festmahl an, das auf silbern und golden funkelnden Platten und Schüsseln angerichtet war. Die hochrangigen Gäste bewegten sich frei im Saal, naschten mal hier und knabberten mal dort. Der Genuss stand ihnen ins Gesicht geschrieben. Immer wieder spielte die Musik zum Tanz auf. Zunächst ging es gesittet zu, doch mit dem munteren Fließen des hervorragenden Weines wurde die Stimmung sichtlich ausgelassener.

Der große, lichte Saal hatte eine Apsis, in welcher die Throne von Brunichilde und – nach Childeberts unerwartetem Tod – der ihres Enkels Theuderich standen. Theuderichs Thron war leer. Der junge König lag auf einer mit kostbaren Fellen gepolsterten Kline, die im Zentrum der Aula regia stand, und ließ sich von vielen schönen Mädchen verwöhnen. Laut lachend fütterten sie das Geburtstagskind mit Trauben, Hühnerschlegeln, Hirschkeulen und vielen weiteren Leckereien. Emsig füllten sie seinen goldenen Becher mit edlem rotem Wein und tranken abwechselnd daraus. Theuderich wurde immer lustvoller, packte die jungen Damen schamlos an die prallen Brüsten, griff ihnen unter die Röcke, küsste ihre Hände, Wangen, die Dekolletés und vieles mehr. Ein Mädchen war anmutiger als das andere, und in ihrer Ausgelassenheit ließen sie sich die heftigen Liebkosungen des jungen Königs gern gefallen.

Brunichilde war gleichsam umringt, allerdings von Männern. Doch diese hielten den gebührenden Abstand zum Thron der Königin. Eine heiße Diskussion hatte sich entfacht, und die Skoten waren zum Hauptthema des Abends geworden.

»... und«, fuhr Bischof Vitalis sich ereifernd fort, »habt ihr gehört, der Abt soll die Tonsur eines Druiden tragen? Wie kann das sein, verehrte Königin? Du weißt um die Gefährlichkeit dieser sogenannten Priester. Du weißt, dass sie unmenschliche Riten vollziehen. Es heißt, die Druiden opfern Menschen, ja Kinder! Es kann nicht sein, dass du, verehrte Königin, diese Gebräuche unterstützt und deine Berater und Herzöge dazu anhältst, diesen Ungläubigen Ländereien zu schenken.«

»Ach, lieber Bischof Vitalis«, entgegnete Brunichilde, und es klang beinahe gelangweilt, »was du da sagst, erschreckt mich! Du solltest deine Zunge in Zaum halten und stattdessen die meine erfreuen. Bringe mir doch von den gebratenen Täubchen. Mein Gaumen verlangt danach.«

Bischof Vitalis sah Brunichilde empört an. Denn er hatte eine andere Reaktion erwartet. Er seufzte tief, dann gab er dem Wunsch der Königin nach und brachte ihr auf einem silbernen Tablett zwei Tauben.

»Ach, mein lieber Bischof, ich bitte dich, koste du zuerst, damit ich sehen kann, dass dir das Vögelchen mundet.« Sie lächelte und zeigte auf eine der beiden Tauben. »Nimm das Täubchen hier!«

Der Bischof nahm den gebratenen Vogel unbeholfen vom Tablett, brach zunächst eines der Flügelchen ab und warf es auf den Boden. Dann riss er ihm ein Beinchen aus und biss hinein.

»Weißt du«, fragte Brunichilde, während sie ihn beobachtete, »wie Taube auf Lateinisch heißt?«

Der Bischof kräuselte die Stirn.

»Sag es mir«, forderte sie ihn erneut auf. »Was heißt Taube auf Lateinisch?«

Der Bischof blickte sich um, so als würde er erwarten, dass die Antwort ihm zuflöge. Doch nichts dergleichen geschah.

»Du weißt es nicht?«, fragte Brunichilde tadelnd.

»Aber du weißt, was die Taube verkörpert? Für wen sie steht?« Sie legte die Hand hinter das Ohr – der goldene Ring, der darin steckte, schwang hin und her –, reckte den Kopf nach vorne und wartete darauf, die Stimme des Bischofs zu vernehmen. Jedoch vergeblich.

»Nun …«, durchbrach sie die erwartungsvolle Stille – alle Herren, die sie umgaben, waren gleichsam verstummt, »… wer hat dich zum Bischof gewählt, Vitalis?« Sie lachte laut auf, nahm die unberührte Taube vorsichtig an den Flügeln von dem silbernen Tablett, betrachtete sie von allen Seiten und sagte: »Die Taube symbolisiert den Geist, den Heiligen Geist. – Ich nenne es gern den heiligen Verstand.« Sie biss genüsslich einen kleinen Happen aus der Brust des Vogels und fuhr vornehm kauend fort: »Nichts ist für uns Menschen besser, als uns mit Verstand zu füttern. – Mit Verstand und dem Heiligen Geist.« Dann brach sie in lautes Gelächter aus und sagte: »Mit Columba!«

Die Männer um sie herum blickten inzwischen fragend, aber auch bewundernd drein. Manch einer lächelte, weil er den hintergründigen Humor der Königin verstand.

Das Gesicht von Bischof Vitalis ließ jedoch wenig Freude erkennen.

»Ich sehe, du verstehst mit nicht, Vitalis. Ich helfe dir auf die Sprünge und sage dir jetzt, was Taube auf Lateinisch heißt: Columba. Columba«, wiederholte sie, bekam erneut einen Lachanfall, rang um Fassung und prustete heraus: »Wie der Abt des Monasteriums von Luxovium!« Sie trank einen Schluck Wein, als ihre Aufmerksamkeit auf einen Neuankömmling gelenkt wurde.

»Bischof Aigulf, da bist du ja!«, rief sie erfreut und war wieder Herrin ihrer Gefühle. Sie begrüßte den herannahenden Bischof von Mediomatricum mit einem fröhlichen Lächeln. »Ich habe dich schon erwartet. Denn du kannst uns sicherlich mehr über die Fremdlinge vom Ende der Welt und ihr außergewöhnliches Monasterium erzählen. Teile dein Wissen mit uns!«

Bischof Aigulf war nicht besonders groß, schlängelte sich aber behände durch die Gesellschaft, begrüßte die Königin entsprechend der Gepflogenheiten und berichtete, was ihm zu Ohren gekommen war.

»Es heißt, sie haben das ganze Land, das ihnen zur Verfügung gestellt wurde, erblühen lassen. Es gedeihen dort Gemüse, Getreide und die verschiedensten Früchte. Das Monasterium ist in den letzten Jahren angewachsen. Viele schicken ihre Kinder dort in die Schule. Sie wählen besonders begabte Schüler aus, die später weitere Monasterien nach ihren von ihrer Insel am Rande der Welt mitgebrachten Regeln gründen sollen. Es sind nicht nur Monasterien, es sind Zentren des Wissens, der Bildung, des Lernens und Lehrens …«

»Nein!«, unterbrach ihn Vitalis jetzt außer sich und mit dem Mund voller Taubenfleisch. Gleichzeitig schmetterte er wütend den abgenagten Knochen des Taubenbeins auf den Boden. »Das darf nicht sein! Das darfst du nicht zulassen, verehrte Königin. Diese Häretiker, diese Irrgläubigen sind ein Fluch für unser Reich!«

»Es heißt«, fuhr Bischof Aigulf unbeirrt fort, »sie selbst sind hochgebildet. Sie schreiben, lernen und studieren immer dann, wenn sie nicht auf dem Feld oder im Stall oder in der Schreinerei oder bei der Versorgung und Pflege der Armen und Kranken sind. Es heißt, sie vollbringen Wunder beim Heilen. Es heißt, sie haben einen großen Garten mit Kräutern ... zu dem allerdings niemand außer ihnen Zutritt hat ...« Er brachte den Satz nicht zu Ende, denn während die Umstehenden große Augen bekamen, unterbrach ihn eine aufgebrachte Stimme: »Jaaa, es heißt, sie haben Geheimnisse, vollziehen dunkle Riten. Sie sind eine große Gefahr für die römische Kirche. Sie sind wie Wölfe im Schafspelz. Nehmt euch vor ihnen in Acht! Sie haben in unserem Land nichts verloren. Verjagt sie, verbannt sie ...«

»Es heißt, es sind Fornicatores. Sie treiben es schamlos mit den Weibern ...«

»Was sagt der zuständige Bischof dazu?«, fragte eine andere Stimme entsetzt.

»Der zuständige Bischof ...«, Vitalis lachte laut und abfällig. Immer wieder wanderten jetzt seine Augen zu Theuderich. Er konnte sich des Anblicks nicht erwehren. Zu erregend war es, der abenteuerlichen Wanderung von Theuderichs Finger über die Frauenleiber zuzusehen. Er rang um Beherrschung und sagte: »Das ist ja das Unglaubliche! – Die Fremdlinge unterstellen sich nicht dem Bischof. Und das«, echauffierte er sich jetzt lauthals, »obwohl schon vor mehr als hundertfünfzig Jahren, im Jahr 451, auf dem Konzil von Chalkedon beschlossen wurde, dass alle Klostergründungen dem zuständigen Bischof zu unterstehen haben. Aber diese Hurensöhne weigern sich! Man stelle sich vor, sie weigern sich!«, wiederholte er, und seine Stimme überschlug sich. »Er hat den Bischof noch nicht einmal gefragt, ob er das Kloster gründen darf. Und das ist ein schwerwiegender Verstoß gegen den Beschluss des Konzils von Agde aus dem Jahr 506 ... Und das Allerverheerendste ist«, unweigerlich wanderte sein Blick erneut zu Theuderichs fleischlichen Handlungen, »die Fremden bekennen sich nicht offiziell zur Castitas, zur Keuschheit. Damit hat das Monasterium seine Existenzberechtigung verwirkt! Wir, die Vertreter der römischen Kirche, haben aber keinerlei Handhabe gegen diese Irrgläubigen. Sie unterstellen sich noch nicht einmal dem Papst!«

»Und diese Menschen nennen sich Christen? Sie gehören nicht der römischen Kirche an? Sie erkennen den Heiligen Vater, den Stellvertreter des Apostels Petrus, nicht als ihr Oberhaupt an? Was sollen das für Christen sein? Das sind Häretiker!«, erzürnte sich ein weiterer Bischof, dessen hoher Rang an dem umgehängten Pallium zu erkennen war.

»Ja, so ist es. Es sind keine Christen, es sind Irrgläubige, und das Allerverwerflichste ist, sie feiern das höchste Fest unseres Glaubens, das höchste Fest der Christenheit, die Auferstehung des Gottessohnes, nicht mit uns, sondern mit den Juden. Ja, mit den Juden! Das sind keine Christen. Sie gehören aus unserem Land verbannt!«

»Schweig!«, sagte Bischof Aigulf. »Der Menschensohn, wie er sich selbst nennt, ist als Jude geboren worden, und vergiss nicht ...«

Bischof Aigulf brachte den Satz nicht zu Ende, denn es wurde ihm schwarz vor Augen, als ein heftiger Schmerz seinen Kopf durchfuhr. Der Faustschlag aus der Menge streckte ihn zu Boden.

Da es in jener Zeit nichts Ungewöhnliches war, Unstimmigkeiten mit Faustschlägen zu beenden, schallte nur ein kurzer Aufschrei der Königin durch die Sala regia, und anschließend stellte sie dem sich aufrappelnden Bischof die höfliche Frage, ob er nach Hause gebracht werden wolle.

Bischof Aigulf entgegnete mit der Hand an der anschwellenden Wange und einem offenen Blick in die Runde:

»Es wird sich noch zeigen, wer dem Irrglauben anhängt und wer nach der Wahrheit sucht …«

Während Bischof Aigulf sich abwandte, um die Sala regia zu verlassen, hörte er eine leise Stimme zu Bischof Vitalis sagen: »Ich kenne einen der Brüder des Monasteriums. Keiner der Skoten, nein. Er stammt aus den herzoglichen Kreisen um Waldelenus. Er sieht die dort herrschenden Regeln des Abtes mit dem gleichen Unmut wie wir …«

»Nun«, schloss die Königin das Gespräch, »ich werde nach Luxovium reisen, um die Sitten und Gebräuche des Monasteriums persönlich in Augenschein zu nehmen.«

Luxovium

Das Feuer

»Warum tut er das?«, suchte Eustasius das Gespräch mit Cailech. Sie sammelten in den umliegenden Wäldern Holz für das große Feuer an Pascha. Eigentlich sollte die Arbeit schweigend verrichtet werden, doch er und Cailech waren weit genug von den anderen entfernt aufeinandergetroffen.

»Warum tut er was?«, fragte Cailech.

»Warum besteht er darauf, Pascha nicht zu dem Zeitpunkt zu feiern, den die römische Kirche vorschreibt?« Eustasius verschluckte sich vor Aufregung und bekam einen Hustenanfall. Er wurde rot im Gesicht, und seine beinahe schwarzen Augen waren kurz davor, aus den Höhlen herauszufallen, wie zwei düstere, kleine Kugeln. Dabei erschien die rechte Kugel größer als die von dem schwachen Lid halb verdeckte linke. Während Cailech dem Bruder auf den Rücken klopfte, um ihm Erleichterung zu verschaffen, überlegte er, welche Auswirkungen die unterschiedlichen Sichtweisen der beiden Augen auf das Gehirn und die Seele von Eustasius haben würden.

»Wir feiern Pascha dann, wenn das Licht die Dunkelheit durchbricht, dann, wenn der Mond voll scheint, dann, wenn das Leben, die Pflanzen und Tiere wieder erwachen. All das gehört zum Kreislauf des Lebens und des Sterbens und des Wiederauferstehens aus der Dunkelheit. Das verkörpert Chi Rho, die jährliche Wiedergeburt der Natur, aber auch des Logos, der Worte, der Vernunft und des Verstands. – Du bist unser Bruder.« Cailech bemühte sich, abwechselnd die zweierlei Augen von Eustasius zu fixieren. »Du hast den Eid auf unsere Regeln und Sitten abgelegt. Du kennst die Hintergründe. Warum fragst du?«

»Ich kenne die Hintergründe nicht. Ihr wisst sie gut zu verbergen. Ihr und eure Geheimnisse. Das wird euch noch teuer zu stehen kommen«, prophezeite Eustasius und ballte seine Finger so heftig zu Fäusten, dass die Knöchel weiß wurden. »Und genau deshalb frage ich dich weiter, warum wagt er auch das?«

»Warum wagt er auch was?«, gab Cailech auch diese Frage zurück. Das Unwohlsein, das ihn in der Gegenwart von Eustasius befiel, wurde stärker. Schon immer hatte Cailech sich gewundert, warum Columba ihn im Monasterium aufgenommen hatte. Weil er ein Verwandter von Chagnerich und Waldelenus war, die ihnen treu zur Seite standen? Oder etwa aus Berechnung, da Eustasius gute Kontakte zu König Clothar, dem Regenten des fränkischen Teilreichs Neustrien, pflegte? Versprach er sich dadurch Vorteile für ihr Monasterium?

»Warum traut er den Frauen so viel zu? Warum weiht er sie in die Bruderschaft ein?«

»Warum nicht? Er hat dich ja auch eingeweiht. Hätte ich nicht gemacht«, sagte Cailech offen.

Die Miene von Eustasius verfinsterte sich. »Vertraue niemals ein Geheimnis einer Frau an. Frauen können nichts geheim gehalten. Es sind Weiber, sie müssen immer alles ausplaudern.«

Cailechs Groll wuchs, doch er wollte das Gespräch noch nicht beenden, da er schon länger eine aufziehende Gefahr ahnte. Jetzt war der Zeitpunkt gekommen, der Bedrohung Gestalt zu verleihen.

»Wie kommst du darauf? Glaubst du nicht, dass Männer auch Verräter sein können? – Warum hast du dich nach unserem Ritus taufen lassen und den Eid auf unsere Regeln abgelegt?«

»Du lebst wie ein Mönch, aber darfst dich der Lust hingeben.« Eustasius saß auf dem toten Baumstamm, auf dem er sich wegen seines Hustenanfalls niedergelassen hatte, und beobachtete grinsend Cailech beim Holzsammeln. »Und es wird als heiliger Akt, als gute Tat angesehen. Ist das kein Grund? Du vereinigst die Sünde mit der Glückseligkeit.«

»Weißt du«, Cailech rang um Beherrschung, während er auf die Sitten ihrer Insel am Rande der Welt zu sprechen kam, »in unserer Heimat dürfen die Männer mehrere Frauen haben. Die Hauptfrau darf ihren Mann aussuchen. Aber er hat auch viele Nebenfrauen. Oft werden die Körper der Frauen von den Männern benutzt, ohne ihren Verstand oder ihre Seele zu achten. Die Frauen müssen gehorchen, weil die Männer sonst gewalttätig werden. Frauen erhalten keine Bildung und lernen nicht, dass sie auch Rechte und eine Würde haben. Sie sind den männlichen Kräften ausgeliefert. Wir verurteilen das in unseren Monasterien. Frauen mögen den Männern körperlich unterlegen sein. Ihre Seele und ihr Verstand sind jedoch genauso verehrungswürdig wie ihr Körper. In ihnen wächst die Frucht. Wir sehen Männer und Frauen als gleichberechtigte Gefährten und Gefährtinnen. Chi Rho und Maria haben uns das gelehrt. Sie vertrauen sich ihre Geheimnisse an. Wir bezeichnen einen solchen Verwandten der Seele auch als Anam Cara. Wenn sie sich lieben, sollen Mann und Frau den Bund der Ehe schließen, Kinder bekommen und diese gemeinsam großziehen. Sie sollen sich gegenseitig geistig wie körperlich schätzen. Jedem steht es aber auch frei, in Enthaltsamkeit zu leben, auch den Eheleuten, damit Männer nicht wie Tiere über Frauen herfallen und umgekehrt Frauen nicht wie Tiere die Männer verführen! Denn das ist animalisch, heidnisch. Du weißt, dass der heilige Akt der Zeugung nur zu bestimmten Zeiten, die der Jahreskreislauf vorgibt, vollzogen werden darf.«

Eustasius schien belustigt. »Nun, ich habe gehört, unser Abt ist auch verheiratet. Wo ist sein treues Weib? – Wo hat er es gelassen? Er hat einen heiligen Bund fürs Leben geschlossen.«

»Es war nicht der Bund der Liebe, den er geschlossen hat. Er war noch jung, heißt es. Seine Mutter hat die Frau für ihn ausgesucht, heißt es. Die Tochter eines schottischen Königs. Sie lebten zusammen im Monasterium von Bangor. Doch sie drohte dort zu verkümmern und zog deshalb zurück zu ihrem Vater. Columba selbst spricht nicht darüber. Vielleicht hat er das

Martyrium des Verlassens der Heimat auch auf sich genommen, um für die Trennung von der Frau, in der er nicht seine Gefährtin sah, zu büßen. Der Bund der Liebe muss mit Bedacht eingegangen und über die Jahre hinweg gehegt und gepflegt werden.« Cailech türmte weiteres Brennholz auf den Wagen mit dem wachsenden Stapel.

»Man sagt, er hat auch einen Sohn?« Neugierig auf die Antwort reckte Eustasius gleich einem Geier seinen Hals nach vorne und zog dabei gespannt die Augenbrauen hoch.

»Es ist bei uns üblich, ab einem gewissen Alter die Söhne und Töchter zu Verwandten in andere Monasterien zur Erziehung zu geben. Und – du weißt, Eustasius – wir Pilger von der Insel lassen unsere Heimat zurück. Wir sehen es als Buße für unsere Verfehlungen. Kannst du dir vorstellen, wie schwer es ist, die Heimat für immer zu verlassen?«

»Cuimmine und Winnoc sind verheiratet. Da hat keiner den anderen zurückgelassen. Das, was ihr tut, eure Riten, eure Heimlichkeiten, glaub nicht, dass mir das entgeht. Mit euch stimmt etwas nicht. Ihr atmet die Luft des Häretischen. Wann erhalte ich den Zutritt zur Septa secreta?«

Cailech schluckte und sagte: »Wer bist du, Eustasius? Du weißt genau, dass wir auf der Seite der Wahrheit stehen. Du hast den Eid abgelegt, unseren Riten und Gebräuchen zu folgen – vor unserem Abt. Und wenn du sie als häretisch ansiehst …« Er hielt inne und brachte den Satz nicht zu Ende. Stattdessen atmete er tief ein und wieder aus und fuhr dann fort: »Cuimmine und Winnoc sind Gefährtin und Gefährte. Sie haben den heiligen Bund der Ehe aus Liebe geschlossen. Sie gehören zusammen. Und wenn es an der Zeit ist, wird Cuimmine ein Kind bekommen, glaube mir!«

Cailechs Worte ließen Eustasius unbeeindruckt. Er wechselte unerwartet das Thema: »Weißt du, was im Wald ganz in unserer Nähe vor sich geht? – Komm mit, ich zeig dir *ihre* Rituale, die Rituale der Alemannen.« Eustasius sah Cailech herausfordernd an.

»Wir müssen das Brennholz zum Feuerplatz bringen«, erwiderte Cailech. »Das geht jetzt nicht!«

»Doch, komm«, drängte Eustasius. »Ich hab sie heute Morgen bei ihren Vorbereitungen gesehen. Auch sie feiern jetzt Pascha. Aber wie? Wir müssen das wissen, wenn wir die Heiden bekämpfen sollen. Wir müssen wissen, wogegen wir ankämpfen. Wir müssen den Feind kennen! Nun komm schon. Wir schieben den Karren zum Hügel, und dann lass uns schauen, was sie machen!«

Cailech überlegte. »Einverstanden, wenn wir zum Psalmensingen rechtzeitig zurück im Monasterium sind.«

Es begann mit einem kleinen, glühenden Körperchen. Es war ein Körperchen, das Licht spendete, das Wärme abgab, ohne welches der Mensch nicht zum Menschen geworden wäre. Das Feuer war göttlich und galt als Symbol für den einen Gott. In Luxovium, dem Ort, an dem der eine Gott einst den Namen des Licht- und Sonnengottes Lugh oder Lux trug, loderte es unsichtbar unter der Erde und erhitzte die Quellen der Umgebung. Tief aus der Erde drang es mit aller Macht an die Oberfläche und sorgte mit seinen Kräften und in der Vereinigung mit der Brixta für die Heilung kranker Menschen und Tiere. Es linderte Schmerzen, sorgte für gebackene und gebratene Mahlzeiten genauso wie für wärmende Getränke.

Seine Macht wurde verehrt und gefürchtet zugleich. Als alleiniger Herrscher sorgte das Feuer über der Erde nicht nur für Heilung, Licht und Wärme, sondern auch für Angst und Schrecken. Denn geriet es außer Kontrolle, befreite es sich aus der Macht des Menschen und des Wassers, packte es gnadenlos die Luft und die Erde. Es kroch über den Boden, stieg die Wände aus Lehm und Holz empor zu den Dächern aus Stroh, ließ seine Funken springen und sprühen und vermehrte sich zuckend, züngelnd, knisternd, alles verschlingend wie ein gefährlicher, Feuer speiender Drache.

Das Monasterium brannte lichterloh. Rote, goldene, gelbe, sonnige Flammen griffen erbarmungslos um sich und verflüchtigten sich nach der Zerstörung hemmungslos in der Dunkelheit des Universums.

Mütter brachten ihre schreienden Kinder in Sicherheit, Tiere brüllten und rannten davon.

»Wasser, Wasser!«, ertönten die verzweifelten Rufe von allen Seiten, denn allein die Brixta half jetzt, den tobenden Lux zu bekämpfen.

Es wurden Menschenketten gebildet, die vom Fluss zum Feuer führten, und die Wasserkessel wurden einer nach dem anderen weitergereicht, um das Flammenmeer zu ersticken.

Ein dichter Dunstschleier hüllte die niedergebrannten Hütten am Morgen danach in ein trauriges Grau. Noch rauchte es an vielen Stellen. Überall hustete es. Die folgenden Tage waren mit der Versorgung der Verletzten ausgefüllt, genauso wie mit dem Einpflanzen der ausgerissenen Wurzeln, dem Einfangen der entflohenen Schweine, Schafe, Hühner, Pferde, Esel, Hunde und dem Aufbau der zerstörten Hütten.

Um die katastrophalen Auswirkungen des Feuers auf das Monasterium und seine Bewohner zu besprechen, hatte Columba die Skoten zu einer nächtlichen Versammlung zusammengerufen. Darüber hinaus hatte er die Pflicht, sie über das Eintreffen eines unerfreulichen Briefes der Bischöfe zu informieren. Selbst das Feuer hatte nicht genug Kraft gehabt, die steinerne Mauer der Septa secreta zu zerstören. So konnte die Zusammenkunft im Geheimen abgehalten werden. Auch die runden, großen, Bienenkörben gleichenden Steinbauten, in welchen die zahlreichen kostbaren heiligen und heidnischen Schriften lagerten, waren unversehrt geblieben.

»Nenne mir Logion 62 der geheimen Botschaften von Thomas, Cailech!« forderte Columba jetzt streng.

»Logion 62: *Chi Rho sagt: Denen, die meiner Geheimnisse würdig sind, sage ich meine Geheimnisse. Was deine rechte Hand tun wird, deine linke soll nicht wissen, was sie tut.*«

»Logion 11,4!«, wandte er sich an Atala. Er wollte den Klang ihrer Stimme hören. Wie würde sie die Worte betonen? Wie die Frage aussprechen, die ihn seit dem vernichtenden Feuer beschäftigte?

»*An dem Tage*«, zitierte Atala jetzt, »*als ihr einer wart, seid ihr zwei geworden. Wenn ihr aber zwei geworden seid, was werdet ihr tun?*«

Waren sie zwei geworden? Wie sehr war das Monasterium in zwei Lager gespalten? Gab es einen Schuldigen? Einen Verräter? Gab es jemanden in ihrer Gemeinschaft, der sie mit dem Feuer vernichten wollte? War ihre Gemeinschaft durch Hass, Neid und Unverständnis entzweit?

Columba selbst zitierte Logion 25:

»*Der Retter spricht: Liebe deinen Bruder wie dein Leben! Behüte ihn wie deinen Augapfel!* – Logion 26, Ragnacharius!«

»*Der Retter spricht: Den Splitter, der im Auge deines Bruders ist, siehst du, den Balken aber, der in deinem Auge ist, siehst du nicht. Wenn du den Balken aus deinem Auge herausziehst, dann wirst du deutlich genug sehen, um den Splitter aus dem Auge deines Bruders herauszuziehen.*«

»Seht mich an!«, befahl Columba jetzt streng und musterte sie nacheinander. Die einen zeigten Enttäuschung und Schmerz. Andere blickten mutig, bereit, weiteren Gefahren ins Auge zu sehen. Aber er erkannte auch Trauer und Resignation. Ernst und Wachsamkeit. Ungeduld, Wut und Kampfgeist.

Mithilfe der Geständnisse auch kleinster Vergehen sowie durch die Buße und Reue erschloss sich Columba über die Jahre hinweg das Wesen auch der neu ins Monasterium eingetretenen Schwestern und Brüder. Er hatte von Natur aus die Gabe, ein herausragender Zuhörer zu sein, und hörte jeden Tag von kleineren und größeren Vergehen und wer was als Vergehen ansah. Oftmals wiederholten sich die Inhalte. Zuweilen jedoch ließen ihn die Bekenntnisse aufhorchen. In letzter Zeit war ihm einer der Brüder mehr und mehr unangenehm aufgefallen. Columba beobachtete auch, dass Äußerungen, die aus seinem Mund kamen, ihm, dem Abt, missfielen, anderen Brüdern jedoch gefielen. Der Name des Bruders war Eustasius.

Columbas Augen hielten inne, als sie das Grün der Iris von Cailech erreichten. Er war ein tapferer und mutiger Kämpfer. Sein schmaler Wuchs und seine feinen Glieder gaben ihm weibliche Züge. Doch der Kampf, den sie gemeinsam ausfochten, war kein Ringen des Körpers. Es war ein Kampf des Verstandes, der Gedanken und Vorstellungen, den die Menschheit im Sinne Chi Rhos führen sollte.

»Wo warst du in der Nacht des Feuers?«, fragte er Cailech. Seine Stimme klang streng.

»Ich habe in der Kette gestanden und gelöscht.«

Columbas Gesichtszüge verfinsterten sich, und Cailechs Herz galoppierte schneller.

»Meister, warum fragst du?«, begann er unsicher nach längerem Schweigen. Er hielt dem durchdringenden Blick Columbas stand, und nach einem kurzen Moment der Stille fuhr er zaghaft fort: »Nun, bevor wir das Feuer bemerkt haben … sind wir beim Holzsammeln auf die Heiden gestoßen. Sie haben gefeiert – Äquinoktium, die Tagundnachtgleiche. Nicht weit von hier hatten auch sie ein Feuer entzündet. Es waren Germanen – vielleicht auf der Durchreise. Sie tanzten und murmelten Beschwörungsformeln in ihrer Sprache. Sie verehrten dabei ein schwarzes, mit Ruß verschmiertes Götzenbild. Astara oder Ostara oder so ähnlich ist der Name der Göttin. Wir haben beobachtet, wie sie Hasen fingen und mit ihnen das Fest der Fruchtbarkeit feierten. Schließlich opferten sie die Tiere der Göttin. Ich erspare uns weitere Ausführungen. Nur so viel: Sie verehren und beten Eier an, die der Vögel und der Hühner. Das Ei ist ja das Zeichen der Fruchtbarkeit. Im Ei wächst der Samen, und aus ihm schlüpft das neue Leben. Sie haben Riten, die denen unserer Vorfahren ähnlich sind.«

»Cuimmine, singe uns Psalm 94 aus dem *Cathach* von Columcille, dem Meister der Meister«, befahl Columba, und Cuimmine begann zu singen. Ihre Stimme klang wie die einer Lerche und beruhigte die Gemüter.

Als sie geendet hatte, fragte Columba: »Warum habe ich Cuimmine den Psalm singen lassen, Winnoc?«

»Er besagt«, antwortete Winnoc, noch gefangen von dem bezaubernden Gesang seiner Gefährtin, »dass der oberste Gott der König aller Götter ist!«

»Es geht nicht darum«, ergänzte Cuimmine, »dass sie eine Göttin anbeten. Auch wir verehren Brigantia oder Brig ...«

»... oder Maria«, fügte Atala hinzu.

»... wie eine Göttin«, führte Cuimmine ihren Satz zu Ende.

»Sie feiern immer noch animalisch«, seufzte Cailech. Er war erleichtert, dass er sich die Last seiner Verfehlung von der Seele geredet hatte. Die Strafe, die ihn jetzt erwarten sollte, würde er als verdient hinnehmen. »Das ist das Problem. Die Orgien und die grausamen Opfer.«

Columba nickte. Er fühlte sich durch Cailechs ehrliche Aussage besänftigt und hatte gehört, was er hören wollte. Daher lenkte er das Gespräch zurück auf die größte Gefahr, die ihrem Monasterium drohte. Sie glich dem vernichtenden Feuer. Aus einem Funken konnte ein Brandherd entstehen.

»Wir werden wohl kaum in Erfahrung bringen, wer oder was das Feuer zum Zerstörer werden ließ. Daher ist es das Wichtigste, dass wir den Frieden unter uns bewahren und auch den mit unseren treuen gallischen Schwestern und Brüdern, Waldelenus, Chagnerich, seinem Sohn Chagnoald, seiner Tochter Burgundofara ...«

»... und Lua«, warf Cailech ein, »sie ist gleichsam unsere Schwester!«

»Selbstverständlich!«, bestätigte Columba. »Sie und viele andere Schwestern und Brüder leben im Einklang mit unseren Riten und Gebräuchen. Sie stehen gemeinsam mit uns auf der Seite der Wahrheit. Nie und nimmer dürfen wir im Monasterium unachtsam reden, denn das würde den Frieden zerstören, der bislang unter uns herrschte. Es hilft uns nicht, einander zu verdächtigen oder zu verachten. Lasst also keine verletzenden Worte oder Verdächtigungen fallen. Kontrolliert eure Gefühle mehr denn je und verfallt nicht eurem Zorn. Alle, die lügen, fluchen, kritisieren, zerschneiden sich selbst die Kehle mit dem eigenen Schwert. Was würden sich uns unsere Feinde mehr wünschen, als dass wir uns mit unseren eigenen Schwertern erlegen? Wir müssen also gerade jetzt unsere Worte auf ein Minimum reduzieren«, beschwor er sie. »Denn wer weniger spricht, beleidigt weniger. Mit einem falschen Wort kann all das, was wir mühevoll aufgebaut haben, zunichtegemacht werden. Kritik darf erst gar nicht aufkommen. Denn sie ist die Erstgeborene des Ärgers. Denkt an die Worte von Paulus: *Wenn ihr euch aber untereinander beißt und fresst, so seht zu, dass ihr nicht einer vom andern aufgefressen werdet.*«

Columba seufzte aus tiefstem Herzen und fuhr fort: »Es gibt einen weiteren Grund, warum wir zwingend den Frieden unter uns halten, viel schweigen und unseren Ärger im Keim ersticken müssen …« Er sah versöhnlich zu Cailech und zeigte auf den Brief, der auf dem Schreibpult vor ihm lag.

Dann lächelte er unversehens. Es war ein wohltuendes Lächeln und löste zumindest für einige Herzschläge die Anspannung, die in der Septa secreta herrschte.

Es war das schelmische Lächeln mit den frechen Grübchen, das Atala so sehr an ihm liebte, jedoch viel zu selten zu Gesicht bekam. »Die gallorömischen Bischöfe haben uns einen Brief geschickt. Es steht darin geschrieben, dass wir skotischen Mönche nach Chalon-sur-Saône einberufen werden. Wir sollen dort über unsere Gewohnheiten, das Paschafest zu feiern, Rechenschaft ablegen.«

Ein Raunen ging durch die Septa secreta.

Atala fragte: »Wer von uns wird dich begleiten?«

»Niemand!«

»Du kannst nicht allein nach Chalon reisen, Meister.«

»Keiner wird reisen. Es ehrt uns, dass sie extra für uns eine Synode einberufen«, sagte er ernst, um dann erneut zu lächeln.

»... aber ...«, er rieb sich mit dem Zeigefinger die Schläfe, »... wer wären wir, wenn wir ihrer Aufforderung Folge leisten würden? Nein, wir folgen nicht dem Ruf derer, die die Irrtümer verbreiten! Sondern ...«

Er holte Luft, hielt inne und freute sich insgeheim, dass er die erwartungsvollen Gesichter mit seinem Vorhaben überraschen würde. Dann ließ er die Katze aus dem Sack.

»Wir wenden uns an den Kopf ihrer Köpfe!«

»An den Kopf der Köpfe?«, wiederholte Cailech erstaunt. »Du meinst an Papst Gregor, Meister?«

»Du hast es erfasst, Cailech! Wir schlagen sie mit ihren eigenen Waffen. Ihre Irrungen lassen sich leicht mit den Botschaften, die ja auch zu *ihren* heiligen Schriften zählen, belegen.«

»Ich komme mit, wenn du nach Rom reist, Meister«, sagte Cailech bestimmt.

»Du übst dich in Gehorsam, Cailech!«, erwiderte Columba zurechtweisend, und jetzt gruben sich tiefe Falten in seine Stirn, und seine Miene verfinsterte sich. Er ging in sich, und es schien, als würde er – was nur sehr selten geschah – sein Inneres nach außen kehren. Seine Mundwinkel fielen nach unten, so als würde der Mond drei Tage nach Neumond auf den beiden Spitzen seiner Sichel stehen. Die Wangen bildeten zwei leere Säckchen, und die Falten zeigten deutliche Spuren des Alters und des Kummers auf seiner Haut. Die himmelblauen Augen wanderten durch die steinernen Wände des Oratoriums in die Ferne. »Manchmal kommt es mir vor, als wäre ich gefangen auf einem Segelschiff. Die Zeit, in der wir leben, gleicht den wütenden

Stürmen, die die Wogen des Meeres mehr und mehr auftürmen. Die Turbulenzen erlauben es mir nicht, das Schiff zu verlassen, um all meine Visionen zu erfüllen. Selbstverständlich wünsche ich mir nichts mehr, als die Herrn Kardinäle und den Papst persönlich kennenzulernen, um ihnen meine Meinung zu ihren trügerischen Worten und ihren verfehlten Taten mitzuteilen. Doch die Dringlichkeit der Reise erfordert junge und kräftige Boten!«

Der Brief

Die Tage des Wiederaufbaus zehrten an den Körpern und Seelen der Bewohner des Monasteriums von Luxovium. Die Worte, die ohnehin auf das Notwendigste begrenzt waren, blieben auf Geheiß Columbas und unter der Androhung heftiger Strafen in den Mündern, was zuweilen große Beherrschung verlangte. So hörte man keine menschlichen Stimmen, außer zuweilen das Geschrei der Kleinkinder, stattdessen aber Hämmern, Schlagen, Stöhnen und das Bellen, Muhen, Gackern und Wiehern der Tiere. Viele Männer und Frauen gerieten an die Grenzen ihrer Kräfte, und beinahe jeder suchte im Stillen nach möglichen Schuldigen. Nutzten die Verräter das Schweigen, um sich zu tarnen? Den Unschuldigen blieb jedenfalls keine Möglichkeit, ihrem Zorn freien Lauf zu lassen. Columba half Fridoald und einigen kräftigen Männern beim Wiederaufbau der Schule. Und während sie gemeinsam die Bretter schleppten, die in der Schreinerei zugeschnitten wurden, hatte er viel Zeit zum Nachdenken. Er überlegte, wie er den Brief an Papst Gregor formulieren sollte. In seinem Kopf hatte sich Wut angestaut, und er wollte dem Ärger endlich Luft machen.

Wie dumm war doch die Christenheit, kam es ihm immer wieder in den Sinn, dass sie sich derart spaltete! Sollte es doch das Ziel aller Christen sein, den Weltkörper zu heilen. Allein die

Concordia, die Eintracht, konnte zum Erfolg führen. Nur gemeinsam waren sie stark genug, die Heiden zum Guten zu bekehren. Doch die gallorömischen Bischöfe verbündeten sich gegen Columba, seine Anhänger und gegen ihre Traditionen. Warum? Sie lebten hier in der Abgeschiedenheit, und es gehörte zu ihrer Mission, niemanden zu zwingen, sich ihnen anzuschließen. Genauso gehörte es zu ihrer Mission, die Traditionen der Ahnen, die in den Kreislauf des Weltkörpers eingebunden waren, zu wahren. Nie würde er sie aufgeben. Niemals! Immer wieder wischte er sich den Schweiß, der sich durch die schwere Last der Balken bildete, von der Stirn.

Außerdem, dachte er und die Wut wuchs mit den Gedanken, wie konnte Rom es wagen, den göttlichen Plan zu durchkreuzen?

Wie konnten die Päpste sich anmaßen, Herrscher über das Licht zu sein, über den Kosmos, über die Natur, über das Leben? Pascha durfte nie und nimmer bei einem Viertelmond gefeiert werden, wie Rom es verlangte. Das war so, als würde man die Wiederauferstehung vor der Passion feiern! Nicht der Sonntag gab den Zeitpunkt an. Nein! Es waren die Gestirne, die das Zeichen gaben. Der volle Mond nach dem Frühjahrs-Äquinoktium zeugte in Verbindung mit Sirius, dem hellsten Stern am Himmel, von der Wiedergeburt des Lichts, das über die Dunkelheit herrschte. Das Datum, das die Kirchenautoritäten festgelegt hatten, gehörte zu den größten Irrtümern Roms. Sie gefährdeten damit das eigene Seelenheil!

Der Brief sollte in sorgfältiger Schrift verfasst werden. … Atala … – Nein, verwarf er sogleich den Gedanken, es war unmöglich, die Zeit allein mit Atala in der Schreibstube zu verbringen. Der Brief an den Papst benötigte seine vollständige Konzentration, und ihre Nähe würde ihn womöglich zu sehr ablenken. Er beschloss, den Brief gemeinsam mit Cailech zu schreiben. Der Sohn seiner Schwester war für ihn wie ein Stück

Heimat, das er mitgenommen hatte. Er liebte ihn mehr als seinen leiblichen Sohn, den er kaum kannte.

Das flackernde Licht der Öllampe fiel auf das Pergament, das auf dem Schreibpult vor Cailech lag. Er tauchte die Feder in das Horn mit der Tinte und schrieb nieder, was Columba ihm diktierte.

Der Abt leitete den Brief damit ein, dass der Papst die erlauchteste Blume des ermatteten Europas sei, der herausragende Wächter und Meister der göttlichen Doktrin.

»Denkst du nicht, dass diese Worte übertrieben sind, Meister?«, fragte Cailech und hielt im Schreiben inne.

Columba stand neben dem Schreibpult und sah Cailech an. »Welchen Brief würdest du bevorzugt lesen? Den, der dich tadelt und deine Verurteilung vorwegnimmt, oder den, der mit einem Lobgesang auf dich beginnt?«

Cailech lächelte. Selbstverständlich würde die Aufmerksamkeit des Papstes durch die Schmeicheleien geweckt werden.

Cailech schrieb und schrieb und schrieb und schrieb. Er schrieb in den nächsten Tagen all das nieder, was Columba auf der Seele lastete. Immer wieder zitierte der Abt aus den Botschaften des Chi Rho. Denn das war die einzige Stimme der Wahrheit. So diktierte er Cailech, und der Ton, den Columba anschlug, änderte sich schlagartig:

»*Wie kann der Papst, dessen Intelligenz das Universum überstrahlt, ein dunkles Pascha tolerieren?*«

»Was für eine ausgezeichnete Formulierung«, bewunderte Cailech seinen Meister. Columba schenkte den lobenden Worten seines Schülers keine Beachtung. Stattdessen lief er in der Schreibstube hin und her wie ein eingesperrtes Tier, und mit jedem Schritt wuchs sein Groll. Unvermittelt blieb er stehen, sah Cailech finster an und diktierte weiter:

»*Du versteckst dich hinter deinen toten Vorgängern, besonders hinter Papst Leo. Aber ein lebender Hund ist besser als ein toter Löwe, und du solltest dich nicht hinter der Meinung eines Toten verstecken. Nach all den Autoren, die ich gelesen habe, kann ich mit den Bischöfen nicht übereinstimmen, die sagen, Pascha darf nicht mit den Judäern gefeiert werden. – Keiner der Orientalen war dieser Meinung. Erspare es uns, mit dir uneins zu sein. Denn wer auch immer Hieronymus widerspricht und sich dessen Autorität widersetzt, begibt sich in die Gefahr, in den Ruf eines Häretikers zu kommen.*«

»Meister«, warnte Cailech jetzt zur Vorsicht, »jetzt wirst du sehr … wie soll ich sagen … grob in der Ausdrucksweise. Wir sollten den Papst nicht verärgern.«

»Das ist noch lange nicht alles, Cailech«, erwiderte Columba, und der Triumph stand ihm ins Gesicht geschrieben. »Die Wahrheit ist das, was wir suchen und wovon wir predigen. Und«, er blickte in das Licht der Öllampe, »keine Institution und keine Person wird uns davon abbringen. Auch nicht der Papst in Rom und sein Gefolge. Um *ihrer* Wahrheit nahezukommen, werde ich ihm weitere Fragen stellen. Schreib, Cailech!«, befahl er erneut und diktierte weiter:

»*Was die Bischöfe betrifft, die gegen Geld eingesetzt werden – welche Beschlüsse ordnest du ihretwegen an? Manch einer bezeichnet sie als die Pest. Sollen wir tatsächlich mit ihnen kommunizieren?*

Oder wie sieht es mit denjenigen aus, die schon als Diakone Schande auf sich geladen haben und später zu Bischöfen gewählt werden?

Und wie steht es mit denen, die als Diakone, wie sie mir selbst berichteten, Ehebruch begangen haben?

Natürlich kann der Irrtum lange stehen bleiben. Aber die Wahrheit stand schon immer länger und widerlegt ihn stets.«

Cailechs Herz klopfte heftig, während er schrieb und fürchtete, dass das Schreiben sie in noch größere Bedrängnis bringen könnte.

»*Leider …*«, diktierte Columba weiter, und seine Worte sprudelten jetzt in einer Geschwindigkeit, die Cailech höchste

Konzentration abverlangte, um die Gleichmäßigkeit seiner Schrift beizubehalten, »... *erlauben es mir meine körperliche Schwäche und die Sorge um meine Schafe nicht, nach Rom zu reisen, wie ich es mir wünschen würde, um aus dem lebenden Strom spiritueller Weisheit zu trinken, dem lebenden Strom der Weisheit, der vom Himmel herab ins ewige Leben sprudelt.* Punkt.«

Endlich holte Columba Luft. Der Abt suchte weiter nach Worten und kratzte sich dabei den kahlen Vorderkopf, wie er es immer tat, wenn er versuchte, in seinem aufgewühlten Verstand Ordnung zu schaffen.

»Wir sind doch noch nicht am Ende. Ich denke, das, was wir jetzt schreiben, wird den Papst ...«, er sah Cailech lächelnd an, »... und dich besänftigen. Wir schreiben ihm, dass ich sein Buch, welches die Pastoral-Regel zum Inhalt hat, gelesen habe, und ... ich werde es loben. Das wird ihm gefallen.«

Columba ließ Cailech schreiben, dass das Buch des Papstes für die Notleidenden süßer als Honig sei, und er schloss mit mehreren Entschuldigungen zum teils rüden Tonfall seines Briefes und mit Zitaten, unter anderem Lukas 6, 30.

Columba unterschrieb der Abt eigenhändig mit seinem Namen und sagte: »Ja, *Columba*, die Taube. Sie ist weiblich. Sie ist der Heilige Geist. Du weißt, was ich damit meine? Der Geist, der Verstand. Wenn man ihn richtig nutzt, ist er heilig. Er ist voller Weisheit wie Sophia. Ja, er hat viele weibliche Züge. – Wir werden den Papst noch bitten«, fiel ihm ein, »unsere Boten als Männer zu empfangen, die im Namen des Herrn unterwegs sind.«

Er nahm den Brief, las ihn noch einmal durch, nickte zufrieden und legte ihn vorsichtig beiseite. Er hatte ein weiteres Pergament griffbereit und sagte, noch immer erstaunlich munter: »Jetzt werden wir den Bischöfen, die uns freundlicherweise nach Chalon eingeladen haben, auch einen Brief schreiben. Was hältst du davon, Cailech?« Dieser schüttelte die vom Schreiben müde

Hand aus, wusste aber, dass er keine Erschöpfung zeigen durfte, und tauchte die Feder wieder in die Tinte.

In dem nächsten Schreiben bedankte sich Columba bei den Bischöfen, dass sie sich aufgrund der Anliegen, welche sie als Fremdlinge vom Rande der Welt betraf, so zahlreich zusammenfinden würden. Sie sollten sich jedoch öfters treffen und dies nicht nur wegen der Diskussion, was die Traditionen und das Datum von Pascha betraf, sondern viel wichtiger sei die kritische Auseinandersetzung mit ihrer eigenen bischöflichen Disziplin. Jeder von ihnen sollte sich fragen, ob er als wahrer Nachfolger und Christ lebe, oder ob er nur leere Worte verkünden würde.

»*Wer der Mühe ausweicht*«, schloss Abt Columba das Schreiben, »*dem Bösen zu widerstehen, und wer Böses tut, ist ein Tagelöhner und kein wahrer Hirte der Kirche. Hier in der Abgeschiedenheit von Luxovium fügen wir niemandem Schaden zu und bleiben bei den Traditionen unserer Ahnen.* Punkt.«

Er forderte Cailech auf, ihm den Brief noch einmal vorzulesen. Dann nickte er gefällig, faltete ihn, siegelte ihn und schickte ihn mit dem Boten an Bischof Vitalis von Visontio.

Die Füße

Sie hat kleine Füße, stellte Columba fest, als er die königlichen Gliedmaßen in der Brixta wusch. Königin Brunichilde hatte darauf bestanden, zum Fluss zu gehen, obwohl Columba ihr angeboten hatte, einen Trog mit dem heilenden Quellwasser zu füllen. Ihre Füße waren nicht nur klein, sondern für das Alter der Königin auch noch zart. Die Füße, die er sonst wusch, waren meist von Blasen und Schwielen oder einer undurchdringlichen Hornhaut überzogen und dick geschwollen. Allein die langen Nägel und der Schmutz, der sich darunter angesammelt hatte, zeigte, dass Brunichildes Füße seit einiger Zeit nicht mehr gesäubert worden waren. Nachdem er seinen die

Zeremonie begleitenden Gesang, der vom Rauschen der Brixta untermalt wurde, beendet hatte, fragte er demütig: »Erlaubst du, Königin Brunichilde, dass ich dir nach dem Trocknen die Nägel säubere und schneide?«

Brunichilde saß auf einem großen Stein, sah den Abt erstaunt an, legte den Kopf schief und antwortete: »Wenn dein Ritus es erfordert, dann tu es.«

»Nun, der Ritus erfordert es nicht, aber er verbietet es auch nicht.«

»Ich hörte, du hast einen Brief an Papst Gregor geschrieben?«, wechselte sie das Thema, während er das bereitliegende Schneidemesser zur Hand nahm.

»Ja, er ist ein besonderer Papst. Er ist ein Mönch wie wir, und er setzt sich sehr für die Armen und Kranken ein. Ich hoffe auf sein Einsehen und seine Toleranz, was das Datum unseres Paschafestes betrifft.«

»Er ist aber kein Mönch, der nach euren Regeln lebt.« Brunichilde schielte argwöhnisch zu Cuimmine, die ihrem Enkel, König Theuderich, die Füße wusch. »Ich habe gehört, in den Klöstern, die Rom unterstellt sind und nach den Regeln des Benedikt von Nursia geführt werden, leben keine Frauen. Außerdem, so heißt es, darf kein Mönch und schon gar kein Würdenträger verheiratet sein. Sie alle müssen ein Keuschheitsgelübde ablegen. Der Papst sieht nicht gern, was ihr hier treibt.« Sie kreiste gewohnheitsgemäß mit dem Zeigefinger über ihre Lippen. »Du siehst«, sagte sie, und es klang ein wenig triumphierend, »auch ich stehe in regem Briefkontakt mit dem Papst. Er erwähnte mir gegenüber dein Anliegen sogar. Schließlich liegt dein Kloster in unserem Reichsgebiet.«

Columba hob den Kopf, blickte zu Brunichilde auf und musterte sie. Sie trug das Haar unter dem Schleier verborgen. Doch einige darunter hervorragende graue Strähnen und die blasse, zunehmend faltige Haut zeugten davon, dass seit ihrer letzten Begegnung einige Zeit vergangen war, in welcher sie offensichtlich weiteres Leid erfahren hatte.

»Nun«, fuhr sie fort, »er erwähnte deinen Brief nur beiläufig. – Er sieht mich als Regentin des weltlichen Königtums, und das, obwohl ich eine Frau bin.« Sie lachte übertrieben. »Er möchte eine Reichssynode abhalten und fragt nach meiner Einwilligung. Ich stehe offensichtlich in hohem Ansehen beim Pontifex Maximus.« Während sie sprach, hob sie stolz ihr Dekolleté.

Columba hatte inzwischen den mittleren Zeh des linken Fußes erreicht, schnitt den Nagel vorsichtig, um ihn dann mit dem eisigen Wasser der Brixta abzuspülen.

»Ist es zu kalt?«, fragte er, als sie zuckte.

»Das ist in Ordnung. Meine Füße haben schon ganz andere Qualen ertragen.«

Sie lächelte wieder, und das von oben, zu ihm herab.

Mit einem Aufschrei, dass der Fluss teuflisch kalt sei, zog Theuderich die Aufmerksamkeit auf sich.

Der Enkel von Brunichilde blickte verärgert auf Cuimmine, die den Psalm, der die Waschung begleitete, ungestört weitersang.

»Er hat mir schon drei Urenkelsöhne geschenkt. Du solltest den zweijährigen Sigibert sehen. Er ist allerliebst.«

Columbas Gesicht verdunkelte sich. »Es heißt, die Kinder sind von verschiedenen Müttern geboren. Er hat sie im Ehebruch gezeugt, nicht mit der eigenen Ehefrau.«

»Na und? Was ist daran ungewöhnlich? Unserem König stehen Konkubinen zu. Die Frauen liegen ihm zu Füßen.«

»Du solltest deine Enkel auf den richtigen Pfad führen, verehrte Königin. Gute Christen haben nur eine Frau an ihrer Seite. Eine Gefährtin, die sie lieben und schätzen und ehrlich behandeln. Mit der sie innige Vertrautheiten austauschen. Theuderich sollte seine fleischlichen Lüste bezwingen, sonst wird nach dem Tod die ewige Strafe auf ihn warten.«

Brunichilde wurde nachdenklich. »Meine Füße sind jetzt gereinigt, wie es der Ritus verlangt. – Oder?«, fragte sie unsicher. »Lass uns vor dem Mahl beichten. Vielleicht …«, sie stockte,

»… hat auch Theuderich einiges zu bekennen. Deine Verbindung zu Gott wird uns von unseren Sünden befreien, nicht wahr? Du wirst dich doch für uns einsetzen, damit er uns so manches Ungemach, für welches wir verantwortlich sein könnten, vergibt?« Sie räusperte sich. »Ich kann mit deiner Fürsprache rechnen? Schließlich ist es der Grund für unseren Aufenthalt in deinem Monasterium.«

»Das Beichten wird nicht reichen«, gab Columba offen zu bedenken, nachdem Brunichilde und Theuderich in dem Oratorium, das außerhalb der Septa secreta lag, emotionslos ihre endlosen Sünden aufgezählt hatten. Der Abt hatte schon viel gehört, aber das, was die Königin und ihr Enkel zu beichten hatten, verlangte von Columba große Beherrschung, um seinen Zorn darüber zu bändigen. »So wie ihr euer irdisches Dasein mit dem Bösen anreichert, wird euer Leben ein bitteres Ende nehmen und nach dem Tod das ewige Leid auf euch warten«, warnte er, bemüht darum, seine Stimme ruhig zu halten.

Beide sahen Columba mit einem Ausdruck der Ungläubigkeit an.

»Ihr müsst euer Leben ändern. Geht ins Kloster, fastet, lasst eure Reichtümer zurück und nehmt das Martyrium des Verlassens der Heimat auf euch, dann könnt ihr durch Buße wieder auf einen guten Weg im Leben zurückfinden, um schließlich die Schwelle zum ewigen Leben im Paradies zu überschreiten. Befreit euch von eurer irdischen Begierde nach Macht, Reichtum und körperlicher Lust. – Alle beide!«, empfahl Columba schroff.

Der junge Theuderich lachte verächtlich. Dann aber veränderte sich sein Gesichtsausdruck mit einem Mal. Denn Luas schöne Gestalt weckte im Vorübergehen sein Interesse. Sie verbeugte sich ehrfürchtig grüßend vor dem König und der Königin.

»Wie heißt das schöne Mädchen?« Er warf ihr begehrliche Blicke zu.

Columba überging Theuderichs Frage. Der junge König hingegen wertete das Schweigen als eine Herausforderung. Es seien Gerüchte im Umlauf, verkündete er lauthals, dass der Keuschheit im Monasterium nicht der notwendige Ernst entgegengebracht würde. Sicherlich hätte Columba daher nichts dagegen, ihm Lua für die Nacht zu überlassen.

»Wir pflegen den Bund der Ehe und verurteilen das Konkubinat und die Hurerei!«, erwiderte Columba kühl.

Theuderich lachte herablassend. »Du glaubst doch nicht etwa, Abt, dass *eine* Frau allein in der Lage ist, die Bedürfnisse eines Mannes zu stillen? Sie wird alt und hässlich. Männer benötigen junges Blut, weiche, glatte Haut. Am besten sind die Jungfrauen im Bett!«

Bevor Columba die Zeit blieb, Theuderich erneut die schwerwiegenden Folgen seiner sündhaften Worte und Taten zu unterbreiten, lenkte das laute Bellen der Wolfshunde hinter der Steinmauer die Aufmerksamkeit des jungen Königs auf die Septa secreta. Misstrauisch beäugte er die Giftpflanzen, die sich an dem undurchsichtigen Mauerring emporrankten.

»Was verbirgt sich dahinter?«, fragte er, auf der Suche nach einem Zugang.

Als Columba entgegnete, dass der heilige Bezirk dahinterläge, dessen Betreten jedoch dem König nicht gewährt werden dürfe, stieg Zornesröte in Theuderichs Gesicht.

»Ich bin der König, und du wagst es, mir den Zutritt zu verweigern?«, schrie er den Abt an.

»Abt Columba, Abt Columba!«, rief es aus der Ferne aufgeregt. »Der Bote ist eingetroffen. Er sagte, er hat Nachricht aus Rom ... Papst Gregor ... Papst Gregor ... ist von uns gegangen. Papst Gregor ist tot.«

Um 610

Luxovium

Die Warnung

»Was hast du getan? Wie konntest du nur …?«, fragte Herzog Waldelenus und seine kleinen, gutmütigen grauen Augen funkelten ungläubig, während er mit bloßen Füßen durch die Furt der Brixta watete, um sein Netz auszuwerfen.

»Ich habe mich geweigert, Theuderichs vier Söhne zu segnen«, bestätigte Columba und blieb zunächst gelassen, während seine Worte vom sanften Rauschen der Brixta untermalt wurden.

»Aber die Söhne können nichts dafür, dass sie seine Söhne sind«, gab der Herzog zu bedenken und kratzte sich den Kopf. Bei dem Gedanken an Columbas dreistes Verhalten gegenüber der Königin und dem König standen ihm die Haare zu Berge.

»Das sind keine Söhne eines Königs. Das sind die Früchte der Unzucht dieses jungen Hurenbocks«, entgegnete Columba jetzt gereizt. »Sie sind aus der sündigen Fleischeslust entsprungen, und ich soll das Verhalten dieses Sünders billigen und seinen Kindern Gottes Segen spenden? Nein. Nie und nimmer!«

»Logion 29 der geheimen Botschaften des Thomas …«, wandte Atala ein – auch sie stand mit einem ausgeworfenen Netz in der Furt der Brixta, »… du weißt, was darin steht, Meister? *Chi Rho spricht: ›Wenn das Fleisch entstanden ist wegen des Geistes, ist es ein Wunder. Wenn aber der Geist wegen des Körpers entstanden ist, ist es ein wunderbares Wunder.‹* Die

Kinder von Theuderich sind wunderbare Wunder, Meister, vergiss das nicht!«

Er sah sie an. Dann wanderte sein Blick, dem Strom folgend, flussabwärts und er sagte: »Aber du weißt auch, Atala, wie Chi Rho den Spruch vollendet?« Columba sprach langsam und Wort für Wort deutlich aus: »*Jedoch wundere ich mich darüber, wie dieser große Reichtum in dieser Armut Wohnung genommen hat.*«

»Es heißt, Brunichilde kocht vor Wut«, rief Waldelenus, und im selben Moment entfleuchte ihm ein zappelnder Fisch aus dem Netz. Der Herzog sah das in den Stromschnellen verschwindende Tier, schenkte ihm aber wenig Beachtung. »Sie ist aufgebracht gegen dich, Meister. Und wir alle wissen, ihre Feindschaft ist gefährlich und gefürchtet. Sie hetzt ihren Enkel Theuderich und den gesamten Hof gegen dich und unser Monasterium auf. Sie hat den Befehl erlassen, so habe ich aus zuverlässigen Kreisen erfahren, keinen Bruder außerhalb des Klostergebietes mehr frei ziehen zu lassen. Du weißt, was das heißt, Columba? Unsere Mission ist in großer Gefahr. Wir wollen den Weltkörper und seine Glieder retten, weitere Monasterien und Schulen gründen, die zur Heilung beitragen und die Rettung des heiligen Wissens gewährleisten sollen. Und jetzt droht uns, hier als abgeschnittener Finger des Weltkörpers zu darben. Sie will uns all ihren Schutz und ihre Hilfeleistungen, all ihre bisherige Unterstützung verwehren«, ließ der Herzog seiner Erregung freien Lauf. »Ohne ihren Schutz sind unsere Mission, der Aufbau unseres Monasteriums und der Schule, die weitere Ausbildung der ausgewählten Schülerinnen und Schüler verloren. All das hier wird untergehen.« Beunruhigt wies er in Richtung der Siedlung auf der Anhöhe und fragte: »Willst du all das aufs Spiel setzen? Haben wir mit dem Feuer und dem Wiederaufbau nicht genug Leid und Rückschläge erfahren?« Waldelenus rupfte wütend an dem leeren Netz, das sich soeben an einem Stein verfangen hatte. »Wir müssten mit unserer Mission wieder von vorne anfangen. Weiß der Himmel, wo! Oder wir werden gnadenlos von der Außenwelt abriegelt. So weit darf es nicht kommen.«

Der Abt überging die Befürchtungen von Waldelenus und sagte: »Sie haben tatsächlich Angst vor uns. Sie merken, dass wir die Wahrheit unter das Volk bringen und dass ihre Irrtümer und ihr Fehlverhalten mehr und mehr zutage treten. Denn sie wissen selbst, die Wahrheit steht stets vor dem Irrtum.« Kaum hatte er den Satz beendet, verfingen sich mehrere zappelnde Fische in seinem Netz. Mit den Worten: »Gebt mir Zeit zum Nachdenken«, öffnete er das Geflecht und entließ sie in die Freiheit.

»Ich werde an ihren Hof reisen und das Gespräch suchen. Wo halten sich Brunichilde und Theuderich derzeit auf?«, mit diesen Worten traf Columba erneut auf Waldelenus, nachdem er mehrere Tage körperlich gefastet und geistig geschlemmt hatte.

»Ich werde es ausfindig machen«, sagte Waldelenus »und dich begleiten!«

»Du wirst mich auf keinen Fall begleiten, Waldelenus. Sie weiß, dass du ihrem Feind, König Clothar, nahestehst. Ich werde eine Nachricht an Agrestius schicken. Er ist ihr Notar, hat ihr Vertrauen und ist uns wohlgesonnen. Er wird eine Unterredung im Namen Gottes für mich vereinbaren.«

Die Reise nach Visontio dauerte vier Tage. Columba trat sie in Begleitung seiner skotischen Brüder Cailech, Ragnacharius und Domoalis an. Atala vertrat ihn – stets in der Verkleidung eines Mannes – während seiner Abwesenheit im Monasterium.

Gegen Abend erreichten sie den Palast und wurden dem jungen König gemeldet.

Theuderich war bereit, sie in seinen Gemächern zu empfangen. Doch Columba weigerte sich, den Palast der Laster zu betreten.

»Dann werden wir ihnen die Speisen und Getränke von der königlichen Tafel eben vor den Toren servieren«, lautete der versöhnliche Befehl des jungen Königs an seine Knechte.

Doch Columba kam es nicht in den Sinn, das königliche Mahl auch nur anzurühren. Stattdessen verurteilte er es mit den Worten: »Es steht geschrieben, die Gaben der Gottlosen verwirft der Allmächtige!«

Entgeistert ob der Schmähung der königlichen Bewirtung, wichen die Knechte zurück. Dabei entglitten ihnen die kostbaren Gefäße und gingen zu Bruch. Der dargebotene Hasenbraten und die reichhaltigen Beilagen fielen zu Boden und vermischten sich mit dem Fluss des Weins und des Mets.

Brunichilde tobte, als sie aus ihrem Fenster beobachtete, was geschah, und verlor endgültig die Fassung, genauso wie König Theuderich. Er schrie wutentbrannt, was sich dieser dahergelaufene Fremde einbilden würde? Die Bischöfe hätten schon lange den Verdacht, dass er und seine sogenannten Brüder ein Haufen von Fornicatores seien, die nach häretischen Klosterregeln lebten. Darüber hinaus würden sie mit ihren fremden Sitten von den Bräuchen des Landes, in dem sie lebten und dessen Schutz und Gastfreundschaft sie beanspruchten, abweichen.

»Bisher haben wir euch stets zur Seite gestanden. Aber du hast den Bogen überspannt, Fremder!«, überschlug sich Theuderichs Stimme. »Verschwinde, und lass dich hier nicht mehr blicken!«

Kaum waren die Brüder wieder nach Luxovium zurückgekehrt, erschien König Theuderich erneut im Monasterium, diesmal mit großem Gefolge. Aufgeregt liefen die Bewohner zusammen, um zu hören, was es mit der prunkvollen Aufwartung des Königs in ihrer Siedlung auf sich hatte. Auf den königlichen Befehl hin verstummte die Menge, und der Sekretär verkündete, dass die Bischöfe darauf bestehen würden, dass Columba sich für seine in Luxovium herrschenden Regeln verantworten und sie offenlegen müsse. Denn sie würden offensichtlich gegen die Beschlüsse verstoßen, welche im Namen der römischen Kirche erlassen wurden. Die Machenschaften im Kloster stünden unter dem Verdacht der Häresie. Außerdem verlange der König umgehend Zugang zur Septa secreta. Er sei ein Christ und hätte somit das Recht, die heilige Kultstätte zu betreten.

Der König saß wie ein kleiner Junge auf seinem hohen, ungestüm tänzelnden Ross, das er kaum zu bändigen vermochte.

Columba entgegnete ruhig: »Es gehört nicht zu unseren Gewohnheiten, weltliche Menschen in unseren heiligen Bezirk einzulassen. Doch unser Refektorium steht jedem zur Verfügung, der um Einlass bittet. Sei es der arme Hurenbock, der Bettler oder der König.«

»Nun …«, entschied Theuderich mit hochrotem Kopf. Er stockte im Satz, denn unerwartet bäumte sich sein Hengst auf. Der König, bemüht darum, sich im Sattel zu halten, riss heftig an den Zügeln. Mit hervorquellenden Augen kam das Tier endlich zum Stehen. Außer Atem und um Fassung ringend fuhr Theuderich fort: »Wenn du weiterhin unsere Gunst und Gnade genießen willst, wird jedermann künftig überall auf dem Gelände des Monasteriums Zutritt erhalten!«

Columba blieb gelassen. Als der königliche Schimmel weiter tänzelte und mit kleinen Bocksprüngen andeutete, dass er erneut steigen würde, schritt Columba auf das Tier zu. Er nahm dessen Kopf zwischen seine Hände und sprach mit besänftigender Stimme auf das Pferd ein. Der Hengst kam zur Ruhe. Columba streichelte seine Nüstern und verkündete währenddessen dem König: »Wenn du es wagst, unsere Regeln zu verletzen, so benötige ich deine Unterstützung nicht mehr. Wir leben hier nach unseren eigenen Traditionen, und du wirst diese nicht zerstören. Und wenn du es tust«, prophezeite er, »wird dein Reich mit dem ganzen königlichen Geschlecht untergehen.«

Theuderich saß sprachlos auf seinem Hengst, der sich jetzt sanft wie ein Lamm den Berührungen Columbas hingab. Kreidebleich, aber zornig erwiderte der König: »Wir haben lange genug deine häretischen Bräuche toleriert. Geh dorthin, wo du hergekommen bist. Hiermit verbanne ich dich aus meinem Land! – Ab sofort! – Baudulf«, schrie er mit sich überschlagender Stimme seinem Sekretär zu: »Ergreif ihn und wirf ihn in den Kerker von Visontio!«

Visontio – Besançon

Im Kerker

Es war dunkel und feucht. Es stank erbärmlich. Schmutz und Unrat klebten nicht nur an den modrigen Mauern, sondern auch an den Menschen. In der Dunkelheit waren sie in ihren zerlumpten Gewändern und unter dem Wildwuchs der Haare und Bärte als solche kaum zu erkennen. An welchem Ort wurde das Licht mehr gebraucht als hier, fragte sich Columba, bemüht darum, seine schmerzenden, in Ketten gelegten Hände aneinander zu reiben.

Irgendwann begann er zu reden, während die Mörder, Vergewaltiger, die Räuber und Diebe durcheinanderschrien, riefen oder vor sich hin murmelten. Zuweilen, wenn der kleine Lichtstrahl durch den Schlitz in der Mauer in den Kerker hineinfiel, zeigten sie auf ihn und lachten lauthals über seine Tonsur. Von Tag zu Tag beschimpften sie ihn mehr und brüllten, er solle endlich sein Maul halten. Er aber schwieg nicht, sondern redete beharrlich weiter. Er redete so viel, wie er sein ganzes Leben nicht geredet hatte. Da ihm zunächst keiner zuhörte, redete er mit sich selbst. Doch irgendwann kamen Fragen, und er antwortete freundlich. Es waren schlichte Fragen. Warum er ununterbrochen reden würde? Warum seine Aussprache so komisch sei? Warum er diese seltsame Haartracht hätte? Warum er im Kerker sei?

Die Finsternis, in der sie gemeinsam lebten, war so tief, so zeit- und endlos wie die Weite des heimatlichen Ozeans, kam es Columba in den Sinn.

»Wer von euch hat jemals das Meer gesehen?«, fragte er immer wieder. Keiner der Gefangenen schien es je gesehen zu haben, und so begann er zu berichten, und schließlich hörten sie ihm sogar zu. Er erzählte ihnen von den Stürmen, von dem

Kapitän, dem Steuermann, der Mannschaft und all den Menschen auf einem Schiff, die mit dem Meer oder mit sich selbst zu kämpfen hatten. Er erzählte von den Wellen, die an die Felsen donnerten und wie diese seit einer unendlich langen Zeit der Brandung des Ozeans widerstanden. Er sprach von den Walen, diesen unvorstellbaren Meeresriesen, deren gewaltige Buckel im Mondlicht Inseln glichen, die auftauchten und untergingen. Er sagte, diese riesigen Tiere würden singen, und ihre Stimmen enthielten Leichtigkeit und Schwermut zugleich, wie eine Mischung aus dem munteren Zwitschern der Vögel und dem tiefen Brüllen eines Bären. Es klänge so – er ahmte es nach, und die Gefangenen brachen in Gelächter aus – als würden sich alle Tierstimmen dieser Welt in dem Gesang der Wale vereinen. Die Wale würden sich paaren. Als Gefährtinnen und Gefährten würden sie dafür sorgen, dass das Leben weiterging.

Schließlich erzählte Columba von der Insel am Rande der Welt, wo er herkam, von den Menschen, ihren Sitten und Gebräuchen. Er erzählte vom Leben, vom Kreislauf des Lebens der Pflanzen, der Tiere, der Menschen. Er erzählte, dass alle Menschen Glieder des Weltkörpers seien und die Erde sei aufgrund ihrer Fruchtbarkeit und ihrer unermüdlichen magischen Kräfte die Mutter, und man sollte sie stets ehren und beschützen wie alle Frauen.

»Und wer verehrt uns, die Männer, für unsere Zeugungskraft?«, fragte einer der Gefangenen und lachte höhnisch.

»Ja, erzähl es uns! Du weißt doch alles. Wie sieht es aus mit unserer Zeugungskraft, wird die auch verehrt?«, forderte ein weiterer.

»Die Christen wollen uns unsere Zeugungskraft austreiben«, beschwerte sich ein anderer und fasste sich in den Schritt. »Bist du so einer? Bist du so ein Christ?«, fragte er weiter. Die Gesichter der Männer verbargen sich in der tiefen Finsternis des Kerkers. So gelang es Columba, allein ihre Stimmen zu unterscheiden.

Es trat eine ungewöhnliche Stille ein, denn die Männer warteten gebannt auf Columbas Antwort.

»Weißt du, Bruder«, sagte er, »schon unsere Ahnen haben die Fruchtbarkeit des Mannes genauso verehrt wie die der Frau. Große Steingiganten, wir nennen sie Menhire, werden als Symbole für die Stärke, die Macht und die Zeugungskraft der Männer verehrt. Ihr seid Heiden, ihr kennt doch die Symbole, oder etwa nicht?

»Was sind Symbole?«, fragte eine krächzende Stimme.

»Ich verehre gar nichts«, sagte ein anderer. »Ich will was zu essen und Weiber. Mehr braucht's im Leben nicht, und wenn kein Weib da ist, tut's auch ein Kerl.«

»Die Griechen nennen ihn Phallós«, fuhr Columba unbeirrt fort und fragte in Richtung der letzten Stimme: »Kannst du das aussprechen? Sag es! Phallós!« Columba wiederholte es langsam.

Der Gefangene sprach es nach und ergötzte sich sichtlich daran.

»Du kannst Griechisch«, lobte Columba und redete weiter: »Selbstverständlich wird die Zeugungskraft von uns Männern stets gebraucht. Aber unsere Aufgabe ist schnell erfüllt. Wer von uns kennt sie nicht, diese Lust, diese Begierde, diesen schwer zu zähmenden Drang? Es ist uns gegeben, um das Leben fortzusetzen. Doch die Frau bringt das neue Leben zur Welt, sie nährt es und lehrt es.«

Ohnehin sei in jedem Mann etwas Weibliches und in jeder Frau etwas Männliches. Denn sie seien ja alle von Mann und Frau gezeugt worden. Er erzählte erneut vom Weltkörper, dessen Gliedern, vom Menschen und dessen Aufgaben, die auch die Gefangenen zu erfüllen hätten. Er beschrieb den Lauf der Planeten, des Mondes, der Sonne und sprach von den Sternzeichen, die ihm nachts den Weg wiesen. Er achtete nicht auf die inzwischen laut schnarchenden Männer. Immer wieder sang er, sprang auf, sprach weiter und schmückte seine Rede mit Gesten und den Veränderungen seines Gesichtsausdrucks aus, obwohl die Finsternis nur seine Stimme preisgab.

Dann half er seinen Mitgefangenen beim Lindern ihrer körperlichen und seelischen Schmerzen. Er sagte, sie sollten ihm all ihre Vergehen erzählen. Das würde ihnen helfen, und sie würden sich danach besser fühlen. Als die Gefangenen, die zuweilen unter Schluchzen und Heulen ihre Taten gestanden, im Nachhinein bestätigten, dass es ihnen jetzt tatsächlich wohler sei, forderte Columba auch die Wachen auf, sich ihre Schandtaten von der Seele zu reden. Schließlich sorgten die Aufpasser heimlich dafür, dass er Heilkräuter bekam, um die Schmerzen der Wunden zu lindern, welche die Ketten an den Händen und Füßen der Mörder und Verbrecher hinterließen. In einer Nacht fühlte er, wie seine Ketten gelöst wurden. Die Wächter schienen alle zu schlafen, und die Kerkertüren waren nicht verschlossen …

Luxovium

Die Verbannung

Columbas Aufenthalt im Monasterium war nur von kurzer Dauer, denn es sollte alles noch schlimmer kommen.

Nach seinem Entkommen aus dem Kerker lautete der Befehl von Brunichilde und Theuderich, alle skotischen Brüder und Schwestern aus dem Monasterium zu verbannen und dorthin zurückzuschicken, von wo sie hergekommen waren: auf ihre Insel am Rande der Welt. Doch Columba, von Natur aus ein unerschütterlicher Skote und Kämpfer, gab nicht auf. Weder ließ er sich von dem jungen König noch von der Regentin in die Enge treiben. Er war davon überzeugt, dass auch Brunichilde aufgrund ihrer arianischen Herkunft ein Interesse an der Wahrheit hatte, die in den Botschaften des Chi Rho steckte. Die Vielheit der verschiedenen Traditionen in der Einheit des Christentums musste auch ihr am Herzen liegen. Warum hätte sie ihnen sonst über all die Jahre hinweg Schutz geboten? So ließ er der Königin und ihrem Enkel ausrichten: »Ich glaube nicht, dass ich dem höchsten Gott gefalle, wenn ich wieder die Reise in meine Heimat antrete, die ich aus Liebe zum Retter und um dessen Vorbild zu folgen, verlassen habe.«

Die königlichen Abgesandten zogen ab, aber es war nur eine Frage der Zeit, bis sie wiederkommen würden.

Die Botschaft, die er ihnen mitgab, war genau das, was ihn zerriss. Die Reise zurück, der Weg zurück in die Heimat erschien ihm als Versagen, als Kapitulation, als Rückzug. Die korrupten Bischöfe würden jubeln und ihr Leben in Lug und Trug weiterführen. Die Frauen würden weiter entrechtet und ihrer Würde beraubt werden. Es wäre der Sieg des Irrtums über die Wahrheit. Doch, war er sich sicher, es wäre nur ein vorübergehender Triumph seiner Widersacher. Denn er wusste, vor dem Irrtum stand stets die Wahrheit.

Gleichzeitig wurde Columba sich mehr und mehr bewusst, dass er mit seinem Verhalten seine Schwestern, Brüder, ja das gesamte Leben im Monasterium in Gefahr brachte. Er fürchtete um das Wohl der Gefährtinnen und Gefährten, der Familien, der Schülerinnen und Schüler. Er sorgte sich um ihre gemeinsamen Ziele, ihre Mission, ihre Visionen, ihren Glauben und ihre Hoffnungen.

In den kommenden Tagen war er darum bemüht, den üblichen Tagesablauf mit dem gemeinsamen Singen, den Ritualen, den alltäglichen Arbeiten auf dem Feld, in den Werkstätten und in der Schreibstube sowie die Aufarbeitung guter und schlechter Taten der Bewohner des Monasteriums einzuhalten. Er zwang sich, seine Zweifel und Sorgen vor den Schwestern und Brüdern zu verbergen.

Schließlich, als er das Schweigen nicht mehr aushielt, offenbarte er Atala mit bebender Stimme seine Angst vor dem Scheitern ihrer Mission.

Es war Nacht, und die Dunkelheit bot ihnen Schutz, als sie sich an der heißen Quelle bei der Brixta trafen. Es war die Stunde des vollen Mondes und die Zeit, sich die großen Sorgen um das Leben und die Zukunft des Monasteriums von der Seele zu reden.

»Wir laufen im Kreis, Atala. Ich dachte, ich kenne unseren Weg. Ich dachte, ich könnte auf diesem Weg meines Lebens die Menschheit retten oder zumindest meinen Teil dazu beitragen. Alles wirkte so verführerisch. Denn der Weltkörper und die Menschheit schienen vor Schmerz um Hilfe zu schreien. Es kam mir so vor, als würde die Menschheit nach uns rufen, Atala, nach uns Schwestern und Brüder von der Insel am Rande der Welt. Als würde sie auf uns, unser Wissen, unsere heiligen Weisheiten warten, Atala. Aber die Menschheit will nicht gerettet werden. Die Menschheit verachtet das Leben. Und das Leben selbst ist so flüchtig. So gefährlich. So kurz. So unsicher. Es ist wie ein Schatten, eine Wolke, ein Nichts. Die eigentliche Ewigkeit ist alles.« Er sah Atala an und wusste nicht weiter. Er wurde von Schluchzern geschüttelt, warf vor Scham und Aussichtslosigkeit die Hände vor sein Gesicht und wandte sich ab. Atala sollte und durfte ihn so nicht sehen.

Zögerlich legte Atala ihm die Hand auf den Hinterkopf. Vorsichtig streichelte sie ihm das lange ergraute Haar. Ihre Finger verfingen sich liebevoll darin, und sie spürte, wie er sich nach und nach entspannte. Schließlich drehte er sich wieder zu ihr und sah sie mit tränenüberströmtem Gesicht an. Da nahm sie ihn in den Arm und sagte: »Du musst gehen, um das, was wir aufgebaut haben, zu retten. Meine wahre Herkunft und mein wahres Geschlecht kennen allein unsere skotischen Schwestern und Brüder. Ich gehöre zu den Hütern unserer Traditionen und Weisheiten. Doch für die übrigen Schwestern und Brüder des Monasteriums komme ich von der Klosterinsel des Honoratus im Süden des Frankenreiches. Brunichilde und Theuderich werden mich nicht von hier vertreiben. Ich werde also zurückbleiben und das Monasterium im Sinne unserer Mission als Vorsteher weiterführen!«

Während sie sprach, sah sie unaufhaltsam eine schwere Bürde auf sich zukommen und dachte an ihre demütigenden und vergeblichen Kämpfe gegen die grausamen Regeln im Monasterium des Caesarius von Arles. »Ich weiß aus der Erfahrung als Frau«, sie lächelte Columba aufmunternd an, »was und welche Regeln wir in unserem Monasterium verpflichtet sind zu schützen. Wir kämpfen weiter für den freien Willen, die Toleranz und für die gleiche Lebensberechtigung von Frauen. Wir kämpfen für den Erhalt des niedergeschriebenen Wissens der Menschheit, seien es die heiligen oder die heidnischen Schriften, genauso wie für das Hüten der geheimen Weisheiten.«

Columba seufzte aus der Tiefe seines Herzens und sah Atala mit einem Ausdruck ungestillter Sehnsucht an. Es schmerzte, doch er wusste, wenn sie nicht alles aufgeben wollten, war Atalas Vorschlag die einzige Möglichkeit, weiterzukämpfen.

Auch wenn es eine erneute Trennung bedeutete. Doch es war eine Trennung im Namen der Rettung der Menschheit.

»Wir sind Brüder im Geiste«, sagte er langsam, während sie sanft eine Träne von seiner Wange wischte. »Du hast Verstand. Du bist mutig. Die Männer im Monasterium respektieren dich. Die Frauen verehren dich. Die Kinder hören dir zu …«

»Weißt du, Columba«, unterbrach sie ihn hoffnungsvoll, »meine großen Vorbilder sind Maria und unsere Meisterin Brig sowie Thecla, die gleichfalls ihren Weg als Mann verkleidet ging.«

Mit aller Macht versuchte sie, die Tränen, die ihr nun selbst in die Augen traten, zu unterdrücken.

Wieder geriet Columbas Verstand außer Kontrolle und die Begierde nach dieser Frau, ihrer Seele, ihrem Geist und ihrem Körper übermannte seine Gefühle. Er wollte eins werden mit ihr, in dem Augenblick, als er ihr einen Kuss gab, der weder brüderlich noch schwesterlich war. In jenem Moment wäre er bereit gewesen, sich diesem irdischen Gefühl des Begehrens – es war das heilige Gefühl des Begehrens nach einer Gefährtin – hinzugeben.

Doch Atala riss sich los und stieß ihn weg. Sie hörte die Schritte der Soldaten, als sie sich durch den Nebel der Quelle näherten. Sie sah zu, wie sie ihn holten. Atala beobachtete, wie sie Columba und die in Schweigen gehüllten skotischen Gefährtinnen und Gefährten aus dem Monasterium wegführten und wie alle im grauen Schleier, der aus der Brixta aufstieg, verschwanden.

Außer Columba, Cailech und Deicola verließen Domoalis, Winnoc und Cuimmine das Monasterium, ebenso wie Potentinus, Equonanus, Ragnacharius und die anderen Schwestern und Brüder, die einst mit ihnen von der Insel am Rande der Welt gekommen waren. Der Abschied war tränenreich.

Deicola hatte alles darangesetzt, bei Atala zu bleiben. Doch die Gefährten verwehrten sich dagegen. Denn es hieß, es gäbe die ersten Stimmen im Monasterium, die sie der dunklen Magie bezichtigen würden. Um weiteres Unheil zu vermeiden, ließ sich die Seherin überreden, mit den Gefährten zum Hafen nach Namnetus gebracht zu werden, um ihnen in die Verbannung zu folgen und in die Heimat zurückzukehren. Doch ihre Knochen waren alt, und bald gelang es ihr nicht mehr, Schritt zu halten. Daher blieb sie auf dem langen und beschwerlichen Weg zum Ozean in einer Einsiedelei in der Nähe von Visontio zurück. Dort bereitete sie sich auf den Übertritt ins ewige Leben vor.

Nach der Verbannung der skotischen Gefährten veränderte sich das Leben im Monasterium. Bald verließen auch Chagnoald und seine Schwester Burgundofara Luxovium. Aus dem Kreis um Colomba blieben allein Waldelenus und Libranus, der als einziger Bruder von der Insel am Rande der Welt heimlich zurückgeblieben war, um Atala beizustehen.

Auch Lua hatte sich den Verbannten angeschlossen. Sie war nun schon seit mehreren Jahren im Monasterium und hatte nach der Taufe die Einweihung in die ersten Grade ihrer skotischen Gemeinschaft erfolgreich durchlaufen. Sie war gelehrig und stand hinter den Traditionen, die sie als Tochter von Fridoald in die Wiege gelegt bekommen hatte.

Doch das Schicksal hatte Lua erneut böse mitgespielt. Atala war die Einzige, die davon wusste, und hatte ihr geschworen, über den Vorfall zu schweigen, der Luas Mund endgültig verstummen ließ. Atala blieb die Hoffnung, dass Lua mit dem Wegzug aus Luxovium ihre Sprache wiederfinden würde.

Lua war nicht nur klug. Sie war auch sehr schön, und das war ihr Verhängnis. Denn sie übte auf manche Brüder eine besondere Anziehungskraft aus. Sie verehrten ihren langgliedrigen, sehr weiblichen Körper und ihre zierliche Gestalt. So auch Eustasius.

Eines Nachts, es lag nun schon einige Zeit zurück, war er Lua hinterhergeschlichen. Sie hatte sich in den Wald zurückgezogen, um zu fasten und sich mit dem Kreislauf der Natur in Einklang zu bringen. Zunächst beobachtete er sie heimlich. Dann riss er sie aus ihrer Versenkung und bekannte ihr seine Liebe. Tag und Nacht würde er an sie denken. Er sprach von seiner unerklärlichen Sehnsucht nach ihr und davon, dass er seine Begierde nicht mehr länger zähmen könne. Lua reagierte zunächst nicht. Sie hörte solche Liebesschwüre ja nicht zum ersten Mal. Doch dann hatte Eustasius sie mit den Worten bedrängt, er sei sich sicher, Lua würde ihn auch begehren. Lua verweigerte sich ihm mit aller Heftigkeit. Doch Eustasius war groß, kräftig, und wutentbrannt verlor er die Beherrschung und schlug zu. Schließlich schrie Lua aus Leibeskräften, kratzte und schlug um sich, bis er ihren Mund zu fassen bekam und ihn zuhielt. Sie keuchte und japste nach Luft. Es fehlte nicht viel, und sie wäre erstickt. Atala hatte die verzweifelten Schreie gehört, war zu Hilfe geeilt und drosch mit einem kräftigen Haselnusszweig so lange auf Eustasius ein, bis dieser zusammenbrach.

Atala hatte damals Lua den Schwur geleistet, niemandem von dem Vergewaltigungsversuch zu erzählen. Der erneute Überfall auf Luas Körper riss die alten Wunden ihrer schwer verletzten Seele auf. Denn die schmerzliche Vergangenheit mit den grausamen Misshandlungen durch den Verwalter holte Lua ein. Wieder bedrohten sie der Schmutz, die Schuld, die Scham, die Schande. Seither zog sie sich endgültig in ihre eigene Welt zurück und schwieg.

Gekrümmt vor Schmerz hatte Eustasius sie beide in jener Nacht angefleht, Columba nichts zu sagen. Er sei gottesfürchtig und wolle nicht so schändlich vor den Abt treten, um dann exkommuniziert oder als Verbrecher verurteilt zu werden. Am nächsten Morgen war Eustasius verschwunden. Er hatte eine Nachricht hinterlassen, dass er Buße tun müsse und auf Pilgerschaft gehen würde, um die heidnischen Bajuwaren zu missionieren. Eustasius war noch vor der Verbannung der Skoten von seiner erfolglosen Missionsreise nach Luxovium zurückgekehrt.

Der Fremde

Die Dunkelheit setzte schon am Nachmittag ein, und der stürmische Wind verband sich mit der eisigen Kälte zu einem heftigen Schneetreiben. Der plötzliche Einbruch des Winters schien erbarmungslos. Er ließ die Brixta zu Eis erstarren und legte seine weiße Decke über die Hügel, Wälder, Felder und über das Monasterium. Kaum einer wagte sich hinaus in die Kälte, und so pulsierte das Leben in den kreisrunden Hütten. Dort loderte das Feuer, lagen die Hunde, Katzen, Schafe, Ziegen und Hühner. Die Männer, Frauen und Kinder schmiegten sich, gehüllt in wärmende Schaffelle, eng aneinander. Sie sangen, sie beteten, sie reparierten die beschädigten Teile der Schlitten, soweit es die klammen Hände zuließen, sie erzählten, sie webten, sie diskutierten, sie lernten, sie übten das Schreiben auf den Wachstafeln und lasen sich gegenseitig vor, was sie geschrieben hatten.

Atala war dabei, eine Abschrift von Abt Columcilles *Cathach,* was *Kämpfer* bedeutete, anzufertigen. Sie kopierte das Manuskript in der ihrer Heimat eigenen Majuskelschrift. Genauso, wie es Columcille, der Abt der Äbte, damals auf der Insel Iona getan hatte. Die Sprache war Latein. Ein schlichtes Alltagslatein. Doch Abt Columcille hatte an schwierigen Stellen gälische Anmerkungen dazugeschrieben. Obwohl ihre Finger steif vor Kälte waren, kopierte Atala hingebungsvoll die heimatliche Schrift. So konnte sie den Sorgen des Alltags entfliehen. Die dunkle und kalte Jahreszeit zu überbrücken, war stets eine Herausforderung. Die Welt schien zu schlafen. Viele Tiere hatten sich in ihren Unterschlupf zurückgezogen. Den Pflanzen fehlte jegliches Leben. Die Wintervorräte mussten eingeteilt werden. Doch in diesem Jahr war die Stimmung der Bewohner seit der Verbannung der Skoten gespannter denn je, und die Spaltung, die das Monasterium wie ein Holzscheit nach dem Schlag einer Axt durchzog, offenbarte sich mehr und mehr.

Mit Liebe und Sorgfalt verzierte Atala jetzt die Anfangsbuchstaben jedes Psalms mit Spiralen, Tierköpfen, Zeichen und setzte die roten Punkte an die entsprechenden Stellen. Nur die Eingeweihten würden verstehen, was der Psalter neben seinem schriftlichen Inhalt noch zu sagen hatte. Denn die Hüter aus den innersten Kreisen gaben auf diese Weise geheime Botschaften auch an die nächsten Generationen weiter.

Während sie in die Abschrift des *Cathach* vertieft war, klopfte es an die Tür ihrer Hütte, die allein von der Öllampe auf dem kleinen Tisch erleuchtet war. Libranus stand vor Kälte zitternd in der Tür. Sein Kopf war von einem glitzernden Schal umhüllt, an dem viele kleine kristallene Eisbröckchen hingen. Allein seine kalten Backen leuchteten rot. Schnell betrat er auf Atalas Aufforderung hin die Hütte, um sogleich die Kälte hinter der ins Schloss fallenden Tür wieder auszusperren. Seine eiskalten Lippen ließen sich kaum öffnen. Atala reichte ihm einen heißen Kräutertrank und nach einigen Schlucken verkündete er, dass am Nachmittag ein Gast eingetroffen sei. Auf Nachfragen von Atala, ob es ein besonderer Gast sei, antwortete Libranus, dessen Füße seien bereits von Eustasius gewaschen und auch das Gastmahl sei auf Anordnung von Eustasius angerichtet worden. Er, der Atala tief verbunden sei, hielt es nun für seine Pflicht, Atala, die dem Monasterium vorstand, von dem Gast, der tatsächlich ein besonderer zu sein schien, zu unterrichten.

Atala liebte Bruder Libranus für seine Treue in jenen Tagen nach dem Abschied der Gefährten mehr denn je. War er doch der Einzige, dem sie vorbehaltlos vertraute. Das, was er jetzt berichtete, ließ sie stutzen. Eustasius hatte mit diesem *besonderen* Gast die Rituale vollzogen, ohne sie, die dem Kloster vorstand, darüber zu informieren? Er hatte ihm das Gastmahl bereiten lassen ohne das gemeinsame Psalmensingen, das jedem Mahl vorausging? Was ging da vor sich? Immer wieder flammte in ihr die Angst auf, dass das Geheimnis um ihr tatsächliches Geschlecht ans Licht kommen würde. Und ihr war aufgefallen, dass Eustasius im Monasterium unter den Schwestern und Brüdern Feindseligkeiten schürte. Die Buße, die er damals, nach dem Vergewaltigungsversuch an Lua, mit der Pilgerschaft auf sich genommen hatte, war erschreckenderweise ohne Wirkung auf seine Seele geblieben. Im Gegenteil.

Als Atala ihre Hütte verließ, peitschte ihr der eisige Wind mit aller Wucht entgegen. Unentwegt fegten die Schneeböen über das Monasterium hinweg. Die große Hütte des Refektoriums war zunächst kaum auszumachen. Erst nach und nach schälten sich die schattenhaften Umrisse aus dem stürmischen Treiben.

Im Refektorium brannte ein großes, wärmendes Feuer. Die Schatten der Flammen züngelten und tanzten auf der Tonsur des Fremden. Mit Staunen bemerkte Atala, dass es nicht die Tonsur war, die Columba trug. Es war die Tonsur der Corona, die den Hinterkopf des Mannes schmückte. Der Fremde und Eustasius sprachen Latein. Doch die Aussprache des Lateinischen war ihr vertraut. Sehr vertraut. Auch die Stimme klang vertraut. Doch da war die Tonsur … sie passte nicht zu der Stimme.

»Gott sei mit dir«, begrüßte sie den Fremden.

Als er sich ihr zuwandte, sah sie die blauen Augen, die aus dem bärtigen Gesicht herausstachen. Er stand nicht auf, um sie zu begrüßen. Den Bruderkuss erwartete sie von diesem Geistlichen nicht. Doch auch Eustasius erhob sich nicht. Stattdessen überging er ihre Anwesenheit, so als wäre sie ein Geist, unsichtbar und nicht vorhanden. Der Fremde sprach weiter, und Atala lief bei den Worten, die er von sich gab, ein eiskalter Schauer über den Rücken.

»… Jungfrauen, wie unsere heilige Gottesgebärerin eine ist, sind die besten Frauen. Wenn Frauen jungfräulich in die Ehe gehen, dann können wir das tolerieren. Aber hier leben Männer und Frauen unter einem Dach. Sie treiben Unzucht im Namen des Monasteriums. Das verstößt gegen alle Konzilsbeschlüsse der römischen Kirche!«

»Du sprichst mir aus dem Herzen, Bruder Lasreanus.«

Atala blieb die Sprache weg, und sie verharrte regungslos. Sie hatte die Augen gesehen. Dieses Blau. Es war Columbas Blau. Es war Columbas Stimme.

»Lasreanus!«, rief sie. Erstaunen, vielleicht ein bisschen Freude, Wut, Zorn, Unverständnis, Angst, Fremdheit, Vertrautheit, Unsicherheit ... All das schwang in seinem Namen mit. Sie hatte Lasreanus nie zuvor getroffen, auch in Bangor nicht. Er glich seinem Vater, wie aus dem Gesicht geschnitten. Es bestand kein Zweifel. Dort saß Columbas Sohn.

Als Lasreanus sie erneut ansah, erschrak sie und wich zurück. Denn im Gegensatz zu Columbas strahlendem Blau, das immer, wenn er sie ansah, die wahre Wärme, die sein Inneres erfüllte, ausstrahlte, erschienen diese Augen eiskalt und verachtend.

»Frauen nehmen hohe Ämter ein. Herrschen als Äbtissinnen über Doppelklöster und unterstellen sich keinem Bischof«, sagte Eustasius, ohne Atala eines Blickes zu würdigen. »Du kommst selbst von den Inseln. Was sagst du zu diesen seltsamen Gebräuchen deiner Landsleute, Bruder Lasreanus?«

»Nun, wie du weißt, habe ich mich von den Gepflogenheiten in den Klöstern meines Erzeugers und von dessen sündigen Gesinnungsgenossen schon lange abgewandt. Ihre Häresien greifen um sich wie die Pest. Frauen dürfen nicht über Männer herrschen. Im ersten Brief des Apostels Paulus an Timotheus, dort steht es geschrieben«, sagte Lasreanus, tat es Eustasius gleich und schenkte Atala keine weitere Beachtung.

»Lasreanus, du bist der Sohn von Columba«, sagte Atala und stellte ihrer Stimme Rechenschaft, Verantwortlichkeit und Ermahnung an die Seite. »Abt Columba ist dein Vater ...«

»Mein Vater?« Unerwartet hatte sie die Aufmerksamkeit von Lasreanus geweckt. Er lachte mit Spott in den Augen. »Mein Vater ist Gott im Himmel, und der Heilige Vater in Rom ist sein Stellvertreter. Ansonsten habe ich keinen Vater.«

»Ich kann verstehen, wenn du deinen leiblichen Vater verleugnest«, heuchelte Eustasius verständnisvoll. »Schließlich musste er aufgrund seiner ketzerischen Verfehlungen das Monasterium verlassen.«

»Verfehlungen?«, rief Atala wutentbrannt, und ihr wurde heiß und kalt zugleich. »Du, Eustasius, sprichst von Verfehlungen unseres Meisters? Ist das dein Ernst, Eustasius? – Du Verräter!«, hauchte sie und sprach zum ersten Mal aus, was ihr schon lange auf der Zunge lag.

»Nun«, entgegnete Eustasius vorsichtig, »wir sind hier unter uns. Auch Lasreanus kennt die Sitten der Skoten. Ihre dunkle Magie. Ihre druidischen Geheimnisse. Ich bin ein Mönch. Ich habe Gelübde abgelegt und den Eid auf die Regeln geschworen, und dennoch hat der Abt mich nie in die innersten Geheimnisse eingeweiht. Ich hatte nie Zutritt zur Septa secreta. Warum nicht?«, stellte er seine Frage auch an Lasreanus.

Lasreanus schwieg. Aber er schwieg ohne Geste und ohne Zeichen. Wie sollte er sie auch kennen? Er selbst war kein Eingeweihter in die höheren Grade. Er war kein Bruder im Sinne der Brüder der heiligen Weisheiten.

Sie war eine Thecla, besann sie sich und holte tief Luft. Als Mann verkleidet, missionierte sie, predigte sie, lehrte sie und führte sie dieses Kloster. Nein, sie würde sich nicht einschüchtern lassen. Sie hatte es Columba und sich selbst versprochen. Sie war es ihren Schwestern und Brüdern schuldig.

Noch bevor Atala zu einem Gegenschlag ausholen konnte, brach es plötzlich und unerwartet aus Eustasius heraus: »Das Weib war es. Sie hat verhindert, dass ich weitere Weihen empfangen habe. Sie hat mich vom Weg der Reinheit in Versuchung und in die Hölle geführt. Lua ... diese böse Schlange! Wie oft war sie allein im Wald, bei Nacht und Nebel.

Sie wusste genau, dass ich da war. Sie wollte mich verführen mit ihren weibischen Tänzen, Gesängen und ihrem langen Haar. Kannst du dir das vorstellen, Lasreanus? Sie trug im Wald nichts als ihr langes Haar … Und ich hab mich stets beherrscht. Ihren weibischen Verführungskünsten widerstanden …«

Atala sah ihn entgeistert an. Es kam ihr vor, als würde er den Augendeckel bewusst schließen, um sich seinen wirren Gedanken von der Welt und den unfassbaren Vorstellungen, die er mit Lua verband, hinzugeben.

»Die langen Haare einer Frau sind gefährlich. Sie gehören der Verführerin. Sie gehören zu der, die den Sündenfall verursacht und damit die Erbsünde auf uns Menschen geladen hat. Weiber haben in einem Monasterium nichts zu suchen. Sie sind das Böse. Sie frönen der Lust und wecken sie in uns Männern«, bestätigte Lasreanus.

»Hast du jemals das Evangelium der Maria gelesen, Eustasius? Oder das des Thomas oder den zweiten Brief des Clemens?«, fragte Atala aufgebracht. »Es steht dort geschrieben, dass das Fleisch das Gegenbild des Geistes ist. Das eine ist der Mann, das andere die Frau. Das eine ist Chi Rho, das andere ist Maria, seine Gefährtin. Sie symbolisiert die Kirche. Nicht irgendeine Kirche, sondern die Kirche, die von der Wahrheit spricht. Weder über das eine noch über das andere darf gelästert werden. Du, Lasreanus«, wandte sie sich an Columbas Sohn, »kennst diese Schriften nicht, weil Rom sie als häretisch ansieht und beseitigen lässt. Und du, Eustasius«, ihr vernichtender Blick traf den Agilolfinger, »verschließt die Augen vor diesen Schriften, obwohl sie in unserem Monasterium existieren. Du hast es selbst in der Hand, gut oder böse zu sein. Es sind dein Wille und dein Verstand, die darüber entscheiden, und beides lenkst du selbst.«

Atala hatte sich darum bemüht, wie ein Mann aufzutreten, doch jetzt brach alles in ihr zusammen. Plötzlich fühlte sie sich wehrlos, diesen Männern, die in ihrer scheinheiligen Welt der Irrtümer lebten, ausgesetzt. In welche Richtung trieb das Monasterium seit Columbas Verbannung? Es wurde ihr bewusst, dass sie allein nichts gegen die Welt der Irrtümer, in der Lasreanus und Eustasius lebten, ausrichten konnte. Nie und nimmer! Wer würde sie hier im Monasterium noch unterstützen? Vielleicht Waldelenus? Wo war Waldelenus jetzt, da sie ihn brauchte?

Lasreanus zog am nächsten Tag, der Schneesturm hatte sich gelegt, mit seinem Gefolge weiter. In Rom hatte er die geistliche Ausbildung zum Priester durchlaufen, und er stand beim Papst in hohem Ansehen. Er hatte Rom mit dem Auftrag verlassen, Irland im Sinne der römischen Kirche gegen die Traditionen und Regeln seines leiblichen Vaters Columba zu missionieren. In Luxovium hatte er sich ein Bild vom Kloster seines Vaters machen wollen, als er von dessen Verbannung gehört hatte, und es war ihm gelungen, bei dem wankelmütigen Eustasius ein offenes Ohr für die Anliegen der römischen Kirche zu finden.

Das Verlangen

Einige Tage nach dem unerfreulichen Zusammentreffen mit Lasreanus erreichte Atala ein Brief. Mit zitternden Händen öffnete sie die Pergamentrolle, die eng beschrieben war. Ihr Herz pochte bis zum Hals, als sie Columbas Handschrift erkannte. Tränen füllten ihre Augen, während sie las:

An alle Brüder,

begann der Brief, und Brüder im Geiste waren sie alle.

Friede sei mit euch, meine Schüler! Leid und Verfolgung dienen dazu, um Worte der Rettung zu säen. Bei uns sind die Worte Chi Rhos auf fruchtbaren Boden gefallen. Jetzt, wo der

Kummer und die Verfolgung zunehmen, benötigen wir Geduld und Glauben, denn Letzterer ist kostbarer als Gold.

Es gibt Teufel, die uns um unser Besitztum beneiden. Aber seid immer ein Herz und ein Verstand. Sollten eure Absichten nicht übereinstimmen, ist es besser, wenn ihr nicht zusammenwohnt. Daher empfehle ich euch, dass alle Herzen, die mit mir sind und die meine Empfindungen kennen, bei meinem treuen Bruder und wahren Nachfolger Atala bleiben und es ihm überlassen, ob er weiterhin in Luxovium leben möchte oder wünscht, mir nachzufolgen.

Atala lächelte und noch mehr Tränen stiegen in ihre Augen, als sie weiterlas.

Atala spürt die Gefahren, die euren Seelen drohen. Gehorcht ihm. Wenn er mir nachfolgen möchte, lasst Waldelenus Prior von Luxovium sein, da er schnell und mit Gottes Hilfe unsere Mission verstanden hat. Seid stets vorsichtig mit denjenigen, die nicht die gleichen Absichten verfolgen wie ihr. Welche auch immer es sind. Sie fügen uns großen Schaden zu.

Der folgende Teil des Briefes war an Atala persönlich gerichtet.

Mein liebster Atala,

setze diejenigen, die dir Schwierigkeiten bereiten, in Frieden und gemäß den Regeln, aber umgehend ab. Halte Libranus in Ehren, und behalte Waldelenus für immer. Er ist gottesfürchtig und demütig. Gib ihm, an meiner statt, meinen brüderlichen Kuss. Ich kam in der Eile des Abschieds nicht mehr selbst dazu. Wenn du siehst, dass die Seelen an deiner Seite Fortschritte machen, bitte bleibe dort! Wenn du Gefahren aufziehen siehst, komm von dort. Die Gefahren, die ich sehe, sind die Gefahren der Meinungsverschiedenheiten. Die Meinungsverschiedenheiten, die das Datum zur Feier von Pascha betreffen. Mit teuflischen Tricks werden sie versuchen, dich zu zerteilen, wenn du nicht den Frieden mit ihnen hältst. Ohne mich fehlt dir der sichere Stand. Sei also vorsichtig. Lass keinen um dich, der nicht mit dir einer Meinung ist. Denn welchen Vorteil hat es, liebster Atala, nur den Körper zu lieben, aber nicht das Herz zu haben? Ich gebe zu, ich bin gebrochen, weil ich all denen helfen wollte, die, wenn ich zu ihnen sprach, ohne Grund gegen mich gekämpft haben. Und weil ich allen vertraut habe, werde ich jetzt fast verrückt. Also sei klüger. Ich wünsche nicht, dass du die große Last auf dich nehmen musst, unter der ich gelitten habe. Du kennst inzwischen die Kleinheit meines Wissens. Aber was tue ich? Ich dränge dich in jenen großen Streit, vor dem ich fliehe. Ich kann dir von hier aus nur weitergeben, was ich gelernt habe: Sei vielseitig und anpassungsfähig an diejenigen, die dir mit Liebe und Glauben gehorchen. Aber du musst ihre Liebe auch fürchten, denn sie kann für dich gefährlich werden. Es besteht Gefahr, wenn sie hassen, und es besteht Gefahr, wenn sie lieben. Friede verdirbt im Hass, und Rechtschaffenheit geht in der Liebe unter. Halte dich daher an das, was mein Herz begehrt! Du weißt, was das ist. Es ist mein Verlangen, aber nicht meine Errungenschaft. Erfülle sie in dir selbst.

Ihre Augen verloren sich erneut in den Buchstaben, Worten, Sätzen und in den Tränen, die auf das Pergament tropften. Vorsichtig tupfte sie sie weg, damit die Tinte nicht verwischte. Dann fasste sie sich und fuhr mit der Lektüre des Briefes fort:

Lass die Rebellierenden ihrer Wege ziehen. Nur diejenigen, die gehorchen, sind es würdig, meine Erben zu werden. Ich kenne dein Herz, Atala. Eigentlich hatte ich vor, einen anderen Brief zu schreiben. Ich möchte die Tränen nicht ermutigen zu fließen. Sie fließen trotzdem. Aber es ist notwendig, ihre Quelle zu finden ...

Atala blickte auf. Nie hatten sie einander ihre Liebe gestanden. Nie hatten sie es gewagt. Immer stand die Liebe zu Gott zwischen ihnen. Und jetzt schrieb er das Wort *Verlangen* ...?

Das waren die Zeilen, die er nur an sie gerichtet hatte. Die folgenden Sätze galten wieder den Schwestern und Brüdern:

Wir folgen den Fußstapfen von Chi Rho, der sein Kreuz getragen hat und, als Verbrecher verurteilt, vorangegangen ist. Er ist ein großes Beispiel und gehört zum großen Mysterium. Es ist seltsam, aber die unermessliche Weisheit wird erst in der Dummheit erkannt und erst in der Schwäche zur unvergleichlichen Stärke. Darin verbergen sich der Trost und die Geheimnisse der Rettung. Diese Geheimnisse sind verschleiert, da nur wenige auserwählt sind, ihre Magie zu entschlüsseln. Lasst uns also die Feindseligkeiten um der Wahrheit willen ertragen. Denn im Leiden mit Chi Rho liegt unser Königreich. Wenn es den Kampf und den Feind gibt, muss es auch das Gute, die Wachsamkeit, Begeisterung, Geduld, Treue, Weisheit und Klugheit geben. Wenn es das nicht gibt, kommt die Zerstörung. Um es abzuschließen: Es geht nicht um Worte, es geht um Taten (Mt 7,21).

Soeben kommt ein Bote mit der Nachricht, das Boot, das mich gegen meinen Willen in mein Land, in dem ich geboren wurde, bringen soll, sei zum Auslaufen bereit. Da es keine Wachen gibt, scheint es mir, dass sie wollen, dass ich fliehe. Wenn ich wie Jonah – übrigens bedeutet dieser hebräische Name Columba auf Lateinisch, also heißt er wie ich – ins Meer falle, betet, dass jemand die Rolle des Wals übernimmt und mich, euren Jonah, heimlich während einer munteren Reise zu euch zurückbringt, um unsere Mission gemeinsam fortzusetzen.

Die letzten Worte spülten die Tränen über das Lächeln, das Atalas Lippen formten.

Meldis – Meaux
Neustrien, nordwestlicher Teil des Frankenreiches

Villa Pipimisiacum

Atala gab auf. Mehr und mehr fühlte sie sich wie eine Fremde in dem Monasterium, das sie einst gemeinsam mit ihren Gefährten von der Insel am Rande der Welt aufgebaut hatte. Mehr und mehr Brüder verbündeten sich gegen sie, und die Feindseligkeiten wuchsen. Bespitzelungen nahmen zu, genauso wie Unregelmäßigkeiten bei der Teilnahme am täglichen Psalmensingen oder am Unterricht. Die Manuskripte wurden unsorgfältig kopiert oder gar bewusst gefälscht. Die Hurerei breitete sich im Monasterium aus. Hinzu kam Atalas Furcht, ihr Geheimnis könnte zutage treten, denn in einer Zeit, in welcher Verrat, Folter und Mord auch vor Monasterien keinen Halt machten, war sie als Frau, die sich als Mann ausgab, in großer Gefahr. Die Septa secreta, der Ort, an welchem die heiligen Weisheiten gehütet wurden, war mit Columbas Verbannung aufgelöst worden.

Als Atala von Herzog Waldelenus erfuhr, dass Columba und die anderen skotischen Gefährten – wider aller Erwartungen – kurzerhand in Meldis Zuflucht gefunden hatten, liefen wieder die Tränen, diesmal aus Freude. Jetzt hielt sie nichts mehr in Luxovium. Waldelenus half Atala und Libranus beim Verlassen des Monasteriums und brachte sie über die Grenze nach Neustrien.

Die verbannten Skoten waren also nicht auf die heimatliche Insel am Rande der Welt zurückgekehrt. Es war die stürmische Luft, die über das Meer und die Hafenstadt Namnetus, später Nantes genannt, fegte, die ihrem Schicksal eine Wende geben sollte. Das Schiff konnte mehrere Tage nicht auslaufen. Während sie warteten, bis der Sturm sich legte, stand überraschend ein Gesandter vor Columba. Es wäre eine Ehre für Herzog Chagnerich, so der Gesandte, Columba und seine Gefährten auf seinem Landgut Pipimisiacum bei Meldis beherbergen zu dürfen. Meldis, das später Meaux genannt wurde, lag in Neustrien, in der Nähe von Paris. Als Berater von König Clothar, dem Regenten von Neustrien, hätte sich Herzog Chagnerich für den königlichen Schutz der Verbannten eingesetzt.

Sprachlos nahm Columba die Botschaft entgegen. Chagnerich, dachte er, welch treuer Freund und Helfer! Columbas Blick schweifte zum Himmel. Er fühlte sich plötzlich so leicht wie die zahlreichen Tauben, die sich vom Sturm übers offene Meer tragen ließen. Das Leben nahm wieder Fahrt auf. Er stellte sich Atalas Lächeln vor, wenn sie sich wiedersahen. Die Welt stand ihnen offen. Es war an der Zeit, das Irdische, das Fröhliche, das Ansehnliche und Verlockende, ja das Leben zu umarmen.

Da war der Weltkörper, und da war das Universum. Da war das heilige Wissen, das von der geheimnisvollen Ordnung sprach, die Himmel und Erde miteinander verband. Und dann … waren da die guten Botschaften des Chi Rho, der Mensch und sein Verstand … Während ihm all das in den Sinn kam, hatte Columba ihre Mission wieder deutlich vor Augen:

Es galt, den Weltkörper zu heilen und die Menschheit im Namen von Chi Rho zu retten, und das mit den Botschaften, welche die Wahrheit verkündeten. Doch was barg die Wahrheit? Seine Gedanken wanderten zu der Schrift, die er immer noch mit sich trug, das geheimnisvolle Manuskript der langobardischen Königin. Stets hatte er die Pergamentseiten in dem Lederbeutel und diesen in der kleinen Kiste aufbewahrt. Ein Esel trug den Schatz, gelagert inmitten der weiteren kostbaren Manuskripte und seiner wenigen Habseligkeiten. Seit Deicolas Tod wusste allein Atala von der Existenz der Schrift. Keiner durfte ohne Columbas Erlaubnis die kleine Kiste auch nur berühren. Doch jetzt war es an der Zeit, Waldelenus und Chagnerich, ihre treuen Retter, einzuweihen.

»Du sagst, diese Schrift ist von Theodelinda?«, fragte Waldelenus. Schon am Tag nach ihrer Ankunft auf dem Landgut präsentierte Columba stolz das Manuskript den staunenden Herzögen.

»Ihr habt sie von einer schiffbrüchigen Schwester?«, fragte Chagnerich ungläubig. »Was für schicksalhafte Wege diese Pergamentseiten hinter sich haben.«

»Könnte ihr das lesen? – Wisst ihr, was dort geschrieben steht?«, fragte Columba erwartungsvoll.

»Nein«, sagte Waldelenus, nachdem er eine Seite zur Hand genommen und eingehend studiert hatte.

»Nein«, sagte auch Chagnerich. »Es könnten germanische Zeichen sein. Hier kann sie keiner lesen.« Er lachte. »Wir haben bei dir in Luxovium zwar ein sehr gutes Latein gelernt und auch Griechisch – aber das hier ... die germanischen Zeichen unserer Vorfahren ...? – Nein ... die können wir nicht mehr entschlüsseln.«

Einige Zeit herrschte Schweigen innerhalb der Lehmwände des herzoglichen Gemachs in der weiträumigen Villa.

»Wir haben eine Mission«, erinnerte Columba, darum bemüht, dem Manuskript den gebührenden Stellenwert in ihrer Vision zuzuordnen. »Wir haben ein Monasterium gegründet, ein Institut der Bildung. Deine Kinder Chagnoald und Burgundofara«, er sah Chagnerich an, »und dein Sohn Donatus«, er sah Waldelenus an, »sie alle wurden dort unterrichtet. Wie es aussieht, werden auch sie eines Tages Monasterien in unserem Sinne gründen. Wir hoffen selbstverständlich, sie bleiben der Wahrheit treu. Denn die Irrtümer nisten sich auch in Köpfen ein, die einst nach der Wahrheit strebten.« Obwohl keiner den Namen aussprach, dachten alle an Eustasius. Jetzt war er der Abt des Monasteriums von Luxovium. Es war nur noch eine Frage der Zeit, bis er das Kloster den gallorömischen Bischöfen unterstellen würde.

»Wir haben eine schwere Niederlage erlitten«, fuhr Columba fort, »aber wir sind bereit, weiter für die Wahrheit zu kämpfen. Die nächste Etappe unserer Reise wird nicht die Menschen in unser Monasterium führen, sondern wir werden zu ihnen gehen. Wir werden mit den Worten des guten Zaubers über den Weltkörper pilgern. Und schließlich ...«, Columba sah hoffnungsvoll von Chagnerich zu Waldelenus »wird unser Ziel der Hof von Theodelinda sein! Sie«, und er deutete auf die Pergamentseiten, »wird uns beim Entschlüsseln helfen. Sie sagte: ›Es ist eine Schrift, die nach der Wahrheit sucht. Sie hilft uns, sie zu finden ...‹ Wirst du mir helfen, eine Audienz bei deiner Verwandten, der Königin, zu erhalten, Waldelenus?«

Um 611

Iburinga – Überlingen

Die Göttin vom Bodensee

Während der kalten Wintermonate regierte die Übermacht der Dunkelheit das Leben der wandernden Gefährten genauso wie das der Pflanzen und Tiere. Es war die Zeit der Ruhe, der Meditation und der Versenkung. In den wenigen Stunden des Tageslichts pilgerten sie, in warme Felle gehüllt, den Rhein entlang von Ort zu Ort, suchten die Nähe der Menschen, predigten zu ihnen, halfen den Kranken und hinterließen bei den Gastgebern den Eindruck von seltsamen Magiern vom Ende der Welt.

Sie gelangten über Metz, Koblenz, Mainz, den Rhein hinunter nach Straßburg und vollzogen Rituale an der Kultstätte ihrer Ahnen, wo später das Münster entstehen sollte. Dort trennten sich ihre Wege. Cailech wanderte mit einigen Brüdern, eifrig predigend, durch die Wälder und über die Hügel des Gebiets, in welchem sich die Alemannen vom Stamme der Brisgovi niedergelassen hatten. In der Siedlung auf dem Mons Brisiacus fanden sie Reste einer Kultstätte ihrer keltischen Ahnen. Dort trafen sie auf Händler aus dem Reich der Langobarden, und sie kosteten den schmackhaften Wein des von der Sonne verwöhnten Breisgaus. Die Weiterreise durch die Rheinebene führte sie nach Heimbach, und Cailech rühmte die roten Felsen als Schöpfung des einen Gottes. Aus den heiligen Felswänden sollten später die Blöcke für den Bau des Freiburger Münsters mit dem schönsten Kirchturm der Welt gebrochen werden. Sie wanderten weiter durch die Senke des Freiburger Beckens, wo später Bernhard von Clairvaux im Sinne der Templer zum heiligen Krieg und den Kreuzzügen aufrufen würde. Cailech besuchte die einstigen Kultstätten ihrer Vorfahren auf dem Berg, auf dem dereinst die Zähringer Burg errichtet werden sollte, und blieb einige Zeit in Tarodonum, dem einst keltischen Oppidum. Diesen Ort würden sie in späterer Zeit Kirchzarten nennen. In lebhaften Bildern erzählte er den Heiden vom Verstand, den jeder in sich trug. Man sollte ihn zum eigenen Nutzen gebrauchen, aber auch, um anderen zu helfen. Alle guten Taten würden wie köstliche Beeren eingesammelt werden. Im ewigen Leben – die Zuhörer sollten es sich als Paradies vorstellen – würden die süßen Früchte dann in den Mund wachsen und auf der Zunge zergehen. Schließlich durchquerten sie die finsteren Schluchten des Höllentals, verirrten sich im dunklen Schwarzwald, wanderten vorbei an der Quelle des Flussgottes Danuvius und erreichten endlich den heiligen See von Brigantia.

Columba hingegen reiste mit Atala und den anderen Schwestern und Brüdern rheinaufwärts über Basilea. Ragnacharius blieb dort zurück und gründete für die Einheimischen auf dem Felssporn über dem Rhein ein weiteres Monasterium, später würde dort das Basler Münster errichtet werden.

»Wie sinnlich sie sich ihm präsentiert. So strahlend. So schön! Es ist ihr Tag. Endlich weckt sie wieder die Fruchtbarkeit«, sagte Cailech versonnen.

»Die Gebärmutter des Weltkörpers«, rief Chagnoald beim Anblick des Lacus Brigantiae, den sie später Bodensee nennen sollten. »Das habt ihr mir immer wieder erzählt. Und jetzt, wo sich der See in all seiner glitzernden Pracht vor uns ausbreitet, glaube ich es euch.«

»Ja«, hauchte Atala, und ihr Atem verflüchtigte sich in der kühlen Luft, »das ist der See unserer Göttin. Er hat in seiner Tiefgründigkeit die gleiche Erhabenheit.«

»Sie räkelt sich in den weit ausgebreiteten Armen des Mons Santis, des heiligen Berges. Sie fühlt sich wohl darin.« Cailech verschluckte die letzten Worte und sah besorgt zu Lua. Wie reagierte sie auf diesen göttlichen Ausblick? Seit Monaten sprach sie nicht mehr, zeigte selten Gefühle und lebte in ihrer eigenen Welt. Sie schien so unnahbar und zerbrechlich. Eingehüllt in das Fell glich sie einem scheuen Lamm, und im Licht der Sonne wirkte die Haut ihres Gesichts und ihrer feingliedrigen, kleinen Hände gläsern.

»Er legt ja auch schützend seine Arme um sie«, sagte Equonanus und humpelte einige Schritte in Richtung Lua. Sie hatte den hellen Wollschal über die Schultern gelegt, und der Wind wehte ihm ihr langes blondes Haar ins Gesicht. Er grinste amüsiert, da es sein Gesicht kitzelte, und suchte es schließlich zu fassen. »Seht ihr«, lächelte Equonanus unentwegt weiter, während er nun auch die letzte Strähne von Luas Haar einfing, »der heilige Berg ist unser Bruder. Auch er hüllt seinen Kopf in einen weißen Schleier.« Jetzt bändigte er Luas Haar zu einem Zopf, den er fest wie ein Rettungsseil in seiner Hand hielt. Lua verharrte unbeweglich neben Equonanus und genoss den Anblick des Sees mit den schneeweißen Alpen im Hintergrund. Als eine stürmische Böe sie aus dem Gleichgewicht brachte, ergriff sie, um nicht zu straucheln, die Hand, die Equonanus ihr reichte.

»Meister, wir müssen das Feuer vorbereiten. Es ist der Tag der Göttin und unserer Meisterin. Nie und nimmer können wir das, was Brigantia und Brig alles umfassen, ich nenne es ihre Universalität, besser ehren als jetzt und hier.«

»Wir dürfen nichts überstürzen«, mahnte Columba und verwies auf ein großes Gehöft und eine Ansammlung von Hütten, die unter ihnen auf dem Weg zum See lagen.

»Das ist Iburinga, und wir befinden uns auf dem Gebiet des Herzogs der Alemannen. Ich werde Gunzo aufsuchen und ihn um die Erlaubnis bitten, hier unser Lager aufschlagen zu dürfen.«

»Wer wird dich begleiten?«, fragte Cailech und sah Columba bittend an.

»Niemand.«

Gunzo war erkrankt, daher konnte er Columba nicht persönlich empfangen. Dennoch las der Herzog das Empfehlungsschreiben, das Waldelenus für Columba aufgesetzt hatte, mit großem Interesse. Er ließ dem wandernden Abt daraufhin ausrichten, er würde ihm und seinen Gefährten empfehlen, die Höhlen zu beziehen.

Alles, was die Skoten an dem Tag ihrer Ankunft in Iburinga entdeckten, erschien ihnen heilig. Der heilige See ihrer Göttin Brigantia, in der Ferne der beschützende heilige Berg, den sie später Säntis nennen sollten, die Heilquelle mit dem Becken, die unten am See unermüdlich sprudelte, und die weißen Felsen mit den Höhlen. Der See schimmerte golden, und der Feuerball modellierte dunkle Schatten in die Vertiefungen der majestätischen weißen Gesteinswand. Das untergehende Sonnenrad enthüllte ihre magische Ausstrahlung.

Die Höhlen von Iburinga waren schon von den Ahnen in die steil in den See abfallenden Klippen geschlagen worden. Sie waren nur über unwegsame Stufen zugänglich und dienten zu Gefahrenzeiten dem Herzog als Zufluchtsort. Denn von hier aus hatte er die gesamte Ausdehnung des Sees im Blick, ohne selbst gesehen zu werden.

O menschliches Leben!

Es war der zweite Neumond nach der Sonnenwende. Heute wurde Imbolc gefeiert, der Festtag der Göttin Brigantia. Imbolc fiel in die Zeit, in welcher die Sonne die winterliche Finsternis mehr und mehr vertrieb. Brigantia weckte die Fruchtbarkeit rund um den See zu neuem Leben. Sie ließ die Samen sprießen und die Säfte steigen. Jetzt heulten die Wölfe, bellten die Füchse und riefen zur Paarung.

Imbolc war nicht nur das Fest der Göttin des Lacus Brigantiae. Am selben Tag feierten die Skoten auch Brig, die Meisterin, die Äbtissin, die Druidin, die Gründerin des Monasteriums ihrer Mütter und Väter, die Hüterin des ewigen Feuers.

Wie immer in diesen festlichen Nächten zog sich Columba zurück in die Einsamkeit. Er floh. Er floh vor den Schwestern und Brüdern, und er floh vor allem vor Atala. Nicht vor der geistigen Nähe. Nein, es war die körperliche Nähe, die er fürchtete, besonders in jenen Nächten, in denen die Natur die körperliche Vereinigung forderte. Und in jenen Nächten überfielen ihn die Zweifel. War die freiwillige Entscheidung richtig, sich vollkommen der Enthaltsamkeit hinzugeben? Er war schon lange nicht mehr jung. Und auch Atala hatte die Zeiten der größten Fruchtbarkeit einer Frau hinter sich gelassen. Dennoch, wenn er sie betrachtete, sah er in ihr noch immer das faszinierende junge Mädchen. Er liebte sie. Sie war seine Gefährtin, mit der er Geheimnisse teilte, die er niemandem sonst anvertraute.

An der Stelle, wo die magische Felswand sich ehrfürchtig zurückzog, um einem Bach, der sich mit all seinen Kräften ein Bett gegraben hatte, Raum zu geben, entzündete er auf einer sanften Anhöhe am Ufer ein Feuer. Später würde dort ein kleines Juwel, die Goldbacher Kapelle, entstehen. Das stete Plätschern des Baches vereinigte sich mit dem gleichmäßigen Anrollen der Wellen des Sees. Die Göttin des heiligen Sees, Brigantia, ließ sich hier mit allen Sinnen erfassen. Columba sog den Duft des Sees ein. Es war der Geruch der Sinnlichkeit, den das Gewässer verströmte. Er stammte aus dem Leben, welches sich in seinen Tiefen abspielte. Doch erst an der Oberfläche entfaltete er in der Vereinigung mit der Luft sein volles Aroma und roch frisch und lebendig. Columba fühlte den See. Jetzt, an Imbolc, war er noch kalt, dennoch schöpfte Columba eine Handvoll Wasser und ließ es sanft durch seine Finger rinnen. Dann kostete er vom Wasser des Sees, um ihn zu schmecken. Er trank das Lebenselixier der Fische und der Pflanzen. Es rann in das Innere seines Körpers, floss durch seinen Hals, passierte sein heftig pumpendes Herz und sammelte sich in seiner Körpermitte. Schließlich entblößte er sich für die feierliche Nacht vollständig und stieg in den heiligen See hinein. Das Wasser drang in jede einzelne Pore seiner Haut, und die Kälte erfasste seinen Körper und seinen Geist. Alle Regungen wurden abgetötet, und das war es, was Columba jetzt suchte.

Während er über die unwegsamen Steine durch den eiskalten See watete, wanderten seine Gedanken zur Vereinigung der Paare, die jetzt in den Höhlen vollzogen wurde, während Atala, Cailech und die anderen oben auf der Anhöhe das heilige Feuer hüteten. Winnoc und seine Gefährtin Cuimmine vollzogen den heiligen Akt. Sie waren nicht mehr jung. Doch Columba wünschte ihnen schon lange, dass in Cuimmines Leib endlich neues Leben wachsen würde. Vermutlich waren die Anstrengungen der Reise schuld daran, dass sie immer wieder die Leibesfrüchte verlor. Mit Freude dachte er daran, dass auch Lua und Equonanus sich näherkamen. Sicher würde er bald auch ihre Vereinigung segnen. Er dachte an seinen Sohn. Lasreanus ging seine eigenen Wege, wie Atala ihm berichtet hatte. Er folgte den römischen Kirchenvätern. Es war sein Wille.

Columba hatte sich dazu entschieden, und das aus freiem Willen, mithilfe der Askese die körperlichen Begierden zu bekämpfen. Dies war ihm bislang erfolgreicher gelungen als manch römischem Bischof, der trotz seines Keuschheitsgelübdes Nachkommen zeugte. Er wusste nicht, ob Lasreanus seinen Worten Taten folgen ließ. Ein verächtliches Lächeln schlich sich über Columbas Gesicht, während er den Weg über die rauen Steine zurück zum Ufer suchte. Worte, Gedanken, Taten … Der Britannier Pelagius hatte gesagt: *Du kannst, weil du willst. Nicht weil du dazu gezwungen wirst.* Auch der Abt der Äbte, der große Meister Columcille von Iona, stimmte dem zu. Die Freiheit des Willens war eine Gabe Gottes! Den Willen abzutöten, bedeutete, die Gabe Gottes abzutöten. Pelagius schrieb, dass die Begierlichkeit ein natürliches Gut und nicht als Übel und Strafe für die

Erbsünde Evas zu werten sei. Columba schüttelte den Kopf. Inzwischen hatte er wieder sein Gewand übergeworfen, wärmte sich am Feuer und inhalierte einen tiefen Zug des angezündeten Rauchgebindes. Hatte Pelagius recht, wenn er sagte, der Mensch sei gut, wenn er geboren wurde? Doch der menschliche Wille, gut zu bleiben, musste durch Askese gestärkt werden. Das war aber nicht mit dem Zwang verbunden, das Leben in Keuschheit zu verbringen. Pelagius wurde für seine Aussagen von den römischen Kirchenvätern als Häretiker verurteilt, und seine Schriften wurden verbrannt. ... Atala ...

Das menschliche Leiden war zum Fürchten, rief er sich verzweifelt ins Bewusstsein, rückte vom Feuer ab, zog erneut sein Gewand aus und watete ein weiteres Mal über die rauen Steine. Diesmal wagte er sich tiefer in den See der Göttin hinein. Seine dunkle Kälte löschte das hell lodernde Feuer des Begehrens, das Columba empfunden hatte. Doch auch der See würde wieder aus der Versenkung des Winterschlafs erwachen. Die Sonne würde wärmer und wärmer werden, das Licht die Dunkelheit bekämpfen und das Leben seinen Lauf nehmen.

Fürchten und sehr in Acht nehmen muss man sich vor dir, menschliches Leben; denn du bist so flüchtig, so schlüpfrig, so gefährlich, so kurz, so unsicher, wie ein Schatten, ein Bild oder eine Wolke oder ein Nichts oder eine Leere, ließ er seiner vom Rauch und vom Rausch stimulierten Schwermut freien Lauf, und sein Leib zitterte heftig, während er weiter seinen düsteren Gedanken über das menschliche Leben nachhing:

O du menschliches Leben, zerbrechlich und sterblich bist du. Wie viele Menschen hast du getäuscht, verführt, verblendet?

Zurück am Ufer überließ er sich den pflanzlichen Kräften, die sich seines Geistes bemächtigten. Sein unsteter Blick irrte zwischen dem züngelnden Feuer und dem in der Dunkelheit funkelnden See hin und her. Mit lauter Stimme beschwor er schließlich die heißen Flammen und die eisigen Wellen, ebenso die Luft. Sie begann zu wirbeln, und gemeinsam mit Feuer und

Wasser verführte sie das Leben zu einem wilden Tanz auf einem verschlungenen Pfad.

Was also bist du, menschliches Leben? Du bist der Weg der Sterblichen und nicht das wahre Leben. Ein wahres Leben wärst du, wenn es die Sünde der ersten Übertretung nicht geben würde. Dadurch wurdest du nichtig und sterblich und hast all die Wanderer auf deinem Weg dem Tod überantwortet.

Du bist also nur ein Weg zu leben, nicht das Leben selbst; aber das erkennen nur wenige, weil du so fein und verführerisch bist.

Man muss dich also infrage stellen, darf dir aber nicht vertrauen und Anspruch auf dich erheben, du bist ein Übergang, aber keine Wohnstatt, du elendes menschliches Leben; keiner wohnt nämlich auf einem Weg, sondern er geht darauf, damit er schließlich, in seiner wahren Heimat wohnen darf ...

Seiner Schwermut ausgeliefert, lag er am Ufer des heiligen Sees und versank in seinen düsteren Visionen vom finsteren Weg des Lebens, bis er in einen tiefen Schlaf fiel.

Herzog Gunzo

»Und jetzt soll ich dem Urenkel des Weibes, das meinen Fuß abschlagen ließ, meine Tochter zur Frau geben?«, rief der Herzog aufgebracht.

Neugierig darauf, Columba endlich kennenzulernen, hatte Gunzo den pilgernden Abt zu einer Unterredung in sein Landhaus geladen. Das Empfehlungsschreiben von Waldelenus pries Columbas Wissen und seine Bildung in höchsten Tönen. Außerdem hoffte er auf Columbas Kenntnisse in der Heilkunst, denn den Herzog quälte immer noch das Magenleiden. Hinzu kamen die Sorgen bezüglich der Zukunft seiner Tochter Friediburga.

Columba wurde abrupt aus seinen Gedanken gerissen und traute seinen Ohren nicht: »Würdest du das Gesagte noch einmal wiederholen, Herzog Gunzo?«

»Selbstverständlich, ehrwürdiger Abt! Oder …« Gunzo inspizierte mit schief gelegtem Kopf Columbas außergewöhnliche Haartracht. »… bist du ein Druide?«

Es war eine Frage, die keine Antwort erwartete. Es schien vielmehr, als wären die Worte unversehens aus dem Mund des Herzogs entfleucht. Schnell überging er also eine mögliche Erwiderung und fuhr mit einem Funken von Schadenfreude in der Stimme fort: »Zuerst bringt ihr Enkel, König Theuderich, seinen Bruder um, und dann stirbt er selbst an der Ruhr. Und jetzt ist Königin Brunichilde allein und in größter Bedrängnis. Alle verschwören sich gegen sie, und überall sucht sie verzweifelt nach Unterstützung. Sie akzeptiert mich sogar wieder als Herzog. Da sie meine Stärken kennt.« Er zog kurz die Nase hoch und ein selbstgefälliges Lächeln umspielte seine Lippen, während er sagte: »Und jetzt …« Er hielt inne, und sein Blick fiel auf das Feuer, das der Knecht ohne Unterlass schürte, »hat sie meine schöne Tochter Friediburga für ihren unmündigen Urenkel Sigibert als Gemahlin auserkoren.«

Der Herzog schlug die wärmende Felldecke zurück und zeigte sein nacktes, behaartes Männerbein. Der Unterschenkel endete in einem Stumpf. Er war eitrig und stank erbärmlich. Der Fuß fehlte.

»Sieh dir das an …«, fuhr er fort, »sie hat mein Leben zerstört! Das Weib! Sie ist es, die mir das angetan hat. Weißt du, was Angst bedeutet? Weißt du, was Schmerzen sind? Weißt du, wie demütigend es ist, ein Krüppel zu sein? Sie wollte mir nicht nur das Herzogtum nehmen, sondern auch Hab und Gut. Weißt du, was die Vorstellung, alles zu verlieren, mit deiner Seele macht?

Columba erwiderte: »Ich denke schon!«

»Weißt du, was das Einzige ist, das ich können muss, um Herzog der Alemannen zu bleiben? Was sie mir nehmen wollte, indem sie mir den Fuß abschlagen ließ …?« Er lachte zynisch.

»Warum hat sie dir den Fuß abschlagen lassen?«, fragte Columba, während er in Gedanken das Rezept für die Heilsalbe zusammenstellte, mit der er den entzündeten Stumpf behandeln würde.

»Ich musste ihn umbringen! Ich musste Brunichildes Liebhaber umbringen, um Krieg zu vermeiden. Er war ein junger, völlig unfähiger Kerl namens Protadius. Er und dieses machthungrige alte Weib ... Lächerlich. Als Herzog muss ich ein Pferd besteigen können – ohne fremde Hilfe. Und ...«, Gunzo lachte triumphierend, »… natürlich kann ich es immer noch. – Ich besteige es von der anderen Seite. Mein Gaul ist klug und ich bin ein Agilolfinger, und die geben niemals auf. Ich kann das Pferd besteigen. An manchen Tagen ist es mühsam, aber es gelingt immer.«

»Sie hat uns aus Luxovium verbannt«, knurrte Columba gleichermaßen verbittert. Der Schaden, den ihnen die Königin zugefügt hatte, ließ ihn zu einem Verbündeten des Herzogs werden.

Gunzo horchte auf und sah den Abt interessiert an: »Sie war das? Brunichilde? Warum hat sie euch verbannt?«

Columba kratzte sich den kahlen Vorderkopf.

»Ich habe mich geweigert, ihre Urenkel zu segnen, da sie Früchte der Unzucht sind! Wir Christen verurteilen das Konkubinat. Es gibt nur eine Gefährtin an der Seite eines Mannes.«

»Du hast ihre Urenkel nicht gesegnet, weil sie Früchte der Unzucht sind?«, wiederholte Gunzo langsam, dann lachte er schallend und prustete: »Es ist nach fränkischem Recht legitim, dass auch Söhne von Konkubinen Könige werden.«

Plötzlich wurde Gunzo sehr still. Sein Blick schweifte durch den Raum. In einer Ecke tropfte das Regenwasser durch das Strohdach seines aus Holzpalisaden errichteten großen Landhauses. Die Tropfen hinterließen eine kleine Pfütze.

»Mein Magen …«, stöhnte er auf und wurde kreidebleich, »… ich dachte schon, dein Zaubertrank würde Wunder wirken … Doch jetzt geht das schon wieder los …« Er verlangte nach dem Nachttopf, entleerte sich ungeniert und fragte mit weit aufgerissenen Augen: »Sag nicht, dass es Sigibert ist, den du nicht gesegnet hast. Sigibert, den unmündigen König, den Bräutigam meiner Tochter?«

»Du sagst es. Ich habe Sigibert nicht gesegnet!«

Gunzo befahl, den Nachttopf wegzubringen. Es ging ihm sichtlich besser, denn wieder lachte er schallend.

»Brunichilde ist zu Ohren gekommen, dass du an meinem Hof in Iburinga weilst. Und weißt du, was sie von mir verlangt?« Er amüsierte sich köstlich und schüttelte sich glucksend. »Sie wünscht, dass du Friediburga vor ihrer Heirat in die Lehren des Christentums einweihst!«

Columba kam das Gespräch in den Sinn, das er vor vielen Jahren mit Brunichilde geführt hatte. Er erinnerte sich an ihre Frage: *Glaubst du, er ist ein Gott? Oder glaubst du, er ist ein Mensch?* Sie war als Arianerin in dem christlichen Glauben erzogen worden, der von der römischen Kirche nach mehreren Konzilien verurteilt und verboten worden war, weil die Arianer in Chi Rho allein die menschliche Natur sahen. Doch dann war sie zur römischen Kirche übergetreten. Was geht in dieser Frau vor, überlegte er wie so oft.

»Verstehe«, sagte Columba ernst. »Wirst du deine Tochter Sigibert zur Frau geben?«

»Selbstverständlich! Wenn ich es ihr verweigere, wird Brunichilde mir das Herzogtum entziehen. Und stelle dir vor«, seine Augen wurden groß, und seine Brust schwoll wie die eines Hahnes, »meine Friediburga wird Königin von Burgund und Austrien und vielleicht sogar vom gesamten Frankenreich.« Er hielt inne, sah Columba an und erwartete dessen anerkennende Bewunderung. Doch zur Enttäuschung des Herzogs schien der Skote von seinen Vorstellungen wenig beeindruckt.

So befahl Gunzo: »Du wirst sie also unterrichten!«

Columba verzichtete auf eine Antwort. Stattdessen stellte er eine weitere Frage.

»Als Agilolfinger, als Verwandter der langobardischen Königin – könntest du bei Theodelinda ein gutes Wort für mich einlegen?«

»Vielleicht ...«, sagte der Herzog, rieb sich die Nase und wechselte das Thema: »Dir eilt der Ruf voraus, dass du ein Wunderheiler bist ...« Er fasste sich an den Bauch und befragte stumm seine Innereien. Die Antwort schien ihm zu gefallen. Erneut schlug er das Fell zurück und zeigte seinen eitrigen Stumpf: »Ich hab ihn noch.«

Columba stutzte. Der Herzog wiederholte: »Ich habe ihn noch. Wir haben ihn vergraben. Feierlich vergraben. In einer Zeremonie. Es war ein Opfer. Es war eine Gabe an die Götter. Es war die gleiche Zeremonie, es waren die gleichen Rituale, die die Alemannen vollziehen, wenn sie ihnen die Köpfe von den Pferden oder Rindern opfern, um sie anzurufen.« Er hielt inne, holte tief Luft und fragte dann: »Was meinst du? Wir ... wir könnten ihn wieder ausgraben ... Kannst du ihn mir annähen?«

»Du meinst den Fuß?«, fragte Columba. Die Falten seiner Stirn vertieften sich, als er von den Opfergaben und dem verachtenswürdigen Ritus der Götzenanrufung hörte. Genau das war es ja, wogegen er und seine Gefährten ankämpften.

»Du meinst, wir sollen den Fuß, den du geopfert hast, wieder ausgraben und annähen?«

»Warum nicht?«

»Im Vertrauen erzähle ich dir eine Geschichte, Herzog Gunzo«, begann Columba, beugte sich vor, senkte die Stimme, sodass es schien, als würde er dem Herzog ein Geheimnis anvertrauen: »Es war damals, als wir noch in unserem Monasterium in Luxovium lebten. Als wir die Häuser bauten. Unser Bruder Winnoc schlug sich beim Holzfällen mit der Axt einen Finger ab. Sie haben ihn gefunden und zu mir gebracht. Ich habe ihn Winnoc wieder angenäht, und der Finger blieb dran.«

Der Herzog sah Columba mit leuchtenden Augen an.

»Wirklich?« Schon wollte er von seinem herrschaftlichen Lager aufspringen. »Wir holen den Fuß, und du nähst ihn mir an!«

»Das geht nicht mehr. Du weißt, dass der Fuß schon vor dir zu Staub geworden ist. Aber deine Seele lebt noch in dieser Welt, und die gilt es zu retten. Dabei kann ich dir helfen. Der Körper ist wie dein Fuß vergänglich! Aber deine Seele wird nach deinen guten und schlechten Taten gerichtet werden – vom Licht, vom Feuer ...«

»Was redest du? Was weißt du darüber? Was geschieht mit uns, wenn wir ins ewige Leben eintauchen?«

»Das ewige Leben wird dann zum Paradies, wenn du im irdischen Leben gute Taten vollbringst und wenn du Leiden erträgst.«

»Ich habe genug gelitten!« Er lachte erneut bitter auf und sah auf seinen Stumpf.

»Aber du hast andere Menschen auch leiden lassen. Du hast gemordet, und das wird auf die Waagschale des Bösen gelegt!«

»Waldelenus schreibt, du bist ein Lehrmeister. Du bist gebildet, kannst lesen und schreiben, kannst Griechisch und Latein. Er schreibt auch, ihr Skoten, die ihr als Pilger Europa bereist und als Äbte die Monasterien regiert, stammt von den Königen und deren Beratern sowie den ehrwürdigen Ältesten eurer Stämme ab? Er schreibt, du hast herrschaftliches Blut in dir?« Sein gutmütiger Blick wurde eindringlich, und wieder legte er den Kopf schief, als er, erneut von Neugier gepackt, weitersprach: »All das sind Eigenschaften von Druiden ... Genauso wie deine Tonsur ...«

»All das, was du sagst, stimmt. Wir sammeln das Wissen der heidnischen Schriften der Römer und Griechen. Und wir streben danach, alle möglichen heiligen Schriften, welche die Botschaften des Chi Rho enthalten, zu erwerben, zu analysieren und zu verbreiten. Dafür lernen wir sogar Hebräisch. Wir sind auf der Suche nach der Wahrheit.«

»Chi Rho nennst du ihn. Was bedeutet Chi Rho?«, fragte Gunzo neugierig.

»Chi Rho steht für die griechischen Buchstaben XP. Es sind die Anfangsbuchstaben von χ ρ η σ τ ό ς – k h r ç s t ó s, und das bedeutet vernünftig, gut. Es steht für den Verstand, für den Retter.«

»Weißt du, Bruder Columba«, sagte der Herzog nachdenklich und holte das gleicharmige bronzene Kreuz unter seinem Gewand hervor, das an einem Band um seinen Hals hing, »auch die Alemannen vereinigen ein Symbol in jenem Zeichen. Du musst es nur drehen, bis es ein X wird. Das X ist die Rune Gan. Sie bedeutet Begabung, Bewegung, Gabe, Geschenk.«

»Wir Menschen sind uns manchmal näher, als wir glauben«, sagte Columba versonnen. Plötzlich wurde ihm heiß, und sein Herz begann heftig zu schlagen. Der Herzog kannte die Runen? Konnte er die Zeichen der Alemannen etwa entziffern? Vielleicht wusste er die Pergamentseiten von Theodelinda zu entschlüsseln. Die Wahrheit ... sie war darin enthalten ... Er wagte es, die Frage zu stellen: »Gunzo, bist du als Herzog der Alemannen dazu in der Lage, Runen zu entziffern?«

Gunzo lachte: »Nein, das bin ich nicht. Aber selbstverständlich habe ich meine Berater. Warum fragst du, Meister Columba?«

Columba winkte ab. Nie und nimmer würde er die geheimnisvolle Schrift irgendeinem bestechlichen Berater des Herzogs vorlegen. Nein! Es blieb allein der Weg nach Papia zu Königin Theodelinda.

Er beschloss, von seiner Frage abzulenken.

»Unsere Ahnen benötigten keine Schrift. Sie haben alles, was für sie und die Nachwelt heilig ist, im Kopf. Für sie sind die Geheimnisse dieser Welt heilig.«

»Sind sie das für dich auch?«

»Selbstverständlich«, bekräftigte Columba. »Es gehört auch zu unseren Aufgaben, und das sage ich dir im Vertrauen, das heilige Wissen unserer Vorfahren, das den Weltkörper und den Kosmos betrifft, zu hüten.« Sein Blick fiel auf den Stumpf des Herzogs. »Wir werden uns etwas einfallen lassen. Dafür jedoch ...«, es war an der Zeit, ihre Mission ins Spiel zu bringen, »... erlaubst du uns, in deinem Land die Botschaften zur Rettung der Menschheit zu verbreiten. Wir wollen die Menschen davon überzeugen, dass sie keine Götzen anbeten sollen, sondern dass Gott in jedem Tier und in jeder Pflanze wohnt, genauso wie in jedem Menschen, und dass ihre grausamen Riten die Ursache für Schmerzen, Unglück und Verderben sind.«

»Weißt du, Bruder Columba«, entgegnete Gunzo, »mein Mädchen soll König Sigibert heiraten. Friediburga ist schön. Und Sigibert ist noch ein Kind. Die Alemannen heiraten in der Regel erst mit zwanzig Jahren, und meistens suchen sie Frauen im gleichen Alter. Es gehört allerdings zur Sitte ihres Volkes, mehrere Frauen zu haben. Das steigert das Ansehen. Es ist eine Staatspflicht ...« Er seufzte aus tiefstem Herzen. Mit dem nächsten Seufzer holte er Luft und in der Luft verbarg sich eine schwere Last, die er einsog. »Wenn du dafür sorgst, dass Friediburga im wahren christlichen Glauben erzogen wird, gestatte ich euch, in meinem Herzogtum umherzuziehen, um eure Botschaften zu verbreiten.«

Neben den Tauben, den Raben und dem Uhu hatten sich nun auch die Skoten in den Höhlen in der magischen Felswand eingenistet. Sie saßen nicht weit vom Abgrund entfernt ums Feuer, aßen die gebratenen Fische und diskutierten, wie sie ihre Mission fortsetzen sollten. Tief unter ihnen breitete sich der schlafende See aus. Die Sterne zelebrierten ihren geräuschlosen nächtlichen Tanz auf den sanften Wogen. Sie funkelten, hüpften und sprangen. Doch wer sich ihnen näherte und nach ihnen greifen wollte, fasste ins Leere. Denn sie schwanden dahin wie die Nymphen, die Feen oder die Elfen des Waldes.

»Gunzo hat uns zugestanden, in seinem Reich zu missionieren. Er sagte, Meister Wilimar vom anderen Ende des Sees würde uns in unserer Mission unterstützen. Er sieht einen

Gleichgesinnten in ihm. Wilimar erwartet uns in Arbor Felix. Der Herzog deutete auch an, dass die Menschen in Brigantium wieder vom Christentum abfallen und ihre grausamen heidnischen Opferrituale praktizieren. Es warten viele Aufgaben auf uns. Du, Cailech, bleibst hier und kümmerst dich um die Erziehung und Ausbildung von Friediburga. Du musst sie vorbereiten auf Brunichilde und den Hof, an dem sie mit Sigibert leben soll.« Die Falten in Columbas Gesicht vertieften sich. »Die Tochter des Herzogs ist im Reich der Alemannen aufgewachsen, und du sprichst das beste Alemannisch. Außerdem hast du während deiner Missionsreise in Brisgovia viel Erfahrung mit den Sitten und Gebräuchen der Alemannen gesammelt.« Columbas Blick streifte Lua, die in ihrer stummen Welt über ihre alemannische Vergangenheit schwieg. »Das wird dir beim Unterrichten von Friediburga sehr hilfreich sein, Cailech«, fuhr er fort. »Du weißt, welche Lehren Chi Rhos du der jungen Frau verkünden sollst. Beachte aber, es ist nicht im Sinne unserer Mission, erneut bei Brunichilde in Ungnade zu fallen.«

War es wirklich Brunichildes Ansinnen, eine unterwürfige Gemahlin an der Seite des zukünftigen Regenten von Austrien zu sehen, oder, so kam es Columba gerade in den Sinn, suchte die berechnende Königin nach einer gebildeten Nachfolgerin? Die Antwort stand in den Sternen. Er schob den Gedanken beiseite und sprach weiter: »Diese Vermählung ist nicht im Sinne unseres Meisters Chi Rho. Es ist eine Verbindung, die aus dem Streben nach Macht geschlossen wird. Die beiden jungen Seelen kennen sich nicht. Sie werden gezwungen, zusammenzuleben, und ihre Gefühle werden dabei außer Acht gelassen. Das hat nichts mit Liebe und Vertrauen zu tun …«

»Warum ich?«, unterbrach Cailech den Meister, und sein Herz hämmerte wütend in seiner Brust. Auch er freute sich auf Arbor Felix und war gespannt auf Bruder Wilimar. Und jetzt sollte er hier in Iburinga zurückbleiben, um die Tochter des Herzogs zu unterrichten? Diese ewige Bevormundung vonseiten des Meisters staute sich mehr und mehr in ihm als Unmut an. Er rang um Beherrschung, suchte mit den Augen den Himmel ab, und ihm wurde bewusst, was für ein kleiner Punkt er im Kosmos war. Sodann vernahm er die Stimme des Meisters: »Tu, was ich dir sage, Cailech. Lerne endlich zu gehorchen und das in Demut!«

»Wie lange?«

»Bis ich dich rufe!«

Die verbotene Liebe

»Friediburga«, sagte Cailech, nachdem sie die ersten Unterrichtsstunden miteinander verbracht hatten. »Du lernst etwas, was dir sonst keiner lehrt!« Er sah sie an, und sie sah ihn an. Er wollte sie nicht nur ansehen. Sie war nicht nur schön, sondern sie hing auch an seinen Lippen. Und so konnte er, der von Anfang an gelernt hatte, dass schweigen und zuhören lehrreicher sind als reden, seine Zunge nicht mehr im Zaum halten. Ihm gefielen Friediburgas Aufmerksamkeit ebenso wie ihre klugen Fragen. Alles, was er ansprach, interessierte sie. Ihre Wissbegier schien unerschöpflich.

Cailech hatte alle Lehren und Botschaften, die er Friediburga vermitteln wollte, im Kopf. Er benötigte keine Lehrbücher. Er begann mit den Künsten des Zusammensetzens der Buchstaben zu Wörtern und zu Gedanken mithilfe der Botschaften des Chi Rho, die er in die Wachstafeln ritzte, die sie gemeinsam angefertigt hatten. Er ermutigte sie, ihren Gedanken zu bestimmten Fragen freien Lauf zu lassen und sie ihm mitzuteilen und dabei zugleich ihre Worte wohlüberlegt zu wählen. Er gab ihr Hilfestellungen und Hinweise, und sie ergänzte sie mit eigenen Vorstellungen. Er lehrte sie die grundlegenden Künste, den Umgang mit Zahlen und Formen und ihre Deutung, damit sie verstand, dass der Weltkörper einer Ordnung unterlag, einer göttlichen Ordnung, die der Kosmos vorgab. Die

Tage vergingen im Flug. Bevor er sich, wenn die Dunkelheit hereinbrach, auf seinem Lager, das er in einer Nebenhöhle des Heilquellenbeckens aufgeschlagen hatte, niederlegte, sang er lauthals Psalmen der Freude, der Freude auf den nächsten Tag, auf die aufgehende Sonne, auf die Unterrichtsstunden. Bald fühlte er sich wie Chi Rho, wie Jesus, der am Ufer des Sees saß und predigte. Denn es gab Tage, da tat er das. Da kamen die Bauern und ihre Familien aus ihren zum Gehöft des Herzogs gehörenden Hütten und hörten ihm zu. Er sprach lange zu ihnen. Überlieferte ihnen die Gleichnisse von Chi Rho. Fragte sie, wie sie die Botschaften auffassten. So erzählte er ihnen in ihrer Sprache auch das Gleichnis vom Sämann.

»Siehe, ein Sämann ging hinaus, um zu säen.«

Cailech nahm Samen und verstreute ihn.

»Als er säte«, sprach er weiter, »fiel ein Teil auf den Weg, und die Vögel kamen und fraßen das Saatgut. Ein anderer Teil fiel auf felsigen Boden, wo es nur wenig Erde gab, und der Samen ging sofort auf, weil das Erdreich nicht tief war.«

Er lief einige Schritte und warf den Samen auf den Fels, der in den Lacus Brigantiae hineinragte.

»Jetzt müsst ihr eure Gedanken spielen und in eurem Kopf Bilder entstehen lassen«, ermunterte er die Einheimischen. »Seht ihr die Sonne von dort aus über den Himmel wandern?« Er wies in Richtung des nebelverschleierten heiligen Berges. »Als die Sonne hochstieg«, fuhr er fort, »wurde die Saat versengt und verdorrte, weil sie keine Wurzeln hatte. Ihr seid Bauern. Ihr pflegt und kultiviert die Erde. Ihr kennt den Boden. Ihr vertraut ihm, und ihr wisst, wenn das Zusammenspiel mit dem Regen und der Sonne und der Wärme und der Kälte gelingt, dann haben wir alle etwas zu essen. Ihr …«, er sah jeden Einzelnen an, die Frauen genauso wie die Männer, »… wisst, wovon ich spreche. Also passt auf, was mit einem anderen Teil des Samens geschah. Er fiel auf guten Boden und brachte Früchte, teils hundertfach, teils sechzigfach, teils dreißigfach. Wer Ohren hat, der höre!« Er lächelte alle an und fragte: »Habt ihr verstanden, was ich euch sagen will?«

Sie lächelten zurück.

An einem Tag schlug Cailech Friediburga nach der Unterrichtsstunde vor, dass sie den Einheimischen, das Gleichnis erzählen sollte, das sie gemeinsam durchgesprochen hatten. Sie sah ihn entgeistert an.

»Ich soll den Leuten von Chi Rho erzählen?« Sie lachte ungläubig.

»Glaubst du nicht, dass du das kannst?«, fragte er sie, und ihre Blicke trafen sich. »Jetzt lehre ich dich das, was dir sonst keiner beibringt«, sagte er schließlich. »Glaube daran, glaube an das Königreich in dir, und du wirst sehen, es wird dir gelingen. Glaube ist alles!«

»Das Königreich in mir?« Immer noch lächelte sie. Doch plötzlich, es war, als hätte sie einen heftigen Schlag ins Gesicht bekommen, veränderte sich ihre Mimik. Das Wort Königreich hatte einen Beigeschmack, der das Königreich in ihr zu zerstören schien.

»Ich ... ich ...« Sie brachte kein weiteres Wort heraus.

Cailech sah sie erstaunt an.

»Du glaubst nicht an das Königreich, das in dir ist? Du glaubst nicht an deinen Verstand? An deine Seele? An deinen Geist?«

»Das ist ein Königreich ...«, begann Friediburga mit Tränen in den Augen. Sie starrte ihn an. Er sah das Flehen darin. Was war das für ein Flehen? Was verbarg sich dahinter? »Das ist ein Königreich ...«, setzte sie erneut an, und ihr Blick wanderte durch das Fenster der Kammer im Haus ihres Vaters zum See der Göttin, der sich unter ihnen als glatte, sanfte Oberfläche präsentierte, ohne von der Tiefe darunter etwas preiszugeben. Plötzlich lächelte sie und fragte Cailech: »Ist das ein Königreich oder ein Königinnenreich in mir?«

Auch Cailech lächelte und antwortete: »Es ist ein Reich für Könige und Königinnen.«

Er schloss die Augen, atmete tief ein und wieder aus. Was hatte er da soeben gesagt? Es war ein Reich für Könige und Königinnen? Er wollte sich nicht in seinen eigenen Überlegungen verirren und sagte, und es sollte vorwurfsvoll klingen: »Du bringst mich mit deinen Fragen durcheinander, Friediburga. – Wir beginnen noch mal von vorne: In dir ist dein Reich. Dein Reich einer Königin! Und du bist darin die Herrscherin. Es ist ein unglaubliches Reich. Manche Dinge deines Reiches können manche Menschen sehen. Es gibt aber auch verborgene Schätze, lass es besondere Gedanken und Vorstellungen sein oder Bilder, und die sind nur dir zugänglich. Aber du musst sie finden. Viele dieser Schätze sind sehr wertvoll, auch für andere Menschen. Die solltest du den anderen zur Verfügung stellen.«

»Sind sie auch für dich wichtig?«

Cailech spürte plötzlich eine Wärme in sich aufsteigen, die von seinem rasch klopfenden Herzen ausging. Gleich einem Feuerstein, auf dem ein anderer Stein immer wieder gewetzt wurde, sprühte es mehr und mehr Funken, und die Flamme erhitzte nicht nur sein Herz, sondern auch seinen Kopf.

»Ich muss gehen«, sagte er unvermittelt. »Du weißt, die Psalmen ...«, rechtfertigte er seinen Aufbruch. »Wir sollten morgen den Unterricht im Freien fortsetzen. Die Pflanzen und Tiere erzählen uns viel ...« Es folgte eine demütige Verbeugung vor der schönen Tochter des Herzogs, und weg war er.

Am nächsten Morgen ließ Gunzo nach Cailech rufen. Zunächst erschrak der Skote. Dann fühlte er Erleichterung. Gunzo würde ihn wegschicken. Mit Sicherheit würde er ihn wegschicken. Sicherlich war der Herzog nicht mit dem zufrieden, was er Friediburga und den Einheimischen erzählte. Sicherlich sah der Herzog in ihm, Cailech, einen seltsamen Vogel aus der Fremde, der der Tochter und den ansässigen Menschen Flausen in den Kopf setzte und der sie womöglich gegen ihn aufbringen wollte. Aber nichts dergleichen war Cailechs Ansinnen. Dennoch ... war da dieses seltsame Gefühl. Er wünschte sich weg von diesem Ort, an dem er so viel Glück, so viel Leben, so viel

Vollkommenheit verspürte wie nie zuvor. Columba würde ihn schelten. Denn sie sollten nicht das irdische Glück, sondern die Seligkeit im ewigen Leben erstreben, und dazu gehörte das Leiden auf Erden, aber keineswegs ein derartiges Glücksgefühl.

»Was lehrst du Friediburga?«, fragte der Herzog ohne Umschweife. Gunzo war stattlich, und offensichtlich aß er gern, denn er trug einen großen kugelrunden Bauch vor sich her. Sein frisch geschnittener Bart war grau wie sein Haar. Er hatte kleine gutmütige Augen, die Cailech stets wachsam beobachteten.

»Ich lehre sie, die Welt und den Glauben besser zu verstehen. Wir bemühen uns als Brüder und Lehrmeister, unseren Schülern, zu denen auch Frauen gehören, von der Wahrheit zu berichten, die stets vor dem Irrtum steht. So strebe auch ich danach, Friediburga in der Kürze der Zeit ein Verständnis von unserem Dasein als Menschen zu vermitteln. Auch was ihre Rolle als Frau betrifft.«

»Nun, das klingt überzeugend. Du bereitest sie auf ihr Leben als Königin an der Seite von Sigibert vor. Das machst du sehr gut!«, lobte Gunzo anerkennend. »Auch die Knechte und Mägde und die Bauern sind dir wohlgesonnen. Sie sprechen von dir. Du hast besondere Heilkräfte, sagen sie. Du heilst sie und ihre Kinder, wenn sie krank sind, und erklärst ihnen, wie wichtig es ist, dass sie sich gegenseitig nicht bekriegen, sondern sich helfen und lieben. Weißt du, was sie unglaublich finden?«

Gunzo machte eine kurze Pause, und Cailech sah ihn erwartungsvoll an. Dann sprach der Herzog weiter: »Sie finden es unglaublich, dass sie ihre Tiere nicht opfern müssen. Sie können kaum glauben, dass der Gott, von dem du sprichst, keine Tieropfer will. Sie wundern sich, dass sie ihre kostbaren Tiere behalten dürfen. Ich mache dir einen Vorschlag, Cailech. Du gründest hier in Iburinga ein Monasterium. Es wird zunächst ein kleines Monasterium sein. Aber ich bin mir sicher, es wird wachsen und vielleicht«, er lächelte zuversichtlich, »wird es eines Tages so angesehen sein wie euer Monasterium in Luxovium. Du wirst der Abt des Monasteriums, und die Menschen leben darin nach deinen Regeln. Denn die Ordnung, die du uns bringst, gefällt mir und auch den Einheimischen. Unter den Vorbereitungen, die du selbstverständlich treffen musst, darf jedoch der Unterricht von Friediburga nicht leiden.«

»Dazu hat allein Meister Columba das Recht. Er ist der Abt und erteilt die Befugnis an die Brüder, Klöster zu gründen«, gab Cailech gewissenhaft zu bedenken, auch wenn der Vorschlag, selbst den ersten Stein für ein Monasterium zu legen, ihm sehr schmeichelte.

»Dann frag ihn. Aber warte nicht, bis du seine Antwort erhältst. Du beginnst am besten gleich damit, Brüder und Schwestern auszuwählen und zu unterrichten!«

»Was sagen der König und die Königin dazu?«, fragte Cailech. Brunichilde war ja diejenige gewesen, die sie aus dem Monasterium in Luxovium vertrieben hatte. Warum sollte sie nun zustimmen, dass einer der Skoten hier ein neues Monasterium gründete?

»Das lass meine Sorge sein.«

»Ich kann nicht ohne die Erlaubnis meines Meisters ein Monasterium gründen. Das geht nicht«, wandte Cailech erneut ein, obwohl die Vorstellung davon in seinem Kopf erste Wurzeln schlug.

»Wer ist dein Meister?«, fragte Gunzo. »Du bist doch derjenige, der immer davon spricht, dass Chi Rho der Meister ist. Du hast das Wissen. Die Menschen lieben dich wie ihn. Gib ihnen, was sie wollen. Gründe das Monasterium!«

Das Stück Land, das Herzog Gunzo Cailech zur Verfügung zu stellen gedachte, erschien ihm als ein kleines, irdisches Paradies. Es befand sich auf einer Anhöhe über der Heilquelle. Der Lacus Brigantiae würde dem Monasterium zu Füßen liegen, und er würde die Regeln von Brig einführen. Es wäre ja nur eine ganz kleine Gemeinschaft, versuchte er, sein Gewissen zu beruhigen. Für die einfachen Menschen. Für die Bauern, Knechte und Mägde. Die Rom unterstellten Bischöfe würde davon gar nichts mitbekommen. Er, Cailech, suchte, im

Gegensatz zu seinem Lehrmeister Columba, nicht den Adel und die Könige zu erreichen. Er wollte die einfachen Menschen missionieren. Es wären genau zwölf Schwestern und Brüder, die sich hier oben ihre schlichten Holzhäuser bauen sollten. Die kleine Siedlung sollte von einer Palisadenwand umzäunt werden. Cailech plante, die Schülerinnen und Schüler nach den einfachen Prüfungen auszuwählen, die er einst selbst in seinen Anfängen durchlaufen hatte. Als Schwestern und Brüder, mit oder ohne Gefährte oder Gefährtin, sollten sie zusammenleben. Polygamie, wie es bei den heidnischen Alemannen Sitte war, würde streng verboten sein. Diejenigen, die sich nicht davon lossagen konnten, würde Cailech konsequent abweisen. Alle sollten lesen, schreiben und Latein lernen, um die heiligen Schriften zu verstehen und in der Sprache der Einheimischen weitergeben zu können. Wer gegen die Regeln verstieß, würde der Verfehlung entsprechend bestraft werden. Vielleicht würden sich sogar Schülerinnen und Schüler finden, die er nach und nach in die höheren Grade der geheimen Weisheiten einweihen konnte.

In seinem Kopf existierte das Monasterium bereits.

Die Hochzeit von Friediburga mit Sigibert nahte, genauso wie der Umzug Friediburgas nach Mediomatricum.

Es war der folgende Satz, der alles, was sich Cailech in den vergangenen Tagen in seinem eigenen kleinen Königreich aufgebaut hatte, zum Einsturz brachte.

»Ich will nicht!«, sagte Friediburga, als sie dabei waren, Sätze zu analysieren, die Cailech aus der geheimnisvollen Schrift über Maria aussuchte. Ihm war aufgefallen, dass Friediburga den Morgen über unkonzentriert war. Ihr Blick verlief sich immer wieder ins Leere. Die richtigen Worte fielen ihr nicht ein, und ihre Gedanken schweiften ab. Ihr Gesicht schien ihm viel zu ernst und zu traurig. Daher beschloss Cailech, den Unterricht am Ufer fortzusetzen.

Das Rauschen des Windes nahm zu. Auf dem See schwappten und sprangen die Wellen und setzten sich immer wieder von Neuem silbern schimmernde Schaumkronen auf, die dann zerfielen. Friediburga und Cailech beobachteten, wie sich am Hügel über dem Gutshof des Herzogs dunkle Wolken zusammenbrauten.

»Was willst du nicht?«, rief Cailech schließlich gegen das zunehmende Tosen an.

»Das Königreich von Sigibert. Ich will es nicht!«

»Was sagst du da, Friediburga? Du wirst an seiner Seite herrschen.«

Cailech sprach es nahezu tonlos aus. Es klang bedeutungslos, inhaltslos. Sie würde an der Seite dieses Kindes und unter der Herrschaft von dessen Urgroßmutter Brunichilde verkümmern und verbittern. Ihr Verstand, ihre Seele, ihr Geist, ihre Gedanken ...

Er legte seinen Arm um sie. Eigentlich sollte es eine Geste des Trostes sein. Doch plötzlich öffneten sich die Tore ihrer Königreiche – allein füreinander. Die Verriegelung, die so lange gehalten hatte, sprang jetzt ungehindert auf. Es gab keinen Widerstand mehr. Er zog Friediburga an sich, und sie schlang die Arme um Cailech. Das Gefühl, das beide jetzt erfüllte, war ein Gefühl der Erlösung, der Befreiung, der Einheit, der Gemeinsamkeit. Der Vollkommenheit. Das war kein Trösten. Das war kein Beschützen. Das war reines Verlangen. Begierde. Der Seele. Des Geistes und des Körpers. Das war die Vereinigung, der jedoch die letzte kosmische Dimension vorenthalten blieb. Es war die Einheit ohne die endliche Verschmelzung der Körper. Das war Liebe, und keiner von beiden hatte die Kraft, sich gegen die Vereinigung ihrer Seelen zu wehren. Gegen die Vereinigung der Körper kämpften sie jedoch mit aller Macht an. Cailech war sich bewusst, er verehrte diese junge Frau, ihren Körper, ihre Seele, ihren Geist. Die Anziehungskraft, die sie auf ihn ausübte, war so stark, dass sie sein Inneres ins Wanken brachte. Das Beben musste ein Ende haben. Denn nur so konnte er Friediburga schützen. Genauso wie sich selbst. Sein Geist, sein Verstand, musste die Kontrolle über seinen Körper zurückgewinnen. Vorsichtig nahm er ihr Gesicht zwischen seine Hände. »Wir wollen die Schlüssel zu den verschlossenen Toren unserer Körper nicht finden. Wir wollen die göttlichen Geheimnisse dahinter nicht enthüllen.«

Die ersten Regentropfen spürten sie nicht. Doch mit einem Mal folgten Windstoß, Blitz und Donner unmittelbar aufeinander.

Sie rannten gemeinsam den schmalen Pfad entlang, vorbei an der Heilquelle, steil den Berg hinauf zu dem Ort, wo das kleine Monasterium entstehen sollte, und weiter zu den Gehöften und dem Landhaus des Herzogs.

Cailech lieferte Friediburga ab, ließ dem Herzog über einen der Knechte ausrichten, dass Columba dringend nach ihm verlangte und er sich umgehend auf den Weg nach Arbor Felix begeben müsse.

Arbor Felix – Arbon

Wilimar

Columba beobachtete, wie Hiltibold die Zutaten für das Bier in den brodelnden Kessel gab. Er achtete mit Argusaugen darauf, was der Bruder hineinmischte. Meister Wilimar, der seinerseits Columba beobachtete, sagte, und seine Wortwahl ließ darauf schließen, dass er die Sprache ihrer gemeinsamen Vorfahren, der Briganten von den britannischen Inseln, weiterhin pflegte: »Wir dürfen es an der Oberfläche nicht zeigen, aber hier unten hüten wir die Riten und Gebräuche unserer Ahnen.« Wilimar nahm Hiltibold den großen Holzlöffel ab, füllte ihn, führte ihn zum Mund und blies mehrmals kräftig. Der Dampf stieg unermüdlich auf, um sich dann zu verflüchtigen. Schließlich nahm Wilimar einen Schluck und prustete: »... heiß ...« Er schöpfte erneut, blies weitere Male, um dann das Getränk auf der Zunge zergehen zu lassen. »Ausgezeichnet. – Koste auch, Columba«, forderte Wilimar den Skoten auf, »aber verbrenn dir nicht die Zunge!« – Wilimar überreichte Columba den Löffel, kratzte sich dann am Kopf, auf dem die Haare dicht und fest wuchsen und formulierte bedachtsam: »Unsere Wachsamkeit hat ihre Gründe, wie du dir denken kannst. Daher trage ich auch nicht die Tonsur unserer alten Weisen! Es ist zu gefährlich. Die Zeiten lassen es für uns hier in Arbor Felix nicht zu.«

Nachdem Columba mehrere Schlucke des Biers genommen hatte, nickte er anerkennend. Schließlich sagte er, während er den Löffel an Cailech weiterreichte: »Nirgends steht geschrieben, dass wir uns den Kopf so wie unsere Ahnen, die Magier und Druiden, scheren müssen. Nicht jeder, der dazu befugt ist, trägt diese Haartracht.« Er blickte zu Cailech, der jetzt den Löffel in den Kessel tauchte und darin rührte. Die Haare des

Bruders waren mal zur Hälfte rasiert und dann wieder, so wie jetzt, am ganzen Kopf nachgewachsen.

Cailech war am vorangegangenen Tag mit der Fähre aus Iburinga über den See gekommen und wieder zu ihnen gestoßen. Columba hatte keine Fragen gestellt, denn die Veränderung des Bruders, die nicht nur sein Äußeres, sondern auch sein Inneres betraf, war offensichtlich. Nun, er, Columba, würde darauf warten, dass Cailech zum Beichten käme. Denn dass dieser empfindsame Bruder bald das Bedürfnis haben würde, sich eine schwere Last von der Seele zu reden, war unübersehbar.

Arbor Felix, das später Arbon heißen sollte, war einst ein römisches Militärlager. Das ehemalige Kastell thronte auf einem Felssporn und ragte machthungrig in den See hinein. Innerhalb der Mauern und von trutzigen Türmen bewacht, herrschte reges Treiben. Wilimar hatte in einem der unterirdischen Räume, welche die Römer zum Heizen für ihr Bad nutzten, eine Septa secreta eingerichtet. Nur die Eingeweihten wussten von der geheimen Klappe, die zu den Stufen hinunterführte. Die Septa secreta war ihr Kultraum. Sie hatten ihn mit ihren traditionellen Ritualen betreten, Zeichen und Gesten aufeinander abgestimmt sowie kultische Gesänge angestimmt. Jetzt tauschten sie sich aus, über ihre gemeinsamen britannischen Ahnen, ihre Vergangenheit, ihre Reise und ihre Mission. Ihre Vorfahren hatten schon vor mehreren Jahrhunderten das Christentum und die alten heiligen Weisheiten von den Inseln am Rande der Welt an den Lacus Brigantiae gebracht. Wilimar und Hiltibold gehörten als Hüter der geheimen Weisheiten zu den Eingeweihten der nachfolgenden Generationen.

Über die Jahrhunderte hinweg war es Teil der Verpflichtungen der Hüterinnen und Hüter, die alle die oberen Weihen der Bruderschaft erhalten hatten, Verbindungen zu den Kreisen der Herrschenden, seien es Grafen, Tribunen, Präfekten, Herzöge oder der König selbst, zu pflegen. Auch Frauen, wie später Beata oder Theudala, sollten bei entsprechender Eignung in ihre Mission eingeweiht werden. Viele ihrer Anhänger standen in verwandtschaftlicher Beziehung zu den Agilolfingern und dem langobardischen Königshaus in Papia und somit zu den Arianern.

»Was hältst du von Brigantium als Gründungsort für ein Monasterium, Wilimar?«, fragte Columba, während seine Augen in dem Kessel mit dem vom Rühren kreisenden Bier versanken. Er schien darin die Vergangenheit zu suchen, um von dort aus seinen Visionen eine freie Sicht zu geben. »Es gibt dort eine Kultstätte unserer Ahnen, und die Stadt trägt den Namen unserer Göttin Brigantia. Wir sind geneigt, dort ein Monasterium nach dem Vorbild unserer Lehrmeisterin Brig zu gründen. Ein Monasterium für Männer und Frauen.«

»Erkundet das Gebiet, Columba«, empfahl Wilimar. »Überzeugt euch davon, dass es geeignet ist. Hiltibold wird euch begleiten. Ich werde inzwischen Herzog Gunzo um die Erlaubnis ersuchen.«

Als der Name Gunzo fiel, stieg Cailech das Blut in den Kopf, das ohnehin in Wallung war. Er rührte und rührte das brodelnde Bier, das immer ausgelassener herumwirbelte, sprudelte und schäumte. Seine Gedanken gerieten für die nächsten Herzschläge außer Kontrolle. Da war sie wieder. Da stand sie wieder vor ihm. Lächelte. Fragte. Schmiegte sich an sein Herz und an seine Seele, und in seinen Vorstellungen erschien sie ihm wie ein Wesen aus einer anderen Welt.

Er musste Friediburga aus seinem Gedächtnis verbannen.

Brigantium – Bregenz

Die Tragödie

Schon am nächsten Tag saßen sie bei den Ruderknechten im Boot, fuhren quer über den See und landeten am Ufer von Brigantium.

Enttäuschung machte sich breit. Brigantium kam einer Stadt gleich. Es lag an den einst von den Römern gebauten Straßenzügen, die Augsburg, Augst und Chur mit Mailand verbanden. In diesem Ort waren viel zu viele Menschen unterwegs. Die Kultstätten der Briganten, auch diejenigen, die einst der Verehrung von Brigantia dienten, waren gedankenlos vernichtet worden. Im Gegensatz zu Luxovium und Iburinga gab es hier noch nicht einmal eine heilende Quelle. Die Einwohner, die Sueben, töteten die Vögel und wild lebenden Tiere ohne Ehrfurcht, genauso wie sie ohne Besprechungen Bäume fällten oder Kräuter pflückten.

Jeder schien eine andere Sprache zu sprechen: römische Dialekte, Alemannisch, Lateinisch, Rätisch – es herrschte ein babylonisches Stimmengewirr. Das Leben spielte sich rastlos zwischen den Trümmern römischer Bauten ab.

»Es wartet eine Menge Arbeit auf uns«, stellte Columba fest und raufte sich das lange, weiße Haar an seinem Hinterkopf.

Die Kultstätte der Britannin Aurelia, die einst mit Ursula und weiteren Gleichgesinnten von Britannien ausgezogen war, um zu missionieren, lag in Vicus, am Stadtrand von Brigantium.

»Was ist das?«, fragte Atala, als sie das Oratorium betraten, das, so wurde es von Mund zu Mund weitergegeben, Aurelia errichtet hatte.

»Das sind Götzenbilder! Schmeißt sie weg! Zerstört sie! Die haben hier nichts verloren!«, rief Columba gereizt. Die Stadt und die vielen Menschen gefielen ihm nicht. Ihre Hektik und die Gottlosigkeit, die dort herrschte, stimmten ihn wütend. Mehr und mehr überfielen den Meister nicht nur Schwermut, sondern auch Groll und Hader bemächtigten sich seiner. Er verbitterte zunehmend. So schwand auch nach und nach Cailechs Verehrung, die er einst für den Meister, seine Geduld und sein Verständnis empfand. Hatte nicht Columcille, der Abt der Äbte, von einer Mission ohne Zwang gesprochen, und Columba dessen Worte immer wieder in Erinnerung gerufen? »Zieht los, findet es heraus, und helft bei der Rettung des Weltkörpers. Die im Irrtum sind, werden sonst die Macht übernehmen, und das mit Zwang. *Wir* aber zwingen niemand! *Wir* wenden keine Gewalt an. *Wir* überzeugen die Menschen mit unserem Wissen. *Wir* lehren die Gerechtigkeit im Namen des Herrn der Elemente, unseres obersten Druiden, der Χ ρ η σ τ ó ς, k h r ç s t ó s genannt wird. Darauf schwören wir.«

Es gehörte zu ihrer Mission, den Riten der Einheimischen mit Feingefühl entgegenzutreten und ihnen nach und nach beizubringen, dass sie keine Bilder anbeten sollten, sondern allein den einen Gott, der in allem wohnte. So nahmen Atala und Cailech die Idole vom Kulttisch, zerstörten sie aber nicht, sondern stellten sie in eine dunkle Ecke. Dort würden sie keine Beachtung finden.

Das Misstrauen, das ihnen die Einwohner entgegenbrachten, während die Schwestern und Brüder von der Insel am Rande der Welt ihre kleinen Holzhütten bauten, während sie sangen, mit den Handglocken zu ihren kultischen Versammlungen und zum gemeinsamen Essen riefen, war für sie nichts Ungewöhnliches.

»Sprich mit ihnen, Cailech! Erkläre ihnen, was wir hier tun. Predige ihnen! Du sprichst ihre Sprache am besten«, befahl Columba immer wieder.

Cailech jedoch gelang es nicht, einen klaren Gedanken zu fassen. Er starrte in die Gesichter der Einheimischen, die zurückstarrten. Es fehlten ihm die Worte. Er fühlte sich leer und ausgelaugt. All das Wissen, das sein Gehirn aufgenommen hatte, all die Erfahrungen, die es gesammelt hatte, all die Energie, die seine Seele einst versprüht hatte, all das versank in einer tiefen Müdigkeit. Sein eigenes Königreich schien bettelarm.

Sie waren nun schon einige Monde in Brigantium und entschlossen sich dazu, die Einheimischen beim nächsten Fest, es war das der Winter-Tagundnachtgleiche, einzuladen.

Der frühherbstliche Nebel zog über den See und hüllte ihre Hütten in eine klamme Feuchtigkeit. Der Lacus Brigantiae verschmolz mit der Luft und war kaum zu erahnen. Das Laub an den Bäumen war in goldene und rötliche Farben getaucht.

Columba hatte das aus der Gerste gebraute heilige Bier anlässlich der Feierlichkeiten mit geheimen Zutaten vermischt. Das Getränk der Göttin Brigantia war von der rotgoldenen Farbe, welche den heiligen See kostbar kleidete, wenn sich die Sonnenstrahlen ungehindert am Ende des Tages auf ihm zur Ruhe legten. Nicht jedoch an jenem nebligen Herbsttag.

Bald brach die Finsternis herein. Weder der Mond noch die Sterne waren zu sehen.

Sie hatten Holz gesammelt. Das Läuten ihrer Handglocken drang durch den Nebel und rief zum Psalmensingen. Die Gefährten zelebrierten ihre Rituale so, wie sie es im Jahreskreislauf stets taten, und in der gleichen Weise wie schon auf ihrer Insel am Rande der Welt. Sie entzündeten ein großes Feuer und sangen gemeinsam Psalmen. Immer wieder ermutigten sie die zaghaften Einheimischen, näher zu kommen. Sie teilten mit ihnen die Brixiolae und überließen ihnen die über dem Feuer gebratenen Fische, die sie für die Gäste im See gefangen hatten. Langsam schwanden die Scheu und das Misstrauen der Männer, Frauen und Kinder, und sie mischten sich unter die fremden Brüder und Schwestern. Gemeinsam tanzten sie nach den Bildern, die die Sterne hinter dem Nebel vorgaben. Auch Cailech hatte durch die Wirkung des heiligen Getränks von Brig lichte Momente. Er erzählte Geschichten, welche die Alemannen, aber nicht die Räter verstanden, und gab ihnen zur allgemeinen Erheiterung Rätsel auf. Er dachte an die Zuhörer am Ufer von Iburinga und stellte sich vor, Friediburga wäre unter ihnen. Er redete von Chi Rho und dessen Gefährtin Maria und davon, dass der Retter allein ihr alle seine Geheimnisse anvertraute. Die Menschen hingen an seinen Lippen.

Endlich, dachte Columba, der ihn beobachtete, endlich hat er sich wiedergefunden. Endlich lebt sein Verstand wieder auf und befreit ihn aus seiner Melancholia. Noch hatte Cailech nicht gebeichtet. Noch kannte Columba nicht den Grund für Cailechs Missmut, für seine Traurigkeit, seinen immer wieder aufwallenden Zorn, seine Ungeduld, die seit seines Aufenthalts in Iburinga die Macht über seine Seele übernommen hatten. Was war mit ihm geschehen? Inzwischen stimmten auch die Einheimischen mit Worten, die sie nicht verstanden, in das Lied von Brig ein. Wie damals auf der heiligen Insel Iona, als der endgültige Abschied von ihrer Heimat nahte – der Abt der Äbte, Columcille, hatte inzwischen das Feuer zum ewigen Leben durchschritten –, sangen sie das Lied vom See voller Bier. Es war Brigs Lied, und die Äbtissin konnte es nur in Gedanken an den Lacus Brigantiae verfasst haben, waren sich die Skoten sicher:

Ich würde Gott gern einen See voll mit Bier gereichen.
Gern würde ich den himmlischen Gast für alle Ewigkeit damit berauschen.
Ich würde den Himmel in einen fröhlichen Ort verwandeln.
Weil nur ein glückliches Herz die Wahrheit ist.
Ich würde die Männer mit sich selbst zufrieden machen,
Ich wollte, dass der Menschensohn auch mich liebt.
Ich würde die Frauen und vor allem die berühmten drei Marien willkommen heißen.
Ich würde mit Männern, Frauen und Gott
an dem See voller Bier sitzen.
Wir würden auf die ewige Gesundheit trinken,
und jeder Tropfen wäre ein Gebet.

Gemeinsam sangen sie und tranken auf Brig, Brigantia, Maria, Chi Rho und all das Göttliche, das der eine Gott geschaffen hatte und das die eine Göttin mit ihren Flüssen und Gewässern nährte, und auf den Verstand, den der Menschensohn gemeinsam mit der Menschentochter retten wollte.

Plötzlich rief einer der Einheimischen: »Wodan!« Er war im Rausch und tanzte sich in Ekstase. Immer wieder rief er lauter und lauter Wodans Namen, und mehr und mehr fielen die anderen ein. Ein Wirbel des Unheils, ein Sog des Untergangs entstand.

Cailech schrak aus seinem Rausch auf, als er das orgiastische Verhalten der Einheimischen in der Finsternis bemerkte. Ihm wurde schlagartig klar, dass es an der Zeit war, diesen Barbaren vom Stamm der Sueben, die wohl nichts verstanden hatten, zu zeigen, dass das Maß voll war. Doch je mehr sie die berauschte Gesellschaft zu besänftigen suchten, je mehr sie mit beruhigenden Worten auf sie einsprachen und je mehr sie die Männer und Frauen auseinandertrieben, desto aufgebrachter wurden die Einheimischen. Mit maskenhaft verzerrten Gesichtern, die im Schein des Feuers teuflisch aufblitzten, hoben sie ihre Gewänder, zeigten schamlos ihre Männlichkeit und Weiblichkeit, frohlockten und suchten einen Gegenpart. Ehe sich die Schwestern und Brüder versahen, hatte einer, der sich Priester nannte, eine Axt zur Hand. Das laute Meckern ging in einen Todesschrei über und verstummte mit einem Mal. Das Blut spritzte, und die eingefangene Ziege war geköpft. Der Kopf landete in dem Kessel mit Bier. Das Oratorium wurde gestürmt. Sie zogen die Bildnisse aus der dunklen Ecke, küssten sie und huldigten ihnen. Sie flehten Wodan an ... Wodan, diesen Gott, der grausame Opfer verlangte. Voller Zorn entriss Cailech ihnen das Götzenbild, rannte damit zum Ufer des Sees, zertrümmerte es und warf die Überreste wutentbrannt in das Wasser der Göttin. Sie versanken in der Tiefe. Von allen Seiten fielen die Sueben über Cailech her. Sie packten ihn an der Kehle, schlugen und traten ihn. Er brach zusammen, hustete, würgte und wälzte sich am Boden. Einer hob die Axt, und sie schwebte bedrohlich über Cailechs Haupt. Atala und Chagnoald erfassten, laut um Hilfe schreiend, die lebensgefährliche Situation. Gemeinsam mit Domoalis und Equonanus gelang es ihnen, dem Mann die Axt zu entreißen und die Angreifer abzulenken, um Schlimmstes zu verhindern. Ungeachtet der Vorfälle in der Dunkelheit tanzten die Einheimischen ausgelassen um das Feuer mit dem Bierkessel, in welchem jetzt der Ziegenkopf brodelte. Der Rausch und der Tanz versetzten sie in Ekstase. Da erhob Columba seine tiefe, dröhnende Stimme. Sie schallte den Berg und die Felsen hinauf. Er schrie, der Satan, der Teufel befände sich in dem Kessel und das Böse würde jeden, der sich dem Übermaß hingegeben hatte, ergreifen und mit seinen dunklen Kräften vernichten. Der Teufel säße schon in einzelnen Hirnen und jeder, der nicht mehr geradeaus laufen könne, wäre vom Satan besessen. Wer ihm jedoch zuhöre, dem würde allein Columbas Atem helfen, das Böse zu vertreiben. Kaum einer verstand, was Columbas furchterregende Stimme verkündete. Columba rief nach Cailech, der immer noch am Boden kauerte, und befahl ihm, das Gesagte in die Sprache der Einheimischen zu übersetzen. Cailech, selbst vom teuflischen Rausch erfasst und daher keine Schmerzen verspürend, rappelte sich auf und tat schwankend, was Columba ihm befohlen hatte.

In den nächsten Tagen folgte die Buße. Die Reue. Die Strafe. Die Suche. Die Verzweiflung. Die Trauer.

Cailech begab sich nach den niederschmetternden Vorkommnissen in die Einsamkeit der Dunkelheit. In einen dicken Wollumhang gehüllt, fand er auf dem nächtlichen See die Stille und Ruhe, nach der er sich sehnte. Der Mond zeigte sein schmales Lächeln. Die Sterne leuchteten. Cailech warf seine Netze in den See und suchte in seinem Innern nach der Ordnung, die der Kosmos barg. Auf dem dunklen See der Göttin verschwammen Mikrokosmos und Makrokosmos. Brigantia, die Göttin der Wahrheit, die in den Flüssen und Seen des

Weltkörpers wohnte, schien greifbar nah. Hier vereinte sich der Gott mit der Göttin. Hier fühlte Cailech sich wie in seiner Heimat.

Wer kannte die Geheimnisse der Tiefen des Sees oder des Universums wirklich? Die Druiden? Columba? Wie viel Druide, wie viel vom Hüter der heiligen Weisheiten steckte seit dem Verlassen ihrer Insel am Rande der Welt noch in Columba? Mehr und mehr verbot er, den geheimnisvollen Tiefen auf den Grund zu gehen. Er verbot es, den einen Gott, der in allem wohnte, zu hinterfragen. Er sagte, keiner dürfe Gottes Wesen und den Ursprung seiner Existenz erforschen. Denn das sei nicht möglich. Er sagte, man müsse zuerst die sichtbare Welt der Natur erkunden, um die Ordnung und die darin befindlichen Harmonien zu erkennen. Ließ das die Frage nach den Zusammenhängen zwischen den Gestirnen im Makrokosmos und dem Leben im Mikrokosmos noch zu? – Aber genau diese Frage war ja Bestandteil der heiligen Weisheiten. Columba sagte, Gott sei Vater, Sohn und Heiliger Geist, alles sei ein Gott. Cailech überlegte. Sah Columba Chi Rho nicht mehr als Mensch? – Die Auffassung von der menschlichen Natur von Chi Rho wurde ja von den Amtsträgern der römischen Kirche als häretisch verurteilt. Niemals hatten sich die Schwestern und Brüder Konzilsbeschlüssen unterworfen, die ihrer Auffassung widersprachen. Hatte Columba seine Ansichten geändert und sah nunmehr in Chi Rho allein die göttliche Natur?

Plötzlich spürte er einen Ruck im Boot. Eines der Netze spannte sich. Dann hörte er Stimmen. »Hier bin ich«, rief es auf der einen Seite. »Hier bin ich«, erklang eine weitere tiefe Stimme aus der Dunkelheit. Anschließend war da nur noch ein leises Gluckern zu vernehmen. Vor das schmale Lächeln des Mondes schoben sich Wolken, und es herrschte düsterste Finsternis. Cailechs Herz begann heftig zu hämmern.

»Wer ist da?«, fragte er in die Dunkelheit des Sees, ohne genau zu wissen, in welche Richtung er sich wenden sollte. »Was wollt ihr?« Er sprach in der Sprache der Einheimischen, doch die einzige Antwort, die er zunächst erhielt, war das Plätschern des Sees. Er zog eines der Netze an Bord und stellte fest, dass es zerschnitten war.

»Fremdlinge«, riefen die Stimmen schließlich. »Geht weg von hier! Verschwindet! Wagt es nie wieder, unsere Götter zu beleidigen. Geht! Haut ab!« Als er nicht mehr weit vom Ufer entfernt war – das ewige Feuer, das sie bei ihrer Siedlung hüteten, zeigte ihm den Weg zum Land –, erschall Gejohle und Geschrei aus den Bergen. Es war ein gespenstischer nächtlicher Spuk, der sich fortsetzte, als drei nackte Weiber über Cailech herfielen.

Die Katastrophe erreichte am nächsten Tag ihren Höhepunkt. Equonanus und Lua waren ausgezogen, um eine verschwundene Kuh zu suchen. Die beiden waren inzwischen zu Gefährtin und Gefährte geworden. Mehr und mehr hatten sich ihre Seelen vereint, und immer wieder streiften sie gemeinsam durch den Wald. Lua war Equonanus beim Laufen eine Stütze, denn mehr und mehr wurde sein Pferdefuß zu einer Last. Equonanus kümmerte sich im Gegenzug einfühlsam um Lua. Nie trat er ihr zu nahe. Immer hielt er so viel Abstand, wie sie benötigte, um sich wohlzufühlen. Irgendwann suchte Lua seine Hand und fand sie. Das Verschlingen ihrer Finger bedeutete mehr als das Stützen oder das Halten. Es war ein Zeichen der innigen Verbundenheit ihrer beider Körper und Seelen. Seither meisterten sie als Gefährtin und Gefährte gemeinsam ihr Leben im Kreis der Schwestern und Brüder.

Beide sollten an diesem Morgen nicht lebend wiederkommen. Gleichfalls auf der Suche nach der Kuh durchquerten Domoalis und Chagnoald den die Siedlung umgebenden Wald. Sie stießen auf die toten Gefährten. Offensichtlich waren sie auf grausame Weise ermordet worden. Die Speere steckten noch in den Leibern. Unter lautem klagenden Gesang brachten sie die Körper in ihr kleines Monasterium. In den folgenden Tagen nahmen sie im Einklang mit ihren Ritualen Abschied von Equonanus und Lua. Ihre Seelen wanderten nun durch das Feuer, welches die Sonne und das Licht verkörperte. Von diesem sollten sie, so Columba, nach dem Ausmaß ihres Leidens sowie nach den guten und bösen Taten während ihres irdischen Daseins beurteilt werden, um dann in den Kreislauf des ewigen Lebens einzugehen. Es waren gute Seelen. Sie hatten viel Leid auf sich genommen und viele gute Taten vollbracht. Columba war sicher, dass sie gemeinsam im ewigen Glück des Paradieses weiterleben würden.

Die verheerenden Auswirkungen jener Nacht offenbarten, was der achtlose Umgang mit dem heiligen Wissen bei Nichteingeweihten auslösen konnte. Als Hüter der Kräfte der Pflanzen machte sich Columba schwere Vorwürfe. Warum hatte er die drohende Gefahr nicht aufziehen sehen? Er gab sich die Schuld an der Ermordung von Equonanus und Lua. Immer wieder schlug er mit der Haselnussrute auf seinen bloßen Rücken ein. Das Blut strömte. Der selbst zugefügte Schmerz konnte nicht groß genug sein.

Wann und wie ihn die Nachricht von Herzog Gunzo ereilte, wusste er im Nachhinein nicht mehr. Es stand darin, dass sie umgehend Brigantium verlassen sollten. Die Einheimischen hätten sich beschwert, sie, die Fremdlinge, würden ihnen durch ihre Gesänge und das Glockengeläut das Wild und die Vögel vertreiben und damit die Jagd verderben. Von den Vorfällen in jener Nacht war keine Rede.

Dem Schreiben war eine Empfehlung des Herzogs an den Hof von Königin Theodelinda und König Agilolf in Papia beigefügt. Bevor Columba zum Aufbruch rief, zog er sich zum Fasten in die Einsamkeit seiner Höhle zurück. Er rauchte den Beifuß, der seinen Geist öffnen sollte, und suchte bei dem einen Gott nach Antworten. Er spannte seinen von Striemen überzogenen Rücken an und saß aufrecht auf dem felsigen Höhlenboden. Er kontrollierte seinen Atem, sog mit der Nase tief die Luft ein, ließ sie durch seinen Körper fließen und durch den

Mund sanft wieder entströmen. Sein Nabel bildete das Zentrum, nicht nur seines Bauches, sondern seines ganzen Körpers – ein kleines Loch in einer knochigen Mulde. Einst verband ihn an dieser Stelle eine Schnur mit der Mutter.

»Geh nicht, Calman!«, hörte er plötzlich das Flehen der Mutter, damals im Monasterium der Brig, als sein Bart zu sprießen begann und seine Stimme tiefer wurde. Es war höchste Zeit, das mütterliche Nest zu verlassen, so wie es viele Kinder schon mit sieben oder acht Jahren getan hatten, um von ihren Verwandten aufgezogen zu werden. »Geh nicht!«, flehte sie ihn wieder und wieder an. »Du bist mein Fleisch und mein Blut. Du bist in mir gewachsen. Ich habe dich geboren und habe dich genährt, hier auf dieser Erde, auf der du stehst.« Mit tränenden Augen warf sie sich auf die Schwelle der weit geöffneten Tür ihrer schlichten Rundhütte.

»Nein, Mutter«, antwortete Columba mit fester Stimme. Seine jugendlichen Gesichtszüge verhärteten sich. Sein Blick starrte über sie hinweg in die Ferne. »Du kannst mich nicht aufhalten. Du kannst mich nicht daran hindern, durch diese Türe zu gehen. Du hast mich genährt, damit ich das tue, was ich tun muss. Ich muss dich verlassen, ich muss in ein anderes Monasterium, um mehr vom Leben zu erfahren. Um andere Bücher und andere Lehrmeister und Lehrmeisterinnen kennenzulernen. Der Abt, verstehst du, der Abt, er ruft nach mir, Mutter! Er hat mich ausgewählt ...« Seine Brust schwoll bei dem Gedanken und plusterte sich auf wie der Brustkorb einer Taube. Die Mutter kauerte noch immer am Boden. Der Sohn sprang mit einem Satz über sie und trat hinaus in den stürmischen Wind, der durch die steinerne Siedlung des Monasteriums von Brig wehte.

Durch die Nabelschnur, die ihn einst mit der Mutter verband, floss das Leben, genauso wie der Wille zu leben. Die Abtötung des Willens, so hatte er später gelernt, hatte einen dreifachen Sinn:

Nicht mit der Seele im Streit leben.
Die Zunge im Zaum halten.

Den Zorn nicht zulassen.

Doch für all das benötigte man den Willen. Das Abtöten machte also keinen Sinn.

All das, was geschehen war, war aus der Willenlosigkeit heraus entstanden: der Ungehorsam, das Chaos, die Respektlosigkeit, die Begierde, die Unzucht.

Die Ordnung, das Leben im harmonischen Kreislauf des Universums, der Gestirne, der Pflanzen, der Tiere war in jener katastrophalen Nacht ins Chaos gestürzt. Demut und Sanftmut, wovon sie stets predigten, lösten sich in Luft auf. Die Zügellosigkeit führte dazu, den Verstand zu verlieren, und das Unheil übernahm die Macht. Doch der Verstand, das X, das Chi, von dem Chi Rho predigte, musste einer Ordnung angehören, musste strengen Regeln unterworfen werden. Denn nur wenn der Verstand geordnet war, dann war es auch der Körper, nur dann waren auch die Handlungen rein.

Schließlich erlag Columba wirren göttlichen Träumen, welche die Öffnung seines Geistes durch das Kraut mit sich brachten.

»Meister ...« Es war Cailechs tonlose Stimme, die ihn weckte. »Meister, ich möchte mein Gewissen reinigen. Hilf mir! Ich brauche Erleichterung.« Mit aller Macht suchte Cailech, seine Verzweiflung und die Tränen, die sich in seinen Augen sammelten, zu verbergen.

Columba, dessen Seele selbst nach Hilfe schrie, schwieg. Sein Gesichtsausdruck zeigte eine tiefe Verbitterung. Cailech teilte ihm mit, dass er sich entschlossen habe, seine eigenen Wege zu gehen. Seine Seele sei erkrankt. Sein Körper sei schwach. Er könne die beschwerliche Reise über die Alpen nicht bewältigen.

Je mehr Worte Cailech verlor, desto tiefer verfinsterten sich Columbas Gesichtszüge, bis sie starr wurden und versteinerten. Seine von der Sonne gebräunte Haut wurde fahl und verschmolz mit dem Grau der Felsen um ihn herum.

Schließlich presste er mit rauer, leiser Stimme zwischen den Lippen hervor: »Cailech, du hast die Kontrolle über deine Gedanken verloren. Die verbotene Begierde ist eine schwere Sünde. Wen oder was auch immer du begehrst, erwähne es mir gegenüber nicht. Schweige! Behalte es für dich! Du bist für dich selbst und deinen Zustand verantwortlich. Nur du hast die Kraft. Entweder du tötest deinen Willen zur Sünde ab und folgst uns, oder du ziehst deiner Wege. Aber dann ...« Seine Stimme versagte. Die Glut, die einst sein inneres Feuer zum Lodern brachte, erlosch vollständig und sein Blick verlor sich in der Dunkelheit eines Mauselochs. Er atmete schwer, holte tief Luft und fügte schließlich entschieden hinzu, »vollziehst du im Namen deiner Ahnen und in unser aller Namen, die wir auf die heiligen Weisheiten geschworen haben, keine kultischen Handlungen mehr! Geh mir jetzt aus den Augen! Geh und erkenne deinen Weg, sonst wirst du ein Opfer des Irrtums!«

Es war genug. Die letzten Tage hatten Columba alles abverlangt. Und jetzt verließ ihn auch noch der Schüler, den er zu seinem Erben und Nachfolger auserkoren hatte, der Sohn seiner Schwester, der Sohn seiner Seele. Was auch immer Cailech am Hof des Herzogs von Iburinga erlebt hatte, Columba wollte es nicht wissen. Zum ersten Mal in seinem Leben verweigerte er es, einem Menschen bei der Erleichterung der Seele behilflich zu sein. Die Enttäuschung, die Cailech ihm durch die Trennung zufügte, verwandelte sein Herz in einen Stein. Da waren nur noch Leid und Qual und der Glaube an die ewige Freude beim Eintritt in den Kreislauf des ewigen Lebens.

Am nächsten Tag war Cailech weg.

Columba kehrte verändert in ihre kleine Siedlung zurück. Strenger und unerbittlicher. Er verlangte mehr Zucht und Gehorsam denn je. Er verlangte mehr Schweigsamkeit, mehr Ruhe, mehr Stille. Das Essen wurde rationiert. Es gab Kohl, Gemüse und Mehlsuppe mit Brot. Nie im Übermaß.

Obwohl Winter und Kälte hereinbrachen, beschloss Columba, dass sie loszogen, um sich der Herausforderung der gefährlichen Alpenüberquerung, der Gewalten der Natur, der Schluchten, der Ströme, der Schneestürme, der eisigen Kälte und der zunehmenden Dunkelheit zu stellen.

Nach dem schmerzlichen Verlust der Gefährten und dem Fortgang Cailechs übten sich die Schwestern und Brüder in tiefer Demut. Vielleicht waren sie sogar froh darüber, dass Columba ihnen den Weg des Gehorsams, des Schweigens und des Fastens wies. Sie alle waren bereit dazu, die Mühsal der Reise auf sich zu nehmen, um Buße zu tun und ihr Gewissen zu erleichtern. Sie waren dankbar, sich auf Columbas Weisheit verlassen und ihm vorbehaltlos folgen zu können. Er war das Haupt ihrer Gemeinschaft, so wie Chi Rho das Haupt aller Menschen des Weltkörpers war.

Atala war stets an Columbas Seite. Sie spürte, wie sehr er litt, sei es wegen der grausamen Ermordung von Equonanus und Lua oder weil Cailech ihn verlassen hatte. Sie bemühte sich, ihn auf andere Gedanken zubringen.

»Wir werden Theodelinda sehen«, versuchte sie, ihn aufzumuntern. »Wir werden endlich die geheimnisvolle Schrift entschlüsseln. Eine aufregende Zeit liegt vor uns. Wir haben immer noch unsere Mission, den Weltkörper zu retten. – Mehr denn je. Du darfst das nie vergessen, Meister!«

Jeder erfüllte eine Aufgabe, und das Zusammenspiel ergab eine harmonische Bewegung. In der Gemeinschaft, gestärkt durch die regelmäßigen Psalmengesänge, lag die unerschöpfliche Kraft, um in den Schneestürmen, der eisigen Kälte, dem strömenden Regen und in der Dunkelheit der schroffen Gebirgszüge zu überleben. Mit den Verirrungen, Verwirrungen und Verwehungen ihres Weges würde die Reise dem menschlichen Leben gleichen, predigte Columba immer wieder. Es sei gefürchtet, flüchtig, gefährlich, bewegend, unsicher, selten leicht, oft verführerisch, verachtenswert und dann wieder liebenswert oder trügerisch – mal freudig, mal traurig. Mal dunkel.

Mal hell. Mal schattig. Mal sonnig. In jedem Fall sei es vergänglich und eine Vorbereitung auf das ewige Leben.

»Das vergängliche Leben ist ein Schatten, es ist wie ein Traum, aber das ewige Leben ist das Licht, die Wahrheit«, sagte Columba und fügte hinzu: »Habt nicht vor Augen, was ihr seid, sondern was ihr sein werdet!«

Im Wald

Die Bärin und ihr Kind

Cailech kehrte zurück zu Wilimar. Er erreichte Arbor Felix krank an Leib und Seele. Die Gefährten nahmen ihn auf, pflegten und umsorgten ihn, und bald kam der Bruder zu neuen Kräften. Er fühlte sich täglich wohler. Irgendwann spürte er sogar eine Befreiung. Er verspürte Erleichterung. Endlich konnte er seinen eigenen Weg gehen. Seinen Gedanken freien Lauf lassen. Seiner Intuition folgen. Denn bis zu jenem Augenblick, als er sich von Columba trennte, hatte er diesem Gehorsam geleistet. Gleichgültig, wie seine eigenen Vorstellungen vom Leben aussahen. Er sollte jegliches Vergnügen der Welt meiden. Mehr und mehr forderte Columba das Leiden im irdischen Dasein. Nur dann, so prophezeite er lauter und lauter, sturer und sturer, würde man die Prüfung durch das Feuer bestehen und in das wahre, ewige und allein selig machende Leben eintauchen. Diese Vorstellung kam zwar der ihrer Ahnen von der Wiedergeburt der Seelen gleich, doch diese hatten auch das Leben auf Erden zu würdigen gewusst.

Cailech würde nun seinen aus den Studien und Erfahrungen gelernten Weisheiten folgen und eigene Schlüsse daraus ziehen. Zunächst suchte er die Einsamkeit. Er wollte fasten und allein sein. Immer noch wohnte Friediburga in seinen Gedanken. Sie lebte darin mit ihrer geheimnisvollen Selbstverständlichkeit, mit ihrer rätselhaften Hartnäckigkeit und liebkoste und quälte sein Inneres gleichermaßen. Vertreiben ließ sie sich nicht. Immer wieder gab er sich Fantasien hin, in denen sie vorkam – doch es waren nur Träume, vielleicht vergleichbar mit den Mythen und Sagen ihrer Ahnen, welche die Druiden mystisch ausmalten. Die Königstochter, die sich in den Sklaven verliebte.

Der Druide, der der Magd seine Liebe bekannte. Und jetzt hatte es ihn, Bruder Cailech, und die künftige Königin erwischt. Columba würde ihn für seine Hirngespinste verurteilen und maßregeln. Denn nur ein reiner Geist konnte einen reinen Körper bewohnen. Doch die Gedanken und Erinnerungen an Friediburga verliehen Cailech auch Kraft. Sie schenkten ihm eine Freiheit, die er im täglichen Leben nicht vorfand.

Cailech beschrieb Hiltibold den Ort, den er suchte.

Sie zogen los und folgten den Spuren der Tiere.

Warum sollte man sich die Natur untertan machen, überlegten sie gemeinsam. Die Natur war, wie sie alle, ein Teil des Weltkörpers. Die Tiere gehörten genauso wie die Pflanzen zu den Lehrmeistern, die den Verstand der Menschen bereicherten.

»Pssst!«, flüsterte Hiltibold plötzlich, blieb abrupt stehen und prüfte die großen Spuren, die den Abdrücken von riesigen Menschenfüßen glichen. »Ein Bär. Ganz in der Nähe. Wir sollten eine andere Richtung einschlagen.«

»Nein«, entschied Cailech leise, »wir gehen weiter! Ich habe lange keinen mehr gesehen.« Die Aufregung tat ihm sichtlich gut. Leben erfüllte ihn. Die Wallung seines Blutes färbte seine Wangen rot.

»Ich weiß«, flüstere Hiltibold zurück, »du bist lebensmüde, aber ich nicht. Ich hab noch viel vor, bevor ich mich von einem Bären in den ewigen Kreislauf befördern lasse.«

Selbst wenn sie gewollt hätten, zum Fliehen war es zu spät. Es raschelte, und eine Bärin baute sich vor ihnen auf. Sie präsentierte sich im Gegenlicht wie ein Wesen aus einer anderen Welt. Schattenhaft. Mächtig, kraftvoll, zottig. Sie hob, als wäre es ein drohender Gruß, ihre linke Pranke. Ein Hieb hätte genügt, um die Brüder zu töten. Beim Anblick des heiligen Tieres wichen sie langsam und ehrfürchtig einige Schritte zurück. Cailech stolperte rückwärts über eine Wurzel und fiel zu Boden. Das Letzte, was er sah, bevor er die Augen schloss, war das Bärenkind, das sich neben der Mutter niedergelassen hatte. Jeder der

Brüder wusste um die Aggressivität von Müttern, die ihre Kinder bedroht glaubten.

Cailech lag immer noch mit geschlossenen Augen am Boden. Er sah weder die Bärin und ihr Junges noch Hiltibold. Er roch die Tiere. Er hörte das ohrenbetäubende Brüllen. Ein deutlicher Warnruf. Er erwartete die Schmerzen, die ihm die Prankenhiebe und Bisse zufügen würden, und Panik ließ seinen Körper erstarren. Vor seinem inneren Auge stiegen Bilder seiner Kindheit auf: seine Mutter, und immer wieder war da Columba, der ihm den Weg wies, dem er von klein auf zu gehorchen gelernt hatte, dessen Gedanken als die eigenen in seinen Kopf gepflanzt wurden. Es schien beinahe so, als wollte Columba, dass sein Denken in Cailechs Kopf weiterlebte. Vielleicht wäre dies auch geschehen, wäre er nicht auf Friediburga getroffen. Die Bilder, die er sah, waren seltsam. In den von der Todesangst hervorgerufenen Vorstellungen verschmolz Columba mit der riesigen Gestalt der Bärin.

Vorsichtig öffnete er die Augen. Schützend stellte sich die Mutter vor ihr Kind. Sie wirkte so sanft, so zärtlich und liebevoll. Jetzt sah er in der Bärin Friediburga. Seine Angst legte sich. Er dachte klar und fühlte sich ruhig wie selten. Mit sanfter Stimme sprach er auf sie ein. »Hier werde ich ein Monasterium gründen, für Mütter mit ihren Kindern. Für ihre Väter. Für Familien. Für Witwen. Für Waise. Für Arme. So wie Brig es in Cill Dara gegründet hat, dort, wo ich aufgewachsen bin.«

Hiltibold, der zitternd an einem Baum lehnte, sah Cailech sprachlos an, während sich die Bärin mit ihrem Kind friedfertig von ihnen abwandte und im Wald verschwand.

Es war der Ort an der Steinach, an dem später das einflussreiche Monasterium Sankt Gallen mit der weltberühmten Stiftsbibliothek entstehen sollte.

Zurück in Arbor Felix erreichten Cailech zwei Nachrichten. Bischof Gaudentius von Constanzia war verstorben – das sollte ungeahnte Folgen haben –, und – das traf Cailech mitten ins Herz – Herzog Gunzo ließ nach ihm rufen. Friediburga sei schwer erkrankt. Die zurückgewonnene Kraft, die ihm die Vision von dem Monasterium verliehen hatte, verließ ihn mit einem Schlag.

»Wir setzen in den frühen Morgenstunden über«, entschied Wilimar.

»Ich ... ich ...«, stammelte Cailech, um Fassung ringend. »Ich reise nicht nach Iburinga zum Hof des Herzogs.«

»Was ist mit dir?«, fragte Wilimar, erschrocken über das plötzliche Erbleichen des Bruders. Soeben schien Cailech noch genesen, wenn auch abgemagert, so doch geistig rege und voller Pläne. Und jetzt war da wieder dieser kranke Ausdruck des Leidens, der Verlorenheit, der Leere. Sein Gesicht war weiß wie Schnee.

»Nichts«, antwortete Cailech und setzte sich, damit die Beine nicht unter ihm wegsackten, auf einen Holzstuhl, der verlassen in Wilimars Hütte stand.

»Er muss essen! – Magnoald ...«, rief Wilimar laut nach dem Bruder, »bring Brot, rühr einen Gerstenbrei mit Mehl an, bereite den Fisch zu und bring Bier!«

Er wandte sich wieder Cailech zu: »Du hast zu wenig gegessen und getrunken. Du bist schwach. Wenn du etwas zu dir genommen hast, bist du für die Reise nach Iburinga bereit.«

»Ich reise nicht!«, sagte Cailech und bemühte sich trotz seiner Schwäche, Entschiedenheit in seine Stimme zu legen.

»Warum nicht?« Wilimar war lauter geworden. Aufgeregt schritt er in seinem Gemach hin und her. »Der Herzog ruft. Das ist ein Befehl! Du kannst dich dem nicht widersetzen. Der Bote sagt, ein fürchterliches Leiden würde die junge Frau quälen. Sie nehme kaum Speisen zu sich. Sie wälzt sich mit schäumendem Mund auf der Erde, und man stelle sich vor«, er blieb stehen und sah Cailech mit großen Augen an, »nur vier Männer vermögen sie festzuhalten. Sie sagen, sie wäre stumm geworden. Sie spricht nicht mehr.« Wilimar seufzte aus ganzem Herzen. »Die große Hochzeit mit dem König steht an. Du bist der Heilkundigste unter uns. Du weißt mehr über die Heilmittel, die den Körper und die Seele retten, als wir. Du bist Christ und Pilger im Namen Chi Rhos. Es ist deine, ja unsere Mission, es ist unsere Aufgabe, kranken Menschen zu helfen. Und sie ist schwer krank. An Leib und Seele. Du hast es gerade überstanden. Jetzt hilf ihr!«

»Es gibt andere Menschen, die ihr helfen können. Ich bin nicht der Richtige.« Würde er gehen, würde das alte Wunden aufreißen. Ihre Herzen würden wieder heftig bluten. – War die Situation, der ihre Seelen ausgeliefert waren, doch ausweglos. Es war seine herzzerreißende Pflicht, das Band zwischen ihnen gewaltsam zu durchtrennen. *Er* konnte sie nicht retten. Niemals!

Die Flucht vor einem erneuten Zusammentreffen mit Friediburga führte ihn gemeinsam mit Hiltibold und Magnoald zurück in die Einsamkeit, dorthin, wo die Begegnung mit der Bärin stattgefunden hatte.

Sie waren heimlich geflohen, und das Versteck sollte ein Geheimnis bleiben. Würde der Herzog weiterhin drängen, sollten die Brüder in Arbor Felix sagen, Meister Columba hätte eine Nachricht geschickt, Cailech solle sofort nach Italien kommen und er sei bereits auf dem Weg über die Alpen. Das entsprach zwar nicht der Wahrheit. Doch Cailech war überzeugt davon, dass er nur mit dieser Lüge Friediburga und sich selbst schützen konnte.

Als Magnoald sie verließ, um zurück nach Arbor Felix zu wandern, kamen Cailech Zweifel. Weder die Einsamkeit noch das Heulen der Wölfe, das Gezwitscher der Vögel als Mittler zwischen Himmel und Erde, das Säuseln der Bäume oder das Rauschen des Wasserfalls brachten seiner verwirrten Seele Ruhe. Er vermied es, sich in einen Zustand des Rausches zu versetzen. Die Folgen des Rausches in jener verheerenden Nacht in Brigantium hatten seinen Verstand verdunkeln lassen. Ein Rauschgetränk oder das Rauchen entsprechender Pflanzen würde ihn endgültig ins Verderben stürzen. Er musste Ordnung und Licht finden.

»Wir müssen weiter«, sagte er zu Hiltibold. »Ich kann hier nicht bleiben. Wenn Magnoald sie hierherführt ... Ich kann nicht zurück nach Iburinga. Es geht nicht.«

Hiltibold sah ihn verstört an.

»Willst du mir nicht sagen, warum du leidest, Cailech?«

»Nein!«, entgegnete Cailech bestimmt.

»Hast du vor, Meister Columba zu folgen? Ist es das?«

Cailech schwieg und überlegte. Sein Blick wanderte zu den Bäumen. Sie standen fest verwurzelt an ihrem Platz in der Erde und wuchsen hoch in den Himmel. Ihre Stämme waren wie Säulen. Ihre Äste und Zweige bildeten hoch oben ein Gewölbe, und hindurch strahlte die Sonne und wärmte seine Haut. Zu seinen Füßen sammelten die Ameisen unermüdlich Pflanzenmaterial, um ihren gigantischen Bau, der die Form eines Kuppelgewölbes hatte, zu errichten. Die Tiere waren so klein und schufen etwas so Gewaltiges. Ja! – Er war zum Visionär mit einer eigenen Vision geworden. Columba ... Nein! Jetzt, wo Cailech die Freiheit gefunden hatte, war ein Weg über die Alpen zurück zu Columba unmöglich.

»Luzius, einst König Ghrian der Briganten«, begann Hiltibold zögerlich, »kam wie du von den Inseln am Rande der Welt, so erzählen es die Sagen und Mythen. Er hat schon vor mehreren Jahrhunderten gemeinsam mit einem Druiden das heilige Wissen der Ahnen mit dem wahren Glauben verbunden und es mit Emerita, die sie Ceili nannten, nach Chur gebracht. In Quaradaves haben Schüler der beiden eine weitere kleine Schule gegründet, die das Wissen von Generation zu Generation weitergibt. Jetzt steht Johannes der Schule vor. Er ist noch jung, aber klug, gebildet und voller Wissensdurst. Wenn wir dorthin reisen, verlassen wir das Hoheitsgebiet von Herzog Gunzo und betreten das Gebiet des Präses von Chur. Der Präses ist ein Gleichgesinnter von Johannes und damit auch von uns.«

Quaradaves – Grabs

Johannes

»Der weibliche Teil ...«, Johannes brachte den Satz nicht zu Ende, denn unerwartet stand Wilimar vor der Höhle, in die sie sich zum Kennenlernen und Diskutieren zurückgezogen hatten. Cailech war begeistert von Hiltibolds Vorschlag gewesen, und ohne zu zögern, waren sie aufgebrochen, um die mehrtägige Reise nach Quaradaves – später sollte es Grabs heißen – anzutreten.

Froh, angekommen und Herzog Gunzo und Wilimar entkommen zu sein, wurde Cailech beim Anblick des Bruders bleich, und das Blut sackte ihm in die Beine. Es wurde ihm mulmig und schwindelig. Unauffällig suchte er Halt an der felsigen Höhlenwand, während Wilimar unablässig auf ihn einredete: »Gott sei Dank, Cailech! Mit Hiltibold als Begleiter konntest du nur hier bei Johannes sein!« Mit diesen Worten und dem Bruderkuss begrüßte der schweißgebadete Wilimar den Bruder. Er sei auf dem schnellsten Pferd, das er ausleihen konnte, Cailech hinterhergeritten, denn Herzog Gunzo sei verzweifelt. Er mache sich größte Sorgen um Friediburga. Friediburga würde im Fieberwahn allein nach ihm, Cailech, verlangen. Das Herzogtum und der Herzog selbst, genauso wie Friediburga, gerieten in größte Gefahr, wenn Friediburga nicht bald genesen würde. Der Herzog würde ihm eine reiche Entlohnung versprechen und, sagte Wilimar verschwörerisch mit leiser Stimme, etwas, das viel wertvoller und von entscheidender Bedeutung für ihrer aller Mission sei. – »Wer Ohren hat, soll hören!«, fügte er geheimnisvoll hinzu.

Jetzt, in der Höhle, kam für Cailech die Zeit, das Schweigen zu brechen. Er offenbarte – beinahe – die gesamte

Wahrheit. Er schilderte Friediburgas Wissbegierde, was die Rätsel und Botschaften des Chi Rho betraf, und lobte ihre Klugheit in höchsten Tönen. Allerdings hatte der Unterricht, den er, Cailech, der Tochter des Herzogs gegeben hatte, und die zunehmende Weisheit, die sie aufgesogen hatte, sie aus ihrer Blindheit befreit. Und ihr den Sinn ihres Lebens als Mensch, ja als Frau offenbart. Und genau das war es, was die schwere Krankheit, die ihre Seele befallen hatte, hervorrief. In Friediburga wuchs das Bewusstsein dafür, eine Frau mit Verstand zu sein, mit eigenen Gedanken, mit Wissen und Bildung, mit dem unstillbaren Durst danach, Ursachen zu ergründen und Vorgaben zu hinterfragen. All das war mit dem freien Willen verbunden, das Leben als Mensch, ja als Frau selbst zu bestimmen, und mit der Menschenwürde, die sie als Frau genauso besaß wie ein Mann.

»Was habe ich angerichtet? Was habe ich ihr damit angetan, sie von ihrer Blindheit zu befreien? Es ist die unüberwindliche Kluft, der sie sich jetzt bewusst ist, zwischen dem verlogenen Leben am königlichen Hof von Sigibert und Brunichilde und dem wahren Königreich ihres Verstandes, ihrer Vernunft, ihrem Wunsch nach dem Lernen und Lehren, nach dem Guten, der Hilfsbereitschaft und dem Frieden. Und jetzt lastet der große Irrtum, in den sie hineingetrieben wird, auf ihrer Seele. Das Leben als Königin an der Seite eines Kindes, an einem Hof, an dem Mord und Totschlag, Vergiftungen, Bestechungen und Intrigen auf der Tagesordnung stehen, droht wie ein Felsbrocken auf ihre Seele hinabzustürzen und diese zu erschlagen. Versteht ihr jetzt, warum ich nicht zu ihr nach Iburinga gehen kann?«

Der ausschlaggebende Grund, die Liebe, die Friediburga und ihn verband, blieb jedoch sein Geheimnis.

Voller Verzweiflung sah Cailech nach seinem Geständnis Wilimar und Johannes an.

»Du hast nichts angerichtet«, stellte Johannes fest. Cailech musterte erstaunt die feinsinnigen Gesichtszüge des

Bruders. Ernsthaftigkeit und Überzeugung steckten in den Worten des groß gewachsenen jungen Mannes.

»Du hast alles richtig gemacht«, bekräftigte er. »Lasst uns gemeinsam überlegen, wie wir sie aus ihrer fatalen Lage befreien können. Wir werden einen Weg finden, und vielleicht wird uns Maria dabei helfen.« Er erwiderte Cailechs Blick mit einem Lächeln. »Ja, Maria, die Gefährtin Chi Rhos, die ihr aus der Schrift kennt, die in Rom unbekannt ist. Maria«, sprach er weiter, »die starke Frau, die von einem die Welt bewegenden Mann geliebt wurde, der allein ihr, einer Frau, seine Geheimnisse und das Unaussprechliche anvertraute.« Er zeigte auf Cailechs Stirn. »Vorhin noch hast du mir erzählt, dass die Schrift über Maria vollständig in deinem Kopf gespeichert ist. Die Antworten liegen also bereit. Und unser Verstand«, er sah zu Wilimar und Hiltibold, »wird beim Finden einer Lösung hilfreich sein!«

Sie formulierten Rätsel im Sinne des Chi Rho und verbanden sie mit der Schrift Marias und mit Friediburgas Wesen. Sie besannen sich auf Textstellen, auch aus den weiteren Evangelien. Schließlich schmiedeten sie einen Plan.

Iburinga

Die Leidenschaft

Cailech landete am Ufer von Iburinga und stieg eilig den Weg zum herzoglichen Gehöft hinauf. Die Wachen erkannten ihn, und Cailech sah ihnen die Erleichterung an, mit der sie ihm das Tor der Umfriedung öffneten. Es empfingen ihn laute Stimmen aus der Kammer von Friediburga. Offensichtlich wurde ein heftiger Streit ausgefochten. Dann hörte er nur noch leise Worte. Beim Näherkommen erkannte er die schwache Stimme Friediburgas. Er traute seinen Ohren nicht. »... du hast dem König, meinem zukünftigen Gemahl, versprochen ...«, hauchte sie kraftlos, »mich aus diesem Körper zu befreien. Warum hast du nicht deine Tochter mitgebracht, welche du mit einer Nonne zeugtest, ehrwürdiger Bischof?«

Stille.

Dann die bebende Stimme eines Mannes: »Tu das nicht ... Du versündigst dich!«

»Und du, auch du nennst dich ... Bischof ...« Offenbar wandte sich Friediburga an eine zweite anwesende Person und presste wütend die Worte zwischen den Lippen hindurch. »... hast gehurt mit drei Weibern. Wie wollt ihr mich heilen, wo in euch die teuflische Lüge haust?«

Ehe Cailech die Tür zu Friediburgas Gemach erreichte, knallte und polterte es laut.

»Verstumme, Satan!« Das war eine dröhnende Männerstimme.

Cailech drängte die Wache zur Seite und stürmte hinein. Das Bild, das sich ihm bot, trieb ihm das Entsetzen ins Gesicht. Friediburga kauerte am Boden. Mit dem Schwert in der Rechten bedrohte sie die Kirchenmänner. Mit der linken Hand hielt sie sich die Wange. Einer der Bischöfe schüttelte seine rechte Hand aus. Damit hatte er offensichtlich die junge Frau niedergeschmettert.

Schon kniete Cailech neben Friediburga, die ihn ansah, als wäre er vom Himmel direkt vor ihre Füße gefallen. Ihre Augen – das linke verfärbte sich und schwoll soeben an – sahen nur noch ihn.

Von dem Streit aufgeschreckt, erschien nun auch der Herzog. Blass, abgemagert und hilflos stand Gunzo auf seinen Stock gestützt in der Tür. Die Sorgen um seine Tochter hatten an ihm gezehrt. Sein Schicksal und die Zukunft seines Herzogtums wie auch die seiner alemannischen Untertanen hingen von Friediburga und ihrer Vermählung mit dem jungen König ab. Nichts und niemand durfte diese Hochzeit gefährden.

»Vater«, sagte Friediburga erschöpft und mit weicher Stimme, »die beiden«, sie drehte ihren Kopf in Richtung der erstarrten Bischöfe, »... das sind Hurenböcke. Sie lügen und betrügen. Er ...«, sie holte tief Luft und sah zu Cailech, »... er erzählt uns die Wahrheit. Er versteht die Sprache der heiligen Schriften. Er kennt die wahren Worte des Chi Rho. Er kennt die Natur und Heilpflanzen wie kein anderer hier. Er hat die magischen Kräfte, die mich gesund machen. Lass ihn mich heilen!«

Der Herzog erkannte das Flehen in den Augen seiner Tochter. Offensichtlich war es Cailech bereits gelungen, ihr die Sprache zurückzugeben. Er wusste, als Skote gehörte Cailech zu den Magiern und Heilern. Er sah in Cailech den Retter in der Not. Allein wegen des inständigen Drängens der Einheimischen hatte er damals Meister Columba und seine Schülerinnen und Schüler aus Brigantium und seinem Herzogtum vertrieben. Doch damit hatte er gegen seinen persönlichen Willen gehandelt. Zu sehr bewunderte er das Auftreten und das Wissen dieser gelehrten Brüder und Schwestern. Seine Verwandten, Waldarada und ihre Tochter, die langobardische Königin Theodelinda, wusste der Herzog, kamen gleichfalls aus jener magischen Welt, auch wenn sie aus einem anderen Teil der Erdkugel stammten. Es war Meister Columba gewesen, der ihm erklärt hatte, dass die Erde rund sei und ihre gemeinsamen Wurzeln weit in die Welt der Ahnen zurückreichten. Gunzo nickte Cailech zu: »Du hast mein Vertrauen. Enttäusche mich nicht!«

Cailech half Friediburga auf die Beine und führte sie hinaus, über den Hügel, der für sein kleines Monasterium vorgesehen war, hinunter zur Höhle mit der Heilquelle am Ufer des Sees.

Sie saßen nackt nebeneinander im warmen Wasser des felsigen Beckens. Aufgewachsen unter den Alemannen von Iburinga und an den natürlichen Anblick der Körper von Mann und Frau gewöhnt, gab es für Friediburga diesbezüglich keine Schamhaftigkeit. Cailech selbst war schon mit der Geschlechtsreife von den Seherinnen im Monasterium von Brig in die heiligen Geheimnisse der Fruchtbarkeit, ihre Ursprünge und die Notwendigkeit der Vermischung der körperlichen Flüssigkeiten zum Entstehen von neuem Leben eingewiesen worden. Auch für ihn war die Nacktheit der Menschen so selbstverständlich wie die der entblätterten Bäume.

Jetzt suchte die Dunkelheit ihren Weg durch die Höhlenöffnung, und der volle Mond wanderte langsam vorbei. Er leuchtete in jener Nacht besonders hell und zeigte sich in einer erstaunlichen Größe. Vom Becken aus sahen sie Sirius, der gemeinsam mit Orion die Stille und Ruhe der kommenden Winterzeit ankündigte. Sie suchten nach Antworten auf die Fragen des irdischen Lebens. Nicht wie Columba, der inzwischen sein ganzes Leben auf die Ewigkeit nach dem Tod ausrichtete. Nein, sie suchten nach den Gedanken von Chi Rho und seiner Gefährtin Maria. Das war es, was sie beide in jener Nacht faszinierte. Das Zusammensein von Mann und Frau.

»Ich habe meinen Meister verärgert«, gestand Cailech, und seine Miene verfinsterte sich, so wie der Mond, an dem soeben eine kleine Wolke vorbeizog.

»Warum hast du ihn verärgert?«, fragte Friediburga und tupfte sich immer wieder das Heilwasser auf das geschwollene blaue Auge.

»Weil ich ihn verlassen habe. Weil ich ihm nicht mehr gehorchen will. Weil sich meine Seele von seiner Seele getrennt hat und ich meinen eigenen Weg suche. Den Weg meines und nicht seines Königreichs. Er hat das nicht verstanden. Ich habe den Schwur der Gehorsamkeit gebrochen.«

»Hat dein Meister eine Frau?«

»Er hat sie und hat sie nicht. Er liebt sie, und sie liebt ihn.« Cailech vermied es, Atalas Namen auszusprechen, denn er hatte geschworen, das Geheimnis ihrer Verkleidung als Mann auf Lebenszeit zu hüten. »Ich weiß nicht, ob er jemals den heiligen Akt der Vereinigung der Körper mit ihr vollzogen hat. Früchte der beiden gibt es nicht. Aber ihre Seelen gehören zusammen. Ich glaube, er ist nicht nur Asket, sondern er ist auch keusch. Er ist bemüht, sich voll und ganz dem göttlichen Geist hinzugeben. Aber sein Inneres ist zerrissen. Einerseits sehnt sich seine Seele nach ihr und nach ihrem Körper. Andererseits verschafft ihm diese Sehnsucht das Leiden, wonach er strebt.« Cailech unterbrach sich und sagte dann reumütig: »Ich habe damals auf der Insel am Rande der Welt geschworen, ihm stets als unserem Meister zu folgen.«

Sein Blick erhaschte die Fledermaus, die lautlos und pfeilschnell durch die Höhle schoss. Sie war ein Omen. Sie bedeutete Schutz und bestärkte den Zauber der Liebe, der ihn ohnehin umgab. Voller Glück sah er Friediburga an: »Du bist mein Bruder, obwohl wir nie einander einen Schwur geleistet haben.«

Seine Augen wanderten von ihrem Gesicht über ihren Hals zu ihren Brüsten, die unter der Oberfläche des Heilwassers verborgen waren. »Du bist so schön«, sagte er mit wachsender Leidenschaft. »Nicht nur meine Seele, sondern auch mein Körper begehrt dich. Aber das ist nicht schlimm. Ein Gefährte oder eine Gefährtin, welche die Sehnsucht nach der Vereinigung von Seele und Körper für die Ewigkeit verspüren, gehören als Mann und Frau zusammen. Weißt du, was Bruder bedeutet? In unserer Sprache auf der Insel sagen wir *Brathir*. Das Wort leitet sich von *brath* ab, das heißt *für immer. Brathir* unterscheidet nicht zwischen Mann und Frau. Wir sind im Geiste miteinander verbunden. Weißt du, dass auch in meinem Namen eine Frau enthalten ist? Hier sagen sie, Caileach würde Hahn bedeuten. Sie nennen mich jetzt Gallus.« Er lachte. »Aber eigentlich bedeutet Caileach Hure, Weib, Zauberin, Magierin. Eine Frau!« Dann wurde er wieder ernst.

»Frauen sind verehrungswürdig«, erklärte er. »Wir müssen sie schützen. Sie sind der gleichwertige Gegenpol zu den Männern. Rom, die Römer, die Griechen, die Hebräer, viele von ihnen sehen in der Frau die Schwachheit, das Böse, die Schuldige für die Erbsünde.« Jetzt lachte er wissend. »Alle sprechen von der Virgo. Da steckt das lateinische Wort *vir* drin. Mann! – Es ist seltsam«, überlegte er ernst weiter, »unsere Ahnen verehrten die Frauen und ihre Fruchtbarkeit, und das bis zum Exzess. Und jetzt soll das Gegenteil, die Jungfräulichkeit, verehrt werden. Ist die Menschheit nicht sonderbar?« Er schüttelte ungläubig den Kopf, und seine Hand suchte unter Wasser die ihre. Er fand sie, und ihre Finger wanden sich lustvoll in den seinen.

»Glaubst du«, fragte Friediburga und reckte jetzt ihr langes Bein, sodass es aus dem Wasser auftauchte, »dass Maria, die Mutter von Chi Rho, nie bei einem Mann gelegen hat?«

»Um ehrlich zu sein, ich habe noch in keiner der überlieferten Botschaften gelesen, dass Chi Rho von einem Gott gezeugt wurde. Meiner Meinung nach war es sein Wesen, sein Verstand, seine seherischen Fähigkeiten, seine Weisheiten, die – wie soll ich sagen – göttlich waren.«

Friediburga überlegte: »Unsere Vorfahren glaubten an die Zeugung von göttlichen Menschen durch die Götter.« Dann lag ihr etwas auf der Zunge, und sie zögerte kurz, ob sie es aussprechen sollte. Schließlich fragte sie: »Was ist die Erbsünde?«

»Die Erbsünde? – Eva, die böse Frau, hat Gott nicht gehorcht, auf die teuflische Schlange gehört und in den verbotenen Apfel gebissen. Sie, und damit jede Frau, ist schuld an all dem Unglück dieser Welt, und alle Menschen müssen jetzt dafür büßen. Sie können gar nicht anders.«

Sie sah ihn mit großen Augen an.

»Keine Angst«, er lächelte beruhigend, »das sehen nur Rom und seine Bischöfe so. Du kennst ihre Meinung.« Er blickte auf ihr blaues Auge und strich sanft darüber. »Du kennst aber auch die Wahrheit. Wir haben alle einen freien Willen. Wenn wir nur wollen, können wir das Gute, das in jedem von uns steckt, suchen und finden und damit leben und es weitergeben. Und weißt du, was uns dabei hilft? Das Königreich, das in uns selbst ist. Es muss nur stark genug sein. Und weißt du, was uns hilft, das Gute in unserem Königreich zu stärken?«

Friediburga sah ihn erwartungsvoll an.

»Das Vertrauen, das Zutrauen ... der Glaube an das Göttliche und Gute, das in uns und in allem wohnt. Das sagte schon unser Landsmann Pelagius und auch Arianus. Und Meister Columba sagt es manchmal. Wenn er aber verzweifelt ist und das Böse wieder überhandnimmt, fordert er, dass der menschliche Wille völlig abzutöten sei. Columba und ich sind darin unterschiedlicher Ansicht. Wir stritten mehr und mehr darüber. Der menschliche Wille ist frei, so wie es Pelagius aufgeschrieben hat. Ich halte sehr viel von seinen Weisheiten. Doch die römische Kirche hat seine Schriften als häretisch verbannt und verbrannt.«

»Welchen Schwur muss ich leisten, um dein Bruder zu werden?«, fragte Friediburga, fasziniert von seinem Wissen.

»Du bist mein Bruder«, er suchte ihre Augen, »und mehr als das ...« Dann erzählte er: »Wir Brüder von der Insel am Rande der Welt haben seit unserer Kindheit eine entsprechende Ausbildung erhalten. Es gibt verschiedene Grade in unseren Bruderschaften. Columba ist im innersten Kreis. Ich habe das Wissen, aber nicht die letzte Einweihung empfangen. Columba hat sie mir verweigert.«

»Warum?«

»Weil ich ihm nicht immer gehorcht habe. Er stellte den Gehorsam über alles. Denn nur dann würde man demütig und sanft werden. Aber er selbst ist auch nicht demütig und sanft. Er widerspricht sich ... und als ich ihm das sagte, wurde er wütend auf mich. – Und jetzt ...«, sein Ausdruck wurde traurig, »werde ich nicht mehr in den innersten Kreis aufgenommen werden.«

»Kannst du mich in einen der äußeren Kreise aufnehmen?«

Cailech überlegte. »Du hattest schon viele Unterrichtsstunden. Du hast ein Grundwissen erlangt. Ich habe dich Proben und Prüfungen unterzogen, und du bist willig zu lernen und zu lehren. Weißt du, in Luxovium haben wir Schülerinnen ausgebildet, die wie Brig, die Meisterin unseres Monasteriums auf der Insel, Monasterien gegründet haben. Und diese Monasterien unterstehen keinem Bischof. Die Äbtissinnen unterstehen keinem Mann. Sie leben zuweilen mit Äbten zusammen, welche für die Männer im Kloster zuständig sind. Und jetzt hast du genau die richtige Frage gestellt. Denn meine Brüder, Johannes und Wilimar, und ich, wir haben für dich einen Plan geschmiedet.«

Friediburga hatte während ihres Gesprächs die Hochzeit verdrängt. Jetzt lief ihr ein eiskalter Schauer durch den Körper, und plötzlich fühlte sie, wie die Spitzen und Kanten der rauen Felswand des Beckens sie in den Rücken stachen.

Was hatte Cailech gesagt, sie hatten einen Plan für sie geschmiedet …?

Nachdem Cailech Friediburga in ihren Plan eingeweiht hatte, ließen sie sich auf die heiligen Geheimnisse ihrer Körper ein. Zum ersten Mal erlebten sie beide die heiligste, erhabenste und gleichzeitig tiefgründigste Empfindung aller Gefühle. Die Einheit ihrer Seelen und die Verschmelzung ihrer Körpermitten katapultierten sie gemeinsam in die zeitlose Unendlichkeit des Universums. Als der Morgen graute, stiegen sie aus dem Becken.

»Huuuh!«, rief Friediburga und zuckte zusammen, während sie sich ihr Kleid überwarf. »Hast du sie gesehen?«, fragte sie mit großen Augen.

»Was meinst du?«

»Die Schlange! Ich weiß nicht, ob sie oder ich mehr erschrocken ist, als unsere Blicke sich trafen.«

»Die Schlange?« Cailech blickte sich um und suchte den Höhlenboden nach dem Tier ab.

»Hier ist sie«, sagte er erfreut. »Es ist eine kleine Natter. Sieh nur, es schaut aus, als würde sie sich in den eigenen Schwanz beißen. Wo fängt sie an? Wo hört sie auf? Sie bildet einen in sich geschlossenen Kreis. Wir Eingeweihten deuten sie als ein uraltes Zeichen. Ein Zeichen der Unendlichkeit und der Ewigkeit. Ein Zeichen der kosmischen Einheit. Sie hat die Form der Erde, der Sonne, des Mondes. – Kreisrund.« Seine Euphorie über den lebendigen Fund steigerte sich von Wort zu Wort und von Satz zu Satz: »Sie verkörpert die Einheit von Mikrokosmos und Makrokosmos. Sie gehört zu den Symbolen der heiligen Weisheiten. Diese Natter ist ein heiliges Tier. Sie verkörpert den Kreislauf des Lebens. In ihr lebt der Erdgeist. Sie häutet sich. Sie steht für die Erneuerung. Für unser neues Leben. Sie bringt uns Glück. Du siehst, die Zeichen stehen gut. Lass uns der Muttergöttin und dem Göttlichen, das in allem wohnt und uns heute so wohlgesonnen ist, ein Opfer bringen!«

»Woher weißt du das alles?«, fragte Friediburga.

»Wie ich gesagt habe, das Wissen ist alt. Es wurde auf dem gesamten Weltkörper zusammengetragen, über Jahrtausende hinweg.«

»Unser Opfer ist, dass sich unsere Körper trennen«, sagte Friediburga. »Doch unsere Seelen bleiben vereint!«

»Ja«, bekräftigte Cailech, »so handhaben es viele verbundene Seelen.«

Um 612

Papia – Pavia

Theodelinda

Columba konnte es kaum glauben. Sie waren in Papia, das von den Römern Ticinum und später Pavia genannt wurde, angekommen. Die Skoten kamen vom Ende der Welt und hatten jetzt Europa durchquert. Die beschwerliche Reise über die Alpen war überstanden. Columbas betagte Knochen ließen ihn die endlosen, beschwerlichen Wege heftig spüren. Seine Gelenke schmerzten. Auch konnte er seit geraumer Zeit nur noch mithilfe von Gläsern lesen oder schreiben. Zu seinem Ärger war er auf der gefahrenvollen Reise wegen seines schwachen Augenlichts immer wieder auf die Hilfe von Atala oder der anderen Gefährten angewiesen. Doch immer noch sah er das Grün der mystischen Wälder und Wiesen, die sie durchquerten, das Weiß des Schnees, die Variationen der Farben der Flüsse, Ströme und Seen genauso wie die unterschiedlichen Bewegungen der Tiere und die Gesten der Menschen. Er nahm sie wahr und ließ sich auf sie ein. Der Kosmos und der Weltkörper offenbarten sich ihnen auf der Reise in all ihren Schattierungen. Jeden Tag erhoben sich die Wandernden mit der Sonne, die zuweilen hinter tiefen Grautönen verschwand oder sich vor einem strahlenden Blau präsentierte. Wieder und wieder tauchten sie ein in den Rhythmus, den die Natur ihren Schritten vorgab. Mal gleichmäßig, dann schleppend, steil bergauf oder bergab. Die gigantischen göttlichen Berge der Alpen forderten den Körper, aber auch den Geist bis an die Grenzen. Das Überwinden von zahlreichen Schluchten mit zuweilen maroden Brücken aus Holz oder Stein, kostete sie allen Mut. Gesänge, Gebete und Beschwörungen halfen ihnen dabei, ihren Verstand und ihre Seelen mit der Natur in Einklang zu bringen, um ihre Ängste zu bezwingen. Dann packte sie wieder die Neugier und die Euphorie angesichts der Überraschungen, die der Weltkörper bereithielt, sei es in Form bizarrer Tiere, Pflanzen, Gewässer oder Felsformationen. Wer hatte das alles geschaffen? Sie diskutierten über diese Frage. Doch Columba mahnte stets: »Hört auf zu spekulieren! Spart euch die leeren Worte. Schweigt über den Schöpfer. Glaubt an ihn. Er ist unfassbar. So tief wie der Ozean oder das Universum. Was verbirgt sich in der Tiefe? Fragen nützt nichts. Keiner weiß es. Versteht erst mal die Schöpfung, dann könnt ihr Fragen zum Schöpfer stellen. Glaubt an ihn!«

Die Neulinge, die sich ihnen angeschlossen hatten, erhielten unterwegs Unterricht in den freien Künsten, die das Grundwissen des Schreibens, Lesens und guten Redens beinhalteten. Auch vermittelten die Skoten ihnen Kenntnisse zur harmonischen Ordnung, welche sich in den Gestirnen und in der Natur verbarg. Columba und Atala beobachteten das Verhalten der Neulinge während der zahlreichen, zuweilen lebensbedrohlichen Gefahrensituationen, um festzustellen, wer von ihnen sich für weitere Prüfungen eignen würde.

Bei den schwierigen und unwegsamen Abschnitten wiesen ihnen die Einheimischen den Weg. Sie führten sie mit ihren Maultieren und Ochsen durch die Schluchten, die Pfade über die Pässe und Täler entlang der reißenden Flüsse. Zuweilen schlossen sich die Schwestern und Brüder den Handelskarawanen an. Im Gepäck hatten sie die geheimnisvolle kleine Kiste von Theodelinda, die stets der Esel in Columbas Nähe zu tragen hatte, sowie einige Bücher und Schriften, welche die weiteren Maultiere trugen, die Stöcke, die sie stützten und ihre Glocken, die zum Psalmensingen riefen. Wenn der Schnee zu dicht fiel, blieben sie in den Herbergen und erzählten den Einheimischen mit Händen und Füßen von ihrer Mission, von der Liebe der Menschen zueinander und von demjenigen, der diese rettenden Botschaften der Welt verkündet hatte.

Dem Lauf des Ticinus folgend, gelangten sie schließlich direkt vor die Mauern von Papia.

Die Überreste der römischen Stadtmauer empfingen sie. Immer wieder von Neuem beeindruckte Columba die Baukunst der Römer. Sie hatten auch hier Gigantisches geleistet. Das Amphitheater, die Thermen, der Tempel der Kybele, all das Wissen, das darin verbaut war, gehörte zur Kultur und zum Glauben der heidnischen Römer. Die einst prächtigen Gebäude lagen, von den Goten zerstört, jetzt in Trümmern. Inmitten der spektakulären Ruinen standen die schlichten runden Hütten, welche die Langobarden aus Holz und Lehm errichtet hatten. Erst wenige Jahrzehnte waren vergangen, seit jener Stamm der Germanen das römische Ticinum eingenommen hatte und Papia nannte. Ihre Bauweise war schlicht und Columba und seinen Schülern vertraut.

Auch hier fanden sich unter den Kultstätten der Römer die ihrer keltischen Vorfahren. Das heilige Wissen lebte in Papia jedoch nicht nur unter der Erde weiter, sondern im Verborgenen auch in den Köpfen der Auserwählten.

Theodelinda hatte Papia, die Residenzstadt ihres ersten königlichen Gemahls – König Authari, der vergiftet wurde –, als Ort dieses besonderen Treffens gewählt, obgleich ihr zweiter Gemahl, König Agilolf, seinen Regierungssitz nach Mediolanum, später Mailand genannt, verlegt hatte.

Königin Theodelinda trug ein Gewand aus Leinen, dessen Enden von zwei goldenen, mit roten Edelsteinen besetzten Broschen zusammengehalten wurden. Um die Hüfte hatte sie einen ledernen Gürtel geschlungen, mit einer goldenen Schnalle als Verschluss. Ihre Ohrringe und die Halskette waren gleichfalls aus reinem Gold. Ein durchsichtiger Schleier mit goldenen Fäden bedeckte ihre Haare, die, zu einer kunstvollen Hochfrisur aufgetürmt, von einer silbernen Nadel gebändigt wurden. Trotz ihres fortgeschrittenen Alters, Columba schätzte sie auf ungefähr vierzig Jahre, war der strahlende Glanz ihrer einstigen Schönheit noch zu erahnen. Ihre würdevolle Erscheinung, ihre aufrechte Haltung und ihre Eleganz übertrafen alle seine Erwartungen.

Der Ort, an dem ihr geheimes Treffen stattfand, glich in seiner Dunkelheit der Kammer eines Grabhügels. Er lag unter den römischen Mauern, an einer kleinen Quelle, und diente schon vor einer Ewigkeit als Kultstätte der Ahnen. Die Handzeichen, mit denen sich die Eingeweihten begrüßten, warfen Schatten. Im Licht des in der Mitte des Raumes züngelnden Feuers vollführten diese auf den steinernen Wänden mystische Tänze. Die Anwesenden stellten sich zunächst mit ihren jeweiligen Weihegraden in das heilige Wissen vor. Die daran anknüpfenden rituellen Feierlichkeiten wurden mit Psalmengesängen und einem schlichten abendlichen Mahl im Sinne Chi Rhos begangen. Der Gesang, das Mahl, der Trank, der Rauch, das Feuer. Irgendwann veränderten sich die Gesichtszüge der Königin. Sie nahm den Schleier vom Kopf, die silberne Nadel aus dem Haar, und die rötliche Pracht breitete sich über ihren Schultern aus. Ihre Lippen waren leicht geöffnet. Ihre grünblauen Augen wurden noch größer und starrten geradeaus in die aufsteigenden Flammen, deren Rauch den Weg durch einen kleinen Spalt in die Außenwelt suchte. Die Quelle plätscherte. Während die anderen verstummten, verließ ein sanfter, gleichförmiger Singsang ihren Mund und erfüllte die Kultkammer. Ein gleichmäßiges »Kraah, Kraah, Kraah …« setzte ein, so leise, so sanft wie der Singsang aus Theodelindas Mund. Dann flatterte es im Raum. Kaum auszumachen, kreiste der Rabe in seinem schwarzen, glänzenden Federkleid über ihren Köpfen. Immer und immer wieder fühlten sie den Luftzug seiner Flügelschläge.

Ihrer aller Atemzüge beschleunigten sich. Die Blicke der Anwesenden, welche Theodelinda zunächst magisch auf sich gezogen hatte, folgten jetzt dem unermüdlichen Flug des Vogels. Auf ein Zeichen Theodelindas änderte das Tier seine Richtung und flog jetzt in regelmäßigen Bahnen kreuz und quer. Den Kreuzungspunkt des Fluges bildete das Feuer, auf welches schließlich alle ihre Augen richteten.

Atala, ahnte, was geschehen würde, wehrte sich heftig dagegen und riss ihre Augen vom Feuer. Schrecken packte sie, denn Columba schien schon die Welten gewechselt zu haben. Er begann heftig zu atmen und zu schwitzen. War er schon in die Tiefe der mystischen Sphären eingedrungen? Jetzt war nicht die Zeit dafür, entschied Atala und zwickte ihn so heftig in den Arm, dass er aufschreckte, die weit aufgerissenen blauen Augen schloss und wieder öffnete.

»Es ist jetzt nicht an der Zeit, die Welt der Magie aufzusuchen«, zischte Atala ihm zu. Verwirrt sah er sie an, um im nächsten Moment wieder zurück in der Realität zu sein. Atala atmete erleichtert auf. Sie hatte ihn gerade noch rechtzeitig erreicht. Nun war es an Columba, die Königin wieder zurückzuholen.

»Kraah … Kraaah«, beschwerte sich jetzt der Rabe, der sich auf Theodelindas Schulter niedergelassen hatte, über die Unterbrechung des Rituals.

Theodelinda wandte die Augen vom Feuer ab und streichelte das Brustgefieder des Vogels. Augenblicklich verstummte er.

»Ihr tragt sie immer noch!« Ihre Worte klangen ruhig, und sie war vollständig bei Verstand.

»Solange ich lebe! Und ich lebe noch, obwohl ich sie immer getragen habe! – Inzwischen fällt sie aber nicht mehr besonders auf.« Als wäre die Welt der Mysterien in weiter Ferne, fuhr sich Columba über die spärlichen Reste der Haare, die noch auf seinem Hinterkopf wuchsen.

»Seid ihr verheiratet?«, fragte die Königin jetzt Atala, die in ihr schlichtes helles Gewand gekleidet war. Hier im Verborgenen wurden alle Geheimnisse offengelegt, auch das um Atalas Geschlecht.

»Ja«, antwortete Atala, »er ist mein Gefährte, mein Anam Cara! Er gehört zu mir, und ich gehöre zu ihm. Wir waren immer wieder getrennt, und dennoch waren wir stets vereint!«

Columba sah Atala an und drückte ihre Hand.

Nach und nach lösten sich ihre Zungen, und sie lauschten gegenseitig den Erzählungen von den Reisen über den Weltkörper. Sie kamen aus unterschiedlichen Richtungen und ihre hinterlassenen Spuren waren mal tief, mal oberflächlich, mal geheimnisvoll, mal offensichtlich. Mal wanderten sie in Begleitung und dann wieder allein. Doch sie alle waren auf der Suche nach der Ordnung, nach dem Verstand, nach dem kosmischen Geist, nach den wahren Worten des Vermittlers zwischen Himmel und Erde, zwischen Mikrokosmos und Makrokosmos. Immer wieder wurden sie von Irrtümern eingeholt.

»Ihr seid zu beneiden«, sagte Theodelinda, als Atala ihre Lebensgeschichte beendet hatte. Der Blick der Königin gehörte wieder dem Feuer. »Ich bewundere euch für euren Mut und euren unerschütterlichen Zusammenhalt in dieser rauen Welt.« Ihre ruhige Stimme klang sichtlich ergriffen. »Ich war stets ein Spielball der politischen Mächte. Das sind wir Frauen alle. Auch was meine Ehen betrifft, wurde ich hin und her gereicht, begehrt, vergewaltigt, abgeschoben, vom fränkischen Hof vertrieben und vom Hof unseres Stammes wieder aufgenommen. Aber ich hatte das Glück, am Hof meiner Kindheit Bildung zu erhalten, die dank meiner Fähigkeiten mit der Einführung in das heilige Wissen verbunden war.«

Ihre Mutter Waldarada, so erzählte Theodelinda weiter, war ihre Lehrmeisterin. Waldarada stammte aus Pannonien, dort, wo die geheimen Weisheiten tief verwurzelt waren. Schon ihre Ahnen bewahrten das heilige Wissen der Ägypter, Thraker und Skythen, genauso wie Columba und Atala, als Skoten vom Rande der Welt, das skythische Erbe hüteten und an Würdige weitergaben.

»Die fränkischen Könige haben Angst vor uns, genauso wie die Bischöfe. – Sie haben meine Mutter vom Hofe Clothars verstoßen und meine Heirat mit Brunichildes Sohn Childebert verhindert. – Gott sei Dank!«, fügte sie mit dem Blick in das aufflammende Feuer hinzu. »Sie haben Angst vor unseren Fähigkeiten des Sehens, denn wir sehen, was andere nicht sehen. Vor den verbotenen Fähigkeiten ... und vor unserem Wissen. Sie haben Angst vor unserem Selago und vor Samolu, vor den Verbenaceae, vor dem Geruch, dem Rauch und den Tränken, die wir aus diesen Kräutern anmischen und die sie nicht nur zum Taumeln und Schwindeln bringen«, erklärte sie, und ein majestätisches Lächeln erstrahlte in ihrem Gesicht. »Wir aber wissen, dass die Natur Kräfte zur Verfügung stellt, die über Leben und Tod entscheiden. Es liegt an uns, verantwortungsvoll damit umzugehen und somit das heilige Wissen ausschließlich an Würdige weiterzugeben.«

»Ist es nicht erstaunlich«, bemerkte Atala, »dass unser heiliges Wissen aus denselben Wurzeln stammt?«

»Warum?«, erwiderte Theodelinda verwundert. »Es ist überhaupt nicht erstaunlich, da das Universum unsere gemeinsamen heiligen Schriften birgt. Ihre geheimnisvollen Seiten offenbaren sich überall. Die Sterne und Ströme, die Sprache der Pflanzen und Tiere verbinden uns auf der gesamten Weltkugel. Wir brauchen diese heiligen Schriften nicht aufzuschreiben. Es würde uns nie und nimmer gelingen. Wir müssen sie jedoch lesen lernen. Aber das Lesenlernen der kosmischen Schriften und der richtige Umgang damit, das bleibt nur uns Auserwählten vorbehalten.«

Atala sah Theodelinda ehrfürchtig an. Ihre Ausstrahlung war überwältigend. Ihre Augen beinhalteten alle Farben und Schattierungen des Kosmos. Allein das Rot blieb den Haaren vorbehalten. Die Skotin sagte: »Du verkörperst das, wonach wir streben. Du bist eine Frau. Du bist eine Mutter. Du bist mit dem König der Langobarden, mit dem Arianer, den Rom als ...«

Sie stockte und flüsterte mit weit aufgerissenen Augen:

»... Häretiker betrachtet, verheiratet.« Atala wartete auf Theodelindas Reaktion. Die Königin zuckte nicht mit einer

Wimper, und Atala fuhr fort: »Du vereinst das universale Wissen, sei es der heidnischen, sei es der heiligen Schriften, und bist eingeweiht in das Wissen der Seherinnen und Druidinnen. Du trägst es nicht nur in dir. Du lebt es auch und vollbringst entsprechende Taten.« Atala gelang es nicht, ihren Blick von Theodelinda zu lassen. Andächtig hauchte sie: »Du hast etwas Göttliches in dir. – Dein Name Theodelinda verkörpert das … Ehrfürchtige …«

»Du hast recht«, bestätigte die Königin, als die Skotin stockte. »Mein Name verkörpert die Ehrfurcht vor der Schöpfung der Menschheit.« Theodelinda lächelte sanft. Ihre klugen Augen sprachen von der Erhabenheit ihres Verstandes und ihre Gestalt von der Schönheit der weiblichen Natur.

»Mein Gemahl, König Agilolf, den Rom als Häretiker verurteilt, und ich«, fuhr sie ernst fort und faltete die Hände zu einer Raute, »wir streben nach der Einigung der Christenheit … im Sinne von Verständnis, Fürsorge und Frieden innerhalb der Menschheit. Meine Mutter gab mir den Namen, der in unserer germanischen Sprache *Schutzschild des Volkes* bedeutet«, fügte sie hinzu. »Und darin sehe ich meine Mission!«

»Theodelinda«, sagte Columba mit geheimnisvoller Stimme, und endlich leuchtete wieder das kosmische Blau in seinen sonst ermatteten Augen, »wir bringen dir etwas zurück.«

»Ihr bringt mir etwas zurück?«, fragte die Königin erstaunt, lächelte und streichelte wieder die Brust des Raben auf ihrer Schulter. Genießerisch schmiegte er seinen Kopf an den Hals der Königin.

»Nun, ich denke, es wird dir gefallen. Es ist etwas Besonderes. Wir verstehen es nicht, hoffen aber, du wirst uns helfen, es zu entschlüsseln!«

»Spann mich nicht solange auf die Folter, Columba! Was ist es?«, fragte die Königin mit wachsender Neugier. Der Rabe spürte die Aufregung, begann heftig mit den Flügeln zu schlagen und krächzte erneut: »Kraaah, Kraaaah …«

»Es ist eine Schrift, die nach der Wahrheit sucht. Sie hilft uns, sie zu finden ...«, erwiderte Columba, nachdem sich der Rabe beruhigt hatte.

Theodelinda starrte ihn mit großen Augen an. Das waren ihre Worte aus seinem Mund.

»Nein«, sagte sie entgeistert, »nein, ihr habt sie nicht. Das kann nicht sein. Zeig sie mir!«

Als Columba den Lederbeutel aus seiner Umhängetasche nahm, stieß Theodelinda einen kleinen Schrei des Unglaubens aus.

»Wie kann das sein? Wo habt ihr sie her?«

Während Columba die zusammengebundenen Pergamentseiten vorsichtig aus dem Beutel nahm, erzählte er Theodelinda von der Schiffbrüchigen.

»Ja«, sagte Theodelinda, ließ den schwarzen Vogel auf ihre Hand hüpfen, und auf ihr Zeichen flog er auf einen in den Raum ragenden Kragstein. »Selbstverständlich erinnere ich mich an die Skotin und diesen fürchterlichen Tag, als sie meinen Gemahl Authari ermordet haben. Vergiftet haben sie ihn. Grausam vergiftet! Sie waren unwissend. Hätten sie es zumindest schnell und schmerzlos erledigt. Nein, sie kennen den Umgang mit den Kräften nicht. Sie ließen ihn jämmerlich zugrunde gehen.« Theodelinda holte tief Luft. »Wer auch immer es war«, sagte sie mit Verachtung und suchte das linke Auge des Raben, in dem sich die züngelnden Flammen spiegelten, »sie haben die Natur missbraucht!« Dann wanderte ihr Blick zurück zu den Pergamentseiten.

»Vermutlich«, sie seufzte aus der Tiefe ihres Herzens, »waren es die Feinde aus dem römischen Lager, Anhänger des unbelehrbaren römischen Bischofs, die das Gift zusammenmischten, um Authari, den sie des Irrglaubens bezichtigten, zu töten. – Die Schrift ...« Sie schluckte und fuhr mit belegter Stimme fort: »Dieses Manuskript hätte auch mich in Lebensgefahr gebracht, wenn sie es bei mir entdeckt hätten. Die Skotin kam zur rechten Zeit. Der Allmächtige, der Schöpfer hatte ein

Einsehen und hat sie mir geschickt. Sie war außergewöhnlich, das sah ich sofort. Sie sagte, dass sie von der Insel am Rande der Welt käme. Durch das Wissen, das sie besaß, die Zeichen, die sie verstand, war es nicht schwer, die Eingeweihte in ihr zu erkennen. Ich legte das Manuskript in ihre kundigen Hände, damit sie es eurem obersten Druiden überbringt. Denn es ist unsere gemeinsame Aufgabe, im Namen unserer Ahnen den Weltkörper im Sinne des neuen Glaubens wieder zu einen.«

»Wir haben ein großes Problem«, sagte Columba ehrlich. »Wir können die Schrift nicht entziffern, und wir haben in all den Jahren, die sie uns begleitet hat, niemand Vertrauenswürdigen gefunden, der uns bei der Entschlüsselung geholfen hätte. Wieder und wieder habe ich die Zeichen studiert. Habe darüber gebrütet, doch ihre Zusammensetzung ergibt keinen Sinn. Die Sprache ist weder Griechisch noch Latein noch Hebräisch.«

Er legte das Manuskript auf den Kulttisch neben das Goldblattkreuz, das darauf lag, und fuhr kopfschüttelnd fort: »Wir haben einen verborgenen Schatz vor uns und finden keinen Zugang zu ihm. Es ist zum Verzweifeln!«

»So geht es fast allen Menschen!«, bemerkte Atala. »Sie können weder lesen noch schreiben. Sie werden betrogen und belogen. Irrtümer machen sich breit. Das geht sehr schnell und einfach. Daher liegt uns daran, überall auf dem Weltkörper Monasterien mit Schulen für die Bevölkerung zu gründen. Die Menschen sollen lesen und schreiben lernen, um sich Wissen anzueignen. Allgemeine Weisheiten.«

Theodelinda strahlte, als sie das Manuskript berührte. Freudentränen stiegen in ihre Augen. Es war, als würde sie eine verlorene Tochter willkommen heißen. Der Rabe flog von seinem Stein durch das Gewölbe und ließ sich auf dem Kulttisch nieder. Mit seinem spitzten Schnabel pickte er geschickt eine Pergamentseite nach der anderen und wendete die Blätter. Es war offensichtlich ein eingeübtes Spiel der Königin mit dem intelligenten Vogel. Der Rabe war schwarz. Die Taube war weiß, überlegte Columba. Beides waren Geschöpfe, die den Himmel mit der Erde verbanden, den Mikrokosmos mit dem Makrokosmos.

Auf Theodelindas Zeichen hielt der Rabe beim Wenden der Pergamente inne. Sie fuhr mit dem Zeigefinger über die Zeilen der aufgedeckten Seite. Offenkundig suchte sie in dem Text nach einer bestimmten Stelle.

»Sag uns«, forderte Columba die Königin auf, »was ist das für eine Schrift? Was steht darin geschrieben?«

»Nun«, begann Theodelinda, »es ist die heilige Schrift des kleinen Wolfes, von Wulfila. Er war ein Germane, ein Gote, der in unserem Sinne den Menschen seines Stammes die Wahrheit nahebringen wollte. Er übersetzte die Botschaften Chi Rhos aus dem Griechischen ins Germanische. Da sein Volk, genauso wie unsere Vorfahren«, sie sah von Columba zu Atala, »keine Schrift kannte, erfand er eine, bestehend aus Buchstaben und Runen.«

»Er erfand eine eigene Schrift?«, staunte Atala.

»Kannst du das etwa lesen, Theodelinda?«, fragte Columba und schüttelte ungläubig den Kopf.

»Seht, was hier steht …« Sie hatte gefunden, wonach sie suchte. Auf ihren Wink flog der Rabe zurück zu seinem Kragstein, und geheimnisvoll offenbarte sie: »… das ist es, was den Besitzer oder die Besitzerin der Schrift in große Gefahr bringt.«

Columba sah Theodelinda an. Ihr Finger wies nun auf eine Zeile. Das Feuer flackerte aufgeregt und warf die Schatten ihrer vor Spannung geröteten Köpfe auf die Pergamentseite.

»Sag uns, was steht dort!«

»*… indem Χ ρ η σ τ ό ς*«, übersetzte sie, mitten im Satz beginnend. Sie fügte hinzu: »Ihr Skoten nennt ihn Chi Rho, andere sagen Jesus.« Dann fuhr sie langsam und deutlich fort: »*Gott als Himmelsgeborenen bezeichnete, sich selbst aber als Erdgeborenen, weil er …*« Sie hielt kurz inne und sah zunächst Columba und dann Atala fest in die Augen, bevor sie weiterlas: »*… der Natur nach ein Mensch war. Sei es, dass er ein Heiliger* *oder ein Prophet war. Er redete und urteilte mit seinem Verstand, den der oberste Gott ihm verliehen hat.«*

Sie waren sprachlos. Es dauerte eine Weile, in der jeder für sich das, was Wulfila auf dem Pergament für sein Volk und die Nachwelt hinterlassen hatte, auf sich wirken ließ. Columba fand als Erster die Sprache wieder.

»Das heißt, er verkörpert den Verstand, die Vernunft, wie schon sein Name es besagt: Χ ρ η σ τ ό ς, k h r ç s t ó s. Der Germane bestätigt all das, was auch wir Skoten lehren, und all das, was uns der Abt der Äbte, unser großer Meister Columcille, mit auf den Weg gegeben hat. Chi Rho ist der Mensch, der Prophet, der Herr der Natur und der Elemente, unser oberster Druide. Der Richter. Der Retter. Hier steht es geschrieben und bestätigt unsere heiligen Weisheiten und unseren Glauben!«, schloss er begeistert.

»Er war also kein Gott …?«, fragte Atala

»Nein, sagen wir Germanen«, antwortete Theodelinda.

»Nein, sagen wir Skoten von der Insel am Rande der Welt«, bestätigte Columba.

»Er war ein Mensch!«, bestätigten alle drei wie aus einem Mund und der Rabe krächzte laut von seinem Kragstein aus.

»Dennoch«, wandte Atala ein. »Ist es für uns von Bedeutung, ob er ein Gott war oder menschlicher Natur? Lohnt es sich, Menschen zu verurteilen, weil sie unterschiedlicher Meinung sind? Ist es richtig, ihnen unter Androhung den Glauben aufzuzwingen?«

»Jetzt sage ich euch«, unterbrach Theodelinda die Skotin, »warum ich mich als katholisch bezeichne: καθολικός ist griechisch und bedeutet allumfassend, universal. Ja, genau, universal! Das heißt, ich stehe für den universalen Glauben. Und ich lasse mich von keinem Bischof und auch nicht vom Papst bevormunden. Dennoch suche ich den Austausch mit ihnen. Genau wie ihr, wie wir alle hier. Wir suchen die Einheit in der Vielheit. Und stellt euch vor, meine Mutter Waldarada, die

Arianerin, ihr werdet es nicht glauben, hat inzwischen ein großartiges Monasterium in Mediomatricum, im Reich der Franken, gegründet. – Und sie ist als Äbtissin unabhängig von den römischen Bischöfen und vom Papst. Sie ordnet sich keinem Mann unter. Auch wenn ein Paulus oder ein Augustinus oder wie auch immer die Herren alle heißen, auf die sich Rom beruft, das fordern.«

»Wir kämpfen dafür, dass unsere Traditionen erhalten bleiben, und dazu gehört auch das Paschafest«, sagte Columba.

Der Rabe spannte die Flügel und flog durch die Gruft. Schließlich ließ er sich auf der Schulter des Skoten nieder. Unbeirrt kraulte Columba ihm das schwarze Federkleid am Nacken und sprach weiter: »Wir feiern Pascha dann, wenn der Kosmos es vorsieht und der Mond in voller Pracht scheint. Und wenn das Datum mit dem Paschafest der Hebräer zusammenfällt, freut es uns, denn Χ ρ η σ τ ό ς wurde als Jude geboren und ist als Retter gestorben. Er ist der Vermittler zwischen den Juden und den Christen. Wir gestehen aber auch den Christen der römischen Kirche zu, ihre Traditionen zu bewahren, soweit sie mit den Botschaften des Chi Rho zu vereinbaren sind. Wir streben nach der Toleranz, nach Vielheit in der Einheit. Wir wollen aber nicht nur davon sprechen, sondern danach leben.«

»Ein beschwerlicher Weg liegt vor uns!«, stimmten sie überein.

615

Constancia – Konstanz

Die Wahl

Der Wind strich sanft über die Oberfläche des Lacus Brigantiae, und mehr Schiffe und Boote glitten über den See der Göttin als sonst. Ihr Ziel war Constancia, und die Stadt war in Aufruhr. Alle Straßen, Wege und Pfade, die sich dorthin schlängelten, waren belebt wie selten zuvor. Je näher die Menschen Constancia kamen, sei es von Süden, Osten oder Westen, desto mehr drängten sie sich. Es waren Bauern, Handwerker, Kaufleute, Adlige sowie Fürsten der Sueben, der Alemannen und der Romanen, die sich zu Wasser und zu Land der Stadt näherten. Die Menschen waren erfüllt von Hoffnungen, Absichten, Wünschen und Erwartungen. Alle Gedanken waren auf die Neuwahl des Bischofs von Constancia gerichtet.

Herzog Gunzo hatte zu der Versammlung gerufen. Cailech hatte sich bei ihm dafür starkgemacht, dass die Wahl des neuen Bischofs nicht – wie allgemein üblich – von Bestechungen oder Intrigen der geistlichen und weltlichen Herrscher beeinflusst wurde. Ein Bischof sollte gebildet sein. Er musste die Sprachen, in welchen die Botschaften ursprünglich verfasst wurden, beherrschen. Denn nur dann könne er die Inhalte wahrheitsgetreu in der Sprache des Volkes verkünden. Außerdem sollte der neue Bischof dazu in der Lage sein, seine Worte und seine Taten aufeinander abzustimmen.

Die Stadtmauer von Constancia umgürtete den Hügel mit den steinernen Ruinen des römischen Kastells. Sie waren notdürftig gesichert und zu Wohnhäusern umgestaltet worden. Auf dem höchsten Punkt des Hügels erhob sich ein schlichter rechteckiger Bau – ein Saal mit einem Altar und einer kleinen Apsis. Darunter verbarg sich die Kultstätte der keltischen Ahnen. Gleich einer unerschütterlichen Zeugin breitete eine mächtige Eiche ihre schützenden Arme über das Gotteshaus aus.

»Ich bin mir sicher, hier wird ein Ort der Gelehrsamkeit und Weisheit zum Leben erweckt werden«, prophezeite eine vertraute Stimme im Hintergrund. Cailech drehte sich im Getümmel um und erkannte mit leuchtenden Augen in dem gleichaltrigen Mann seinen Bruder Ragnacharius. Der Skote war inzwischen Bischof von Augusta Raurica und von Gunzo auf Empfehlung Cailechs zur Wahl eingeladen worden. Trotz des einflussreichen Amtes, das er bekleidete, trug er immer noch das schlichte helle Gewand. Er sah müde und erschöpft aus. Die Jahre hatten an ihm gezehrt. Offensichtlich hatte er viele harte Kämpfe auszutragen. Sie gaben sich den Bruderkuss und umarmten einander herzlich. Für weitere Worte blieb keine Zeit, denn schon trat Herzog Gunzo – man merkte beim Schreiten kaum noch den Ersatzfuß, den Cailech ihm angefertigt hatte – aus dem Gotteshaus. Der Herzog verbeugte sich vor Cailech und begrüßte ihn mit dröhnender Stimme: »Gott grüße dich und deine Begleiter, ehrwürdiger Gallus!« Als sein Name fiel, ging ein Raunen durch die Ansammlung der Menschen. »Das ist Gallus? Der Fremdling, der Magier?« – »Das kann nicht sein. Er ist ja so schlicht gekleidet wie wir.« – »Ja!«, schrie eine weitere Stimme, »ich erkenne ihn wieder! Er ist es! Er hat mich gesund gepflegt! Er ist ein Wunderheiler!« Eine andere Stimme rief: »Ja, ich erinnere mich, er hat mir zu trinken und zu essen gegeben, als ich nichts hatte!« – »Mir hat er Mut zugesprochen, als ich verzweifelt war.« Von allen Seiten kamen freudige Zurufe. »Er soll der neue Bischof werden!«, forderte einer, und ein Jubel erfasste die Menge.

Cailech hatte sich in den letzten Jahren in der Gegend den Namen eines Wunder vollbringenden Retters gemacht. Denn er verteilte unter den Ärmsten, Witwen, Waisen und Kranken die Kleider, das Brot, den Wein, das Mehl, das Geld und all die weiteren Schätze – auch die silbernen und goldenen Becher –, die er von Herzog Gunzo als Dank für Friediburgas Rettung erhalten hatte. Auch jetzt strich er den Menschen tröstend über die Köpfe, schüttelte ihnen die Hände, schenkte ihnen ein Lächeln, fasste nach den Armen und Händen, die sich nach ihm reckten und streckten. Manche kreischten, rutschten auf Knien, versuchten vergebens, ihn zu berühren. In Kürze war Cailech von dankbaren Menschen umringt, als wäre er ein Gott.

Auch Herzog Gunzo strahlte über sein gutmütiges Gesicht, als er voller Zuversicht prophezeite: »Die Wahl wird auf dich fallen, Bruder Cailech.«

»Nein, das wird sie nicht«, entgegnete Cailech kopfschüttelnd. Nie und nimmer würde er seine Freiheit aufgeben. Seine Gedanken wanderten zu Columba. Es hieß, er hätte im Reich der Langobarden, im Reich der Arianer, ein weiteres Monasterium gegründet. Königin Theodelinda hätte ihm das Land dafür zur Verfügung gestellt.

»Ich bin ein Fremdling«, sagte er schließlich ausweichend, »die Satzung der römischen Kirche verbietet es, einen Fremdling als Bischof einzusetzen.« Er verschwieg, dass Columba ihm verboten hatte, kultische Handlungen zu vollziehen. Darüber hinaus stand ihm keinerlei Sinn danach, das Amt des Bischofs zu bekleiden. »Aber seht her ...«, er legte Johannes, der ihn begleitete, die Hand auf den Rücken und schob ihn sanft nach vorne.

Erst jetzt fiel den Menschen das weitere Händepaar auf, das sich ihnen unauffällig darbot. Es stammte von dem jungen Mann, den der Trubel sichtlich einschüchterte.

»... das ist Johannes.« Die Blicke der Menschen musterten dessen zaghaftes Lächeln.

»Er war mein Schüler und ist jetzt ein Meister. Er ist für das Amt des Bischofs gerüstet.«

»Lasst uns im Gotteshaus darüber beraten«, entschied der Herzog, und Cailech sah die Enttäuschung, die sich in seinen Gesichtszügen abzeichnete.

Cailech war siegessicher mit Johannes angereist. Drei Jahre hatte er den Bruder auf das Amt des Bischofs vorbereitet. Drei Jahre hatten sie in den Wäldern um die Steinach die heiligen und heidnischen Schriften zusammengetragen, übersetzt und analysiert. Gleichzeitig ließen sie sich wieder und wieder von der Natur, den Pflanzen und den Gestirnen belehren. Johannes zeichnete sich durch Zurückhaltung und Bescheidenheit aus. Doch auch er trug Dinge zu ihrem Wissen bei, die selbst Cailech in Staunen versetzten. So sprach er von dem überaus gebildeten, dunkelhäutigen Ägypter Mauritius, einem Heilkundigen mit magischen Kräften. In Theben und Alexandria sei er in das heilige Wissen eingeweiht worden und habe es schon vor mehreren hundert Jahren direkt aus Ägypten in die Mitte Europas, in die Alpen, gebracht. Er sei von den Römern hingerichtet worden, weil er sich weigerte, Christen ihres Glaubens wegen zu töten. Wie alle ihre Helden verband auch Mauritius die heiligen Geheimnisse mit den Botschaften des Chi Rho.

Doch im ausgelassenen Treiben der Ansammlung war Johannes scheu. Die vielen Menschen verängstigten ihn. Er schien wie ein junges Tier, das aus der Wildnis zum ersten Mal in eine Stadt geführt wurde. Plötzlich übermannten Cailech Zweifel. Die Menge würde den jungen Mann für unerfahren halten. So gebeugt und ängstlich, wie er dastand, hinterließ er nicht den Eindruck eines mutigen Hirten, befürchtete Cailech. Weitere Bedenken ließen sich nicht verdrängen: Johannes war bei ihm, einem Fremdling, einem ausländischen Meister in die Lehre gegangen. Keiner der Einheimischen kannte die Insel am Rande der Welt, von der er stammte. Es gab zahlreiche Stimmen, die ihn als Fremdling verurteilten, der verderblichen und dunklen Riten anhing. Als einen, der sich nicht dem Stuhl des heiligen Petrus, des Heiligen Vaters in Rom, unterwarf. »Häretiker!«, tönte es auch nun immer wieder aus der Menge.

Schließlich stand Johannes im Heiligtum Rede und Antwort. Die Menschen erfuhren, dass er von schlichter Geburt war und aus dem benachbarten Churrätien stammte. Ein Bischof aus bescheidenen Verhältnissen? Von gemeiner Abstammung? Nicht von adligem Geblüt? Ein Mann des Volkes?

Schweißtropfen rannen über die Stirn von Johannes, während er sprach, und Cailech warf ihm unermüdlich aufmunternde Blicke zu. Stumm stand im Gesicht des Skoten geschrieben und Johannes vermochte es zu lesen: *Denke an unsere Mission!*

Zuweilen suchte Johannes nach passenden Worten, und wenn er sie nicht fand, half ihm Cailech weiter. Schließlich kam die entscheidende Frage: Sah Johannes sich dazu imstande, die Last des Bischofsamtes auf seinen Schultern zu tragen?

Johannes zögerte. Er sammelte seine Gedanken, denn er wusste, wie viel Gewicht in dieser Frage lag. Sein Blick wanderte zu Cailech, der ihm fest und eindringlich in die Augen sah.

»Ja«, sagte er endlich laut und deutlich.

Es folgte die Laudatio, die Cailech auf den jungen Mann hielt. Er sprach von der jugendlichen Schüchternheit, welche ein Ausdruck der Bescheidenheit von Johannes sei. Denn er sei gesegnet mit Wissen. Seine Kenntnisse der heiligen Schriften, des Hebräischen, des Griechischen und selbstverständlich des Lateinischen würden dafür sorgen, dass er die wahren Botschaften des neuen Glaubens verstand und diese dann nicht in der lateinischen Sprache, sondern in der Sprache der Einheimischen verkünden würde. Johannes würde ja Rätisch und Alemannisch fließend sprechen.

Es wurde mehrfach gezählt. Auch wenn die Stimmenzahlen immer wieder variierten, ergab das Gesamtergebnis ein eindeutiges Votum. Herzog Gunzo verkündete den Namen des neuen Bischofs:

»Johannes von Quaradaves!«

»Du übersetzt meine Worte«, sagte Cailech zu Bischof Johannes, als sie nach der Weihe, vom jubelnden Volk angefeuert, zusammen eine Rede halten sollten. »Ich spreche zwar die

Sprache der Alemannen, aber die der Räter noch nicht gut genug. Es gehört aber zu unserer Mission, dass uns alle Anwesenden verstehen. – Sieh sie dir an …« Cailech war überwältigt, als er seinen Blick über die springende, hüpfende, rufende, ausgelassen tanzende Menge schweifen ließ. »Wir erreichen sie nur in ihrer Sprache. Sie hungern danach!«

Die Menschen lauschten gebannt, um zwischendurch immer wieder heftig in die Hände zu klatschen und mit den Füßen zu trampeln. Denn zum ersten Mal verstanden sie die Worte, die ihnen ein Bischof mitteilte. Sie hingen an den Lippen des Johannes, der sichtlich mehr und mehr Spaß am Reden vor dem begeisterten Publikum bekam. Der Jubel und die Zurufe inspirierten ihn geradezu, und jetzt war er es, der Cailechs Redekunst beflügelte und weiterspann. Es entwickelte sich ein Austausch der beiden, der die einen faszinierte und bei den anderen den Neid und die Missgunst wachsen ließen. Und Letzteres sollte sich als gefährlich erweisen. – Denn die Verantwortung eines Bischofs war groß, und Bildung und Wissen bedeuteten Macht …

Der Tag der Wahl neigte sich dem Ende entgegen. Die Stadt sank in einen tiefen Schlaf wohliger Erschöpfung. Stille trat ein. Der See glitzerte am Fuß des Hügels mit dem Heiligtum und der ehrwürdigen Eiche daneben.

Cailech, Johannes, Ragnacharius, Wilimar, Hiltibold und Magnoald verließen die Stadt und begaben sich gemeinsam zum Ufer des Sees. Sie entzündeten ein Feuer und vollzogen die Rituale, die Chi Rho und die Muttergöttin ehrten. Es war Vollmond, und es war Pascha, das strahlende Fest des Lichts, der Auferstehung und der Wiedergeburt. Was hatten sie alles erreicht. Was für ein Erfolg für die Wahrheit! Die Rettung des Weltkörpers schien in Sichtweite.

Cailech würde Columba und Atala nach Italien schreiben und einen Boten zu ihrer Insel am Rande der Welt schicken, um allen die spektakuläre Nachricht mitzuteilen.

Schließlich fragte Johannes: »Welche Tonsur soll ich wählen?«

Doch Cailech schwieg. Er war versunken in Gedanken an Friediburga und ihre Tochter.

Mediomatricum

Das Gymnásion

Die groben Steine des einst römischen Gymnásions umgaben die schlichte Kammer. Es war früh am Morgen, und vor ihrem Fenster feierte die Natur ein ausgelassenes Fest des Wassers. Es tropfte, schüttete, ja ergoss sich in all seiner fruchtbaren Pracht vom Himmel und ließ die von den Kelten als Mosea, von den Römern Mosella genannte Mosel immer mehr anschwellen. Sie sprang, sprudelt, gurgelte, hüpfte, strömte über die Steine, Felsen, trat über die Ufer und tränkte die Wurzeln der Bäume. In den Baumkronen stimmten die Vögel, die ihre Nester bauten, in den Takt des Tropfens, Trommelns und Rauschens ein. Alle waren in Festlaune, so schien es Friediburga.

Das morgendliche Psalmensingen war von Freude begleitet gewesen. Eine der Schülerinnen hatte verkündet, dass eine Frucht in ihrem Bauch wuchs. Sie hatte hinzugefügt, dass es eine Frucht sei, die sie sich sehnsüchtig gewünscht hätte. Es sei eine Frucht, die aus der Vereinigung zweier Seelen und Körper entstanden sei. Alle wussten, dass ihr Gefährte, Bruder Symphorianus, der Vater des Kindes war. Sie freuten sich mit ihr, auch Friediburga, die selbst ein Mädchen zur Welt gebracht hatte, das im Monasterium aufwuchs und jetzt neben ihr auf einem kleinen Lager schlief. Das Mädchen war ihr ganzes Glück.

Es klopfte an die Tür, und ein Bote aus Luxovium, geschickt von Bruder Agrestius, stand vor der Tür. Wie immer brachte er Friediburga Bücher aus dem Monasterium, aus denen sie und die inzwischen geübten Schülerinnen Abschriften anfertigten. Die abgeschriebenen Manuskripte gab sie dem Boten zurück. Cailech hatte dafür gesorgt, dass sie stets genug geistige Nahrung bekam.

»Du bist früh hier«, begrüßte sie den Boten.

»Ja, Meisterin Äbtissin«, erwiderte er. »Ich konnte es nicht erwarten, euch die Neuigkeit mitzuteilen, habe wenig geschlafen, und auch mein Maultier hatte es eilig.« Er strahlte wie die Sonne. »Höre, was ich dir zu sagen habe, Meisterin!« Eigentlich hatte er vorgehabt, die Spannung zu steigern und die Nachricht nach und nach preiszugeben. Doch die Geheimnistuerei lag ihm nicht, und so platzte es aus ihm heraus: »Johannes von Quaradaves, der Schüler von Meister Cailech, ist zum Bischof von Constancia gewählt worden!«

Friediburga, die aufgestanden war, um den Boten zu begrüßen, setzte sich wieder auf den Stuhl am Tisch am Fenster. Ihr Blick richtete sich auf die tobende Mosel, ohne sie wirklich wahrzunehmen.

Die Ereignisse der vergangenen drei Jahre kamen ihr in den Sinn.

Was war alles geschehen? Der Plan, den Cailech mit Johannes ausgearbeitet hatte, war in die Tat umgesetzt worden.

Friediburga war schon bald nach Cailechs Weggang von Iburinga nach Mediomatricum übergesiedelt, um am königlichen Palast von Brunichilde auf die Hochzeit mit Sigibert vorbereitet zu werden. Am Tag der Feierlichkeiten trafen zahlreiche Fürsten, Adlige und Männer aus höchsten kirchlichen Kreisen am Hof ein. Alles funkelte und leuchtete in festlichem Glanz. Die Braut war von den Mägden in ein kostbares Gewand gekleidet worden und sah darin wunderschön aus.

Schließlich verlief die Zeremonie anders, als das Kind, König Sigibert, und vor allem seine Urgroßmutter Brunichilde es geplant hatten. Sigibert stand an dem großen Tag klein und zart in der Tür. Seine Braut überragte ihn um zwei Köpfe. Er sollte, so hatte Brunichilde es ihm aufgetragen, Friediburga, die junge schöne Frau, zum Altar führen, damit sie ihm ihr Jawort vor den Bischöfen im Sinne des christlichen Glaubens von Rom geben würde.

Doch nach all dem, was Cailech sie gelehrt hatte, kam Friediburga ihr Eintritt in den Ehestand mit Sigibert dem Eintritt in die Welt der Lügen gleich. Nein, nie und nimmer würde sie dieses aufgezwungene Leben auf sich nehmen wollen. So folgte sie dem Plan, den ihr Cailech vorgeschlagen und den sie gemeinsam weitergesponnen hatten. Sie warf sich, als nun Sigibert in der Tür zu ihrem Gemach stand, demütig vor dem Kind auf die Knie und eröffnete ihm, dass ihr Körper abgemagert, reizlos, ohne Lust und ohnehin noch zu schwach für die körperliche Liebe sei. Sie bat um weitere sieben Tage Aufschub der Hochzeit, um zu genesen. Das Kind Sigibert lachte erleichtert und bekam dafür eine schallende Ohrfeige von seiner Urgroßmutter Brunichilde. Dennoch war der Junge froh. Denn trotz aller Einweisungen hätte er womöglich in der Nacht beim Vollzug der Ehe versagt. Er war einfach noch nicht so weit. Die Gäste wurden vertröstet mit den Worten, die Tochter des Herzogs hätte einen Schwächeanfall erlitten.

Und dann geschah die eigentliche Tragödie:

Friediburga hörte den lauten Aufruhr im und um den königlichen Palast. Laute Schreie drangen von draußen in ihr Gemach. Sie lief ans Fenster und sah, wie sie die alte, gebrechliche, aber sich heftig wehrende Brunichilde und das zappelnde Kind wegschleppten. Die Diener schauten regungslos dem sich ihnen darbietenden Spektakel zu. Keiner vom Hof bewegte sich, um der Königin und ihrem Urenkel zu Hilfe zu eilen. Später erfuhr Friediburga mit Schaudern, dass die Rebellen die alte Frau und den Jungen nach Neustrien gebracht und an König Clothar ausgeliefert hatten. Dort wurde Brunichilde grausam gefoltert und beide wurden schließlich ermordet.

Herzog Waldelenus war von Cailech als Mittelsmann in den Plan zum Verhindern der Hochzeit eingeweiht worden. Mit der Verschwörung am Hof von Mediomatricum spitzte sich jedoch die Lage unerwartet zu und verlangte umgehendes

Handeln. Denn selbstverständlich sollte der schönen, jungen Tochter von Herzog Gunzo kein Haar gekrümmt werden.

Daher ließ Waldelenus Friediburga schneller als vorgesehen von seinen Verbündeten in das Gymnásion von Mediomatricum in Sicherheit bringen. Der Komplex lag direkt an der Mosel. Einige Jahrhunderte zuvor befand sich dort die Druidenschule des keltischen Stammes der Mediomatriker. Die Römer aber verboten die Schule und bauten dort die Thermen mit dem Gymnásion. Junge Männer trafen sich hier, trieben Sport, philosophierten und tauschten sich geistig aus. Heimlich gaben sie hier aber auch das heilige Wissen der Ahnen weiter. Bischof Aigulf setzte sich schließlich dafür ein, dass an derselben Stelle ein Monasterium, ein Institut des Wissens, gegründet wurde. Neben den Männern, die ihrem eigenen – von Rom unabhängigen – Abt unterstanden, hatte sich dort vor einiger Zeit auch eine Vorsteherin mit Schülerinnen niedergelassen. Die Äbtissin war keine andere als Waldarada, die Mutter von Theodelinda, der faszinierenden langobardischen Königin. Waldarada war die rebellische Vorsteherin, die sich, wie der Abt, weder den Bischöfen noch dem Papst unterordnete.

Jetzt dachte Friediburga an jenen ersten Tag im Monasterium zurück.

Damals betrat sie den Saal, den einzigen Raum, in welchem die Moniales schliefen, sich versammelten, aßen, beteten, sangen. Am Ende des Saals erblickte sie eine schlichte Bettstatt. Eine alte Frau lag darauf. Die letzten Sonnenstrahlen des Tages waren soeben über ihren leblos wirkenden Körper hinweggeglitten. Die Schwestern führten sie zu dem Lager und berichteten ihr, Waldarada würde schon seit einigen Tagen auf Friediburga warten, denn Herzog Waldelenus hätte sie angekündigt. Friediburga nahm die Hand der Vorsteherin. Waldarada schlug ihre Augen auf und sah Friediburga an. Der Blick war jedoch nicht stumpf und ermattet, wie es zunächst den Anschein hatte. Im Gegenteil, ihre bernsteinfarbenen Augen flammten so feurig auf, dass Friediburga ehrfurchtsvoll zusammenzuckte.

Waldarada gab den umstehenden Schwestern ein Zeichen, ihr aufzuhelfen. Sie trug ein schlichtes, helles Gewand und schlug sich ein Tuch um den Kopf mit den ergrauten Haaren. Sie hustete.

Als Nächstes gab sie Friediburga den Bruderkuss. Auf die weiteren Begrüßungsrituale hatte Cailech die junge Frau gut vorbereitet.

»Komm«, forderte die Meisterin mit leuchtenden Augen Friediburga nach der Fußwaschung und dem rituellen Mahl auf. »Es bleibt uns nicht viel Zeit.«

Waldarada führte Friediburga in die Septa secreta des Monasteriums. Dort lagerten die Schriften, und dort saßen weitere Schülerinnen und Schüler. Sie kopierten und studierten.

Die folgenden Monate sollten wie im Flug vergehen. Es waren Tage des Unterrichts und der Unterweisung, während derer auch die weise Waldarada erstaunliche Kräfte zurückerlangte. Immer wieder begaben sie sich auf Exkursionen in die umliegenden Wälder, und die Vorsteherin führte Friediburga in die Braukunst der Heiltränke und das Sammeln und Anwenden der Heilpflanzen ein. Auch vermittelte sie ihr das tiefe Wissen, das sie selbst über den Mikro- und den Makrokosmos besaß. Selbstverständlich verband sie die heiligen Weisheiten mit dem neuen Glauben.

Das Monasterium von Waldarada, der Arianerin, war nicht nur unabhängig von den gallorömischen Bischöfen, sondern auch die freie Wahl der Vorsteherin war dem Monasterium schon vor mehreren Jahren durch Waldaradas Verwandten, Bischof Aigulf, zugesichert worden.

Nach der letzten Prüfung, die Friediburga zu bestehen hatte, schlief Waldarada ruhig und für immer ein. Friediburga wurde einstimmig zur neuen Vorsteherin des Monasteriums gewählt.

Und jetzt war Johannes, ein weiterer Schüler der iroschottischen Mission, der Bischof von Constancia. Was für großartige Erfolge für das Gute, für die Suche nach der Wahrheit, auf dem Weg zur Rettung des Weltkörpers!

Ebovium – Bobbio
Im Reich der Langobarden

Columba, der Micrologus

»Und die Kirche…«, ein forderndes Wimmern unterbrach Cuimmine. Columba legte seine vom Alter zittrige Hand auf das kahle Köpfchen des Säuglings, und er sagte besorgt: »Er hat Hunger! – Gib Bobolenus, was er braucht!« Cuimmine öffnete die Schnüre ihres Gewands und entblößte ihre Brust. Schnell fand das gierig aufgesperrte Mündchen ihres Sohnes die Nahrungsquelle. Während das Kind mit kräftigen Zügen die Milch saugte, beendete sie ihren Satz: »… ist ein Schiff, das über die stürmischen Gewässer des Weltkörpers fährt und alle Menschen in Not aufnehmen muss.«

»Ja, du hast recht, Cuimmine«, bestätigte Winnoc und streichelte stolz das kleine Füßchen, das ihm Bobolenus jetzt entgegenstreckte, »wenn das Schiff der römischen Kirche nicht untergehen soll, muss Papst Bonifatius als Steuermann den Kurs wechseln!«

»Auch was die Haltung gegenüber uns Frauen betrifft«, ergänzte Atala seufzend und strich sich das ergraute Haar aus der Stirn. Immer noch gab sie sich als Mann aus. Doch hier in der Einöde an der rauschenden Trebbia waren sie unter sich. Das neu gegründete Monasterium auf dem Land, das ihnen Theodelinda und Agilolf zur Verfügung gestellt hatten, war im Aufbau. »Wenn die Kirchenmänner Roms danach streben, dass wir Frauen untergehen, geht auch das Schiff der Kirche unter. Sie ist weiblich …«

»Ja, die Kirche muss eine Mutter sein. Sie muss Verstand, Vernunft und Toleranz zeigen, eine gute Seele haben, und sie muss alle ihre Kinder nähren ... und ihre Kinder sind männlich und weiblich«, sagte Cuimmine und ihr liebevoller Blick ruhte auf Bobolenus.

»Und sie sollte alle mit Bildung nähren. Mit einem allgemeinen Wissen wie lesen und schreiben ... Stellt euch vor, alle Menschen könnten die heiligen Schriften lesen. Alle ...!«

»Aber Bildung des Verstands ohne die Bildung des Herzens macht wenig Sinn«, gab Atala zu bedenken und beobachtete, wie der kleine Bobolenus, während er unentwegt saugte, seine Mutter fixierte.

»Vergiss nicht«, entgegnete Libranus, »es muss auch Menschen geben, die auf dem Feld und mit dem Vieh arbeiten, damit alle genug zu essen haben. Außerdem will nicht jeder Lateinisch oder Griechisch oder gar Hebräisch lernen.« Er verdrehte die Augen, nahm einen Stein auf, ritzte mit seinem Messer schnell und geschickt das Sonnenrad und die Brixiola ein und warf den Stein in die Trebbia. »Ich schleppe und behaue lieber Steine. Über den Sinn und die Bedeutung von so manchem auch für die Nachwelt eingemeißelten Ornament werden sich die Gelehrten noch in Hunderten von Jahren streiten. – Wir Steinmetze hinterlassen Geheimnisse für die Ewigkeit ...«, ergänzte er stolz.

Aus der Ferne sahen sie Potentinus wild gestikulieren. Er bedeutete ihnen, ins Monasterium zu kommen. Eile schien geboten.

Obwohl er von der langen Reise schmal und abgemagert war, erkannte Columba ihn sofort an den zweierlei Augen. Beide Lider hingen tiefer denn je, aber eines davon ließ sich nur noch einen kleinen Spalt öffnen.

Demütig saß Eustasius vor Columba. König Clothar hätte ihn, den amtierenden Vorsteher des Monasteriums von Luxovium, über die Alpen geschickt. Der König ersuche Columba, zurück nach Luxovium zu kommen, um das Monasterium wieder als Abt zu führen.

»Nein!«, erwiderte Columba entschieden. Er kniete vor Eustasius, denn er hatte es sich nicht nehmen lassen, dem Bruder persönlich die erschöpften Füße zu waschen. Jetzt wickelte er einen heilenden Verband um die vom Laufen wunden Stellen und suchte die müden Augen des amtierenden Abtes von Luxovium. »Ich bin zu alt. Du hast die beschwerliche Reise hierher umsonst angetreten. Richte König Clothar aus, dass ich nicht zurück nach Luxovium kommen werde. Als wir damals verbannt wurden, war das Kloster gespalten. Viele hatten sich von uns abgewendet. Der Wind, der unter deiner Führung des Klosters dort weht, ist ein anderer als der, der uns hier umgibt. Lass uns das Mahl zusammen einnehmen, stärke dich hier, schlafe dich aus, erhole dich, und ziehe wieder deiner Wege ...«

Vielleicht fühlte Columba Genugtuung, nachdem Eustasius den Rückweg angetreten hatte. Doch noch immer lasteten zwei Dinge schwer auf seiner Seele.

Er beschloss, bevor er durch das Feuer in den ewigen Kreislauf eintreten würde, seine Seele von beiden Lasten zu befreien.

Rom und die Spaltung der Kirche bereiteten ihm einen großen Kummer. Er sah es als seine Pflicht an, den Pontifex Maximus erneut auf die Gefahren hinzuweisen, auf die das Kirchenschiff zusteuerte. Diesmal war es Atala, der er den Brief an Papst Bonifatius diktierte:

»*An das Haupt der Kirchen von ganz Europa, an den Papst, den erhabenen Prälaten, den Hirten der Hirten, den ehrwürdigsten Bischof ist dieser Brief gerichtet von dem letzten und ersten ausländischen Eingeborenen, einer armen Kreatur, einem seltsamen Vogel, der es wagt, als Columba, als Taube, sein Wort an Papst Bonifatius zu richten.*«

»Was für ein grandioser Auftakt, *Columba ... Columba* ...«, wiederholte Atala. »Das könnte auch der Name einer Frau sein. Er enthält alles: die Trauer, die Liebe, die Seele, den

Frieden. Das Fliegen, das Laufen, das Schwimmen. Das Reisen. Selbst das Übermitteln von Botschaften ...«

»Auf Griechisch heiße ich Peristera und auf Hebräisch Jonah. Wie unsere Insel Iona. Die Insel der Eingeweihten ... Wie der Prophet, der ins stürmische Meer geworfen wurde und im Bauch des Fisches gelebt hat. Wir verkünden beide die Wahrheit im Auftrag Gottes ...« Er kratzte sich am Vorderkopf und erinnerte sich: »Einst habe ich den Namen vom Meister der Meister verliehen bekommen. Denn auch der Abt der Äbte, Columcille von Iona, nannte sich so.« Er hielt inne und sagte dann ungehalten: »... unterbrich mich nicht, Atala, mein Gehirn ist nicht mehr so jung wie deines.« Er strich sich über das noch spärlich verbliebene Hinterhaupthaar und vertiefte die Falten auf seiner Stirn. Er suchte in seinem Kopf nach dem verlorenen Faden. Sein Geist war immer noch so klar wie eh und je. Bobbio, die Trebbia und das neue Monasterium hatten ihm einen erstaunlichen Auftrieb und wieder Lebensmut gegeben. Seine Melancholia kam jetzt seltener zum Tragen. Doch das Auffinden und Verfolgen von außergewöhnlichen Gedankengängen dauerte inzwischen etwas länger.

Schließlich hatte er seine kühnen Botschaften wieder sortiert, suchte jetzt nach den passenden Worten und setzte diese mit besonderer Sorgfalt:

»*Ich erlaube mir*«, fuhr er fort, »*ungebeten, aber aufgrund meiner großen Sorge, welche die tiefe Spaltung der Kirche betrifft, dir zu schreiben. Ich schreibe als Freund und Schüler, nicht als Fremder. Das erlaubt es mir, mich frei und offen zu äußern. Ich gestehe, ich bin betrübt über die Schmach, welche der Stuhl des heiligen Petrus auf sich lädt. Ich habe <u>nicht</u> das Gefühl, dass die römische Kirche <u>nicht</u> ketzerisch ist, und ich glaube auch <u>nicht</u>, dass sie den wahren Glauben stützt. Sie vermittelt ihren guten und willigen Nachfolgern und Schülern <u>nicht</u> den Eindruck eines wahren Lehrmeisters. Das mystische Schiff der Kirche wird vom Sturm erfasst, riesige Wellen brechen* *über es herein, und es droht, unterzugehen. Als furchtvoller Seemann bringt mich diese Gefahr zum Weinen.*«

Er unterbrach sich und sagte langsam, aber deutlich:

»Unterstreiche jedes einzelne *Nicht,* Atala!«

»Lehrmeisterin ...«, verbesserte Atala, während sie unterstrich, »... es muss Lehrmeisterin heißen.«

»Warum?«

»Weil die Ecclesia, die Kirche, weiblich ist. Sie ist eine Frau.«

»Jetzt bringst du Verwirrung in unsere Sprache, Atala«, sagte Columba und kratzte sich den kahlen Vorderkopf. »Du bist mein Bruder, warst mein Schüler und wirst mein Nachfolger. Bist ein Teil meiner Seele.« Er überlegte kurz und sagte dann gewitzt: »Um dem Männlichen im Weiblichen der Kirche Raum zu geben, rede ich vom Lehrmeister.«

»Hoffentlich versteht das der Papst. – Ich bin bereit, weiterzuschreiben, Meister Columba.«

»*Ich setze mich für die Nachfolger und Schüler ein ...*«

Er hielt inne, blickte in das Licht der Öllampe und sagte: »Männer und Frauen sind gemeint.« Dann fuhr er fort:

»*... vor allem, wenn sie einen lernwilligen Verstand besitzen. Ein vorbildlicher Meister bewegt aber auch die Herzen seiner Schüler. Deine Schüler werden jedoch zu zitternden Schafen, weil sie immer wieder von den Wölfen, den falschen und gestörten, den bösen Menschen angegriffen werden. Und du hast nicht den Mut, dich zwischen die Schafe und die Wölfe zu stellen. Und das schreibe ich dir als Fremder vom Ende der Welt ...*«

»Du sagst wie immer die Wahrheit«, zollte Atala ihm Bewunderung. »Du bist mutig.«

»Das ist nicht mutig«, erwiderte Columba heftig, »wir *müssen* das sagen. Das ist auch deine Pflicht, Atala, und das weißt du. Das ist unsere Mission. Es gehört zu unserem Kampf für die Wahrheit. Vergiss das nie! Die Schäflein erliegen sonst dem Irrtum und geraten in die Fänge der Wölfe. Der Papst ist nachlässig. Er lässt die Zerstörung zu. – Schreib!«, befahl er

Atala, und sein Ton klang schroffer als beabsichtigt. Aufgewühlt diktierte er weiter:

»Du weißt, wie grausam die Väter des Konzils zu Nicäa die Unschuldigen anklagen und verdammen. Doch ...«

Columba unterbrach sich und sah Atala mit großen Augen an.

»Jetzt werde ich ihn mit der großen Schuld, die er auf sich lädt, konfrontieren.« Hinter dem Blau seiner Iris, das der Tiefe des Universums glich, verbarg sich die Weitsicht in die Zukunft. Er gab Atala das Zeichen zum Weiterschreiben.

»Pass auf, ich bitte dich, pass auf, Papst! Und ich sage es noch einmal, pass auf! Verschließe nicht die Augen! Folge nicht blindlings den Verirrungen der Verräter! Verurteile nicht die Unschuldigen! Deine Sorglosigkeit wird sonst viele Menschenleben zerstören. Deine Sorge und Achtsamkeit hingegen Leben retten. Sei kein Feigling. Du hast eine Mission. Merkst du nicht, dass die Erinnerung an den wahren Glauben ausgelöscht wird von den Gegnern? Die Irrläufer sind der Kopf, und du bist der Schwanz. Verzeih mir, dass ich diese rauen Worte wähle. Doch wir Skoten von der Insel vom Rand der Welt sind Schüler der heiligen Schriften. Keiner von uns ist ein Häretiker oder gewillt, die Kirche zu spalten. So kann ich es nicht zulassen, dass die Bräuche meines Landes verurteilt werden. Denn als Nachfolger der Apostel verkünden wir den universalen Glauben und die Wahrheit, die darin steckt. Wir erzählen den Menschen von der Liebe und dem Frieden, von welchen die Botschaften des Chi Rho, des χρ, des χρεστος, krestos, künden. Meine großen Sorgen betreffen den Frieden und die Einheit des Weltkörpers. Denn wenn ein Glied leidet, werden alle Glieder krank. Der Mensch wird nach der Wahrheit gerichtet, nach seinen Taten, nicht nach seinen Worten. Du, der du als Nachfolger Petri den Schlüssel zum Himmelreich trägst, hast die Verantwortung, den Irrtum zu gestehen und nicht zu verleugnen. Wir alle haben einen gemeinsamen Lehrer: Chi Rho und eine gemeinsame Mutter.

Doch in diesem Mutterleib leben wie in Rebeccas Körper Zwillinge, die einander feindlich gesinnt sind.

Wenn auf beiden Seiten der Spaltung wahre Christen sind, sollten wir nicht gegeneinander kämpfen. Allein in der Einheit und im Verzeihen finden wir die Rettung und den Frieden.

Zu guter Letzt schreibe ich dir vom Anliegen von König Agilolf und von Königin Theodelinda. Sie suchen nach Frieden in ihrem Land. Sie suchen nach Frieden im Glauben. Sie suchen danach, dass alle zu einer Herde werden, die Frieden im Glauben finden.

Was ist schöner als Frieden nach all den Kriegen? Was gibt es Schöneres als das Einvernehmen der Menschheit nach der langen Spaltung!«

Er schloss mit den Worten:

»*Bete für mich, einen armen Sünder, und für meine Schwestern und Brüder. Amen.*«

»Du schreibst dem Papst als ein Ebenbürtiger«, sagte Atala langsam und steckte die Feder in das Horn mit der Tinte. Ihr Ausdruck war voller Bewunderung. Ihre Augen glänzten und spiegelten ihre brennende Liebe wider, die damals auf der Insel am Rande der Welt für ihn entflammt war und seither loderte. »Nein«, sinnierte sie weiter und konnte ihre Augen nicht von ihm lassen, »als einer, der weit über den Heiligen Vater hinaussieht!«

»Du weißt«, erwiderte Columba unbeirrt, »ich bin ein Micrologus und ein Vilis, ein demütiger Sünder, und erhalte meine Anweisungen direkt aus den Botschaften von Chi Rho.«

»… ein Micrologus …?«, überlegte Atala.

»Ja, ein Micrologus. Du verstehst, was das bedeutet, Atala. Ich bin auf der Suche nach den magischen Geheimnissen der Harmonien, des Einklangs … Pythagoras war ein Kenner … Aber das führt jetzt zu weit, Atala. Um es kurz zu machen: Den Papst benötigen die anderen Menschen, aber nicht wir! Rom hätte wahrlich die Macht dazu, die Wahrheit zu verbreiten. Doch der Papst hat nicht den Mut, für die Vielheit in der Einheit einzutreten, für den Zusammenklang, der die Harmonie erzeugt. Wir hingegen nehmen alle auf, gleichgültig ob Skoten, Franken, Gallier, Römer oder welcher Herkunft sie auch immer seien und welche Gebräuche sie mitbringen. Wenn sie zu den Gleichgesinnten gehören, die den Frieden und die Nächstenliebe in sich tragen, können wir gemeinsam im Namen der Botschaften des Retters die Welt verbessern. Dann sind wir alle Glieder eines Leibes, ungeachtet der Herkunft. Dann sind wir nirgendwo Fremde. – Am Schluss des Lebens wird abgewogen. Doch die in Rom sind nicht diejenigen, die abwiegen ...«

Es klopfte an die Tür der steinernen Schreibhütte.

»Komm rein!«, rief Columba.

Ein Bruder in hellem Gewand stand auf der Schwelle. Er sah erschöpft aus, strahlte aber über das ganze Gesicht. Er sagte, er sei Magnoald. Bruder Cailech würde ihn schicken.

Columba benötigte einige Zeit, bevor er Worte fand. Er starrte Magnoald an, als käme er aus einer anderen Welt. Dann stand Columba auf, gab ihm den Bruderkuss und schloss ihn fest und lange in seine Arme. Atala sah, wie sich Tränen in seinen Augen bildeten.

Später erfuhren sie von der bewegenden Bischofswahl in Constancia, und schließlich erzählte Magnoald, dass sich Cailech große Sorgen um Columba machen würde. Daher hätte er ihn nach Ebovium geschickt. Er lächelte erschöpft, aber glücklich, als er sagte: »Jetzt bin ich hier! – Aber ich werde nicht lange bleiben, denn Cailech wartet auf Antwort und auf meine umgehende Rückkehr! Welche Botschaft darf ich Cailech überbringen?«

Columba nahm seinen Baculus, seinen Wanderstab, der ihn all die Jahre hindurch begleitet und gestützt hatte, und überreichte ihn Magnoald. »Bring ihm diesen Stab, sag ihm, dass ich ihn immer wie meinen eigenen Sohn geliebt habe und ihn beauftrage, alle kultischen Handlungen zu vollziehen, derer er sich würdig fühlt.«

Mit diesen Worten befreite er sich von der weiteren Bürde, welche die letzten Jahre schwer auf seinen Schultern lastete. Er fühlte sich leicht, glücklich und mit sich im Reinen.

Doch sein Herz war vom vielen Schlagen erschöpft. Bald darauf überschritt er in den Armen von Atala die Schwelle und trat ein in den Kreislauf des ewigen Lebens.

Wie einst in Luxovium übernahm Atala erneut das Amt des Vorstehers des Klosters – weiterhin gab sie sich als Mann aus. Ständig hatte sie gegen Ränke und Intrigen anzukämpfen, die schließlich sogar zum Mord eines Bruders mit dem Namen Baldulf führten. Die Spaltung zwischen den Arianern und der römischen Kirche sollte auch die zukünftigen Äbte des Monasteriums, zu denen Bobolenus, der Sohn von Cuimmine und Winnoc, gehörte, belasten.

Die Umstände, die schließlich dazu führten, dass das Monasterium zu einem unmittelbar dem Heiligen Stuhl in Rom unterstellten Benediktinerkloster wurde, lassen sich aufgrund der zahlreichen im Laufe der Zeit untergegangenen oder im Nachhinein gefälschten königlichen und päpstlichen Urkunden nicht mehr nachvollziehen.

Wahrheit und Irrtum
Inspirationen zum Roman

Weltkulturerbe
Das Monasterium von St. Gallen

Auf den Spuren von Columba und Gallus, der im Roman nach seiner iroschottischen Namensvariante Cailech genannt wird, reisen wir von Irland über die Vogesen an den Bodensee und schließlich über die Alpen nach Norditalien. Wir begeben uns in die vergessene Welt der iroschottischen Gründer des Monasteriums von Sankt Gallen. Die berühmte Stiftsbibliothek und die imposante Klosteranlage gehören heute zum Weltkulturerbe der UNESCO.

Columba und Gallus bringen ihr universales Wissen, ihre geheimnisvollen Riten und Gebräuche mit an den Bodensee, genauso wie den neuen Glauben: Das Christentum. Doch es ist ein anderes Christentum, als Rom verkündet, denn die Insel am Rande der Welt gehörte nie zum Römischen Reich. Die Unterschiede sind weltbewegend, jedoch verdrängt worden, aber heute aktueller denn je. Anhand der wenig beachteten Briefe und Reden des Columba aus der Zeit um 600 nach Christus verfolgt der vorliegende Roman den unermüdlichen, aber stets aktuellen Kampf für Toleranz, Gleichberechtigung, Naturschutz und Allgemeinbildung.

Die Recherche

Intensive Nachforschungen und Exkursionen bilden das Fundament der *Bodensee-Romane, HiStory – Welt und Mensch.*

Als Grundlagen für die Lebensabschnitte von Columba und Gallus/Cailech, die Protagonisten von *Wahrheit und Irrtum*, dienen die überlieferten Viten.

Vita des Columba:

Jonas von Bobbio schrieb die *Vita Columbani* um die Jahre 642/43 *nach* der Einführung der benediktinischen Regel und der Unterstellung des Monasteriums von Bobbio unter die Autorität der römischen Kirche.

Gallus-Viten:

Vita Sancti Galli Vetustissima

Die älteste Lebensbeschreibung zu Gallus ist kurz nach dessen Tod entstanden. Die sogenannte *Vetustissima* wurde im 7./8. Jahrhundert von einem unbekannten Verfasser geschrieben und ist durch ein Manuskript aus dem 9. Jahrhundert überliefert (*Codex Sangallensis 2106*, Stiftsbibliothek St. Gallen).

Vita, geschrieben von dem Reichenauer Mönch Wetti

Wetti verfasste die *Vita Sancti Galli* um das Jahr 820 auf Grundlage der *Vetustissima* für den St. Galler Abt Gozbert (Regierungszeit 816–837).

Walahfrid Strabo schrieb die dritte Vita. Er war Schüler des Wetti und verfasste den Lebenslauf von Gallus um das Jahr 833, noch vor seiner Amtszeit als Abt des Klosters auf der Insel Reichenau.

Die Viten sind aus der Sicht der Auftraggeber und Verfasser geschrieben.

Columba, Briefe und Reden (St. Gallen, Stiftsbibliothek; Turin, Bibliotheca Nazionale)

Die in einem leidenschaftlichen Ton verfassten Briefe und Reden, die Columba zugeschrieben werden, sind ein einzigartiges Zeugnis. Wir können uns damit seinem Charakter und seinen Visionen nähern. Sein Ziel ist es, unterschiedliche Traditionen zu respektieren, solange sie mit dem Christentum vereinbar sind. Er zeigt zynische Züge, wenn er das Verhalten der Bischöfe und die Konzilsbeschlüsse kritisiert. Im Gegenzug ist den Schriften zu entnehmen, dass Rom die geheimnisvollen Riten und Gebräuche der Iroschotten, wie beispielsweise die Tonsur und die Berechnung des Zeitpunkts für das Osterfest, anprangert. Letzteres zeigt die unumstößliche Bedeutung, welche die Skoten der Einbindung der christlichen Feste in den Kreislauf der Gestirne und der Natur beimessen.

Aus Columbas oft melancholischem Blickwinkel nähern wir uns Europa aus einer vergessenen, aber erstaunlich aktuellen Perspektive. Columba spricht darin von *totius Europa*, von ganz Europa. Mehr und mehr belegt auch die aktuelle Wissenschaft die Vernetzung der damaligen Welt. Im Roman zeugen die Göttin Brigantia als Namensgeberin für Flüsse und Seen, so auch einst für den Bodensee, sowie das X (vgl. den Roman *X – Die geheime Quelle vom Bodensee,* 2020) von dem engen kulturellen Austausch der Menschen.

Die Königinnen Brunichilde und Theodelinda

Die spärliche und oft widersprüchliche Quellenlage lässt annehmen, dass Theodelinda mit der Adelsfamilie der Agilolfinger verwandt oder verschwägert ist und über besondere Kenntnisse der Heilkunst verfügt. Die Agilolfinger stellen Könige der Langobarden sowie Herzöge der Bajuwaren und Alemannen, von denen einer Gunzo ist, der in Überlingen am Bodensee residiert. Die Quellen geben keine verlässliche Auskunft, doch einige Wissenschaftler vertreten die These, dass es Brunichildes Urenkel Sigibert ist, der mit Friediburga, der Tochter des Herzogs Gunzo aus Überlingen am Bodensee, vermählt werden soll.

Herzog Gunzo und seine Tochter Friediburga

Auch die Quellenlage um den Herzog ist dürftig. Keine Lebensdaten sind überliefert. Er wird zuweilen mit Gunduin oder Uncelenus gleichgesetzt. Im Roman lassen wir uns durch die wissenschaftliche These inspirieren, dass auch er Agilolfinger ist und von Brunichilde zum Herzog der Alemannen ernannt wird. Gunzos Tochter Friediburga wird laut der Gallus-Viten von dem Iroschotten von ihrer Besessenheit geheilt. Ihre heftigen Beschimpfungen der Bischöfe, ihr Verlangen nach Gallus und dessen heimliche Flucht vor einem erneuten Treffen mit Friediburga werden in den Gallus-Viten beschrieben.

Das Druidentum und das universale Wissen

Das universale Wissen wurde einst von den Druiden im keltischen Europa gehütet. Aus den christianisierten, von den grausamen Riten befreiten Druidenschulen entwickeln sich in Irland und Schottland (gehörten nicht zum Römischen Reich) Monasterien als Zentren des universalen Wissens. Äbtissinnen, wie Brigid (Brig) von Kildare, und Äbte, wie Columcille von Iona, gründen und leiten die Klöster. Die iroschottischen Monasterien sind weder dem Papst noch seinen Bischöfen unterstellt. Zu den Traditionen der *Scoten*, wie die Iroschotten im dritten Jahrhundert zuerst von Porphyrios von Tyros genannt werden, gehört darüber hinaus die Verehrung der Natur und die Sternenkunde. Die Schülerinnen und Schüler lernen, wie im Roman erzählt, Latein, Griechisch, Hebräisch, sammeln die heidnischen Schriften und die heiligen Manuskripte aus ganz Europa und übersetzen sie in die Sprache des Volkes.

Das gespaltene Christentum, die Arianer, Wulfila und Pelagius

Die Menschheit leidet unter den Kriegen, dem Morden, den grausamen Riten und Gebräuchen. Das Christentum soll Frieden, Fürsorge und Nächstenliebe bringen.

Aus den Columba zugeschriebenen Schriften lässt sich entnehmen, dass er sich mit dem arianischen Glauben auseinandersetzt. Jene in Vergessenheit geratene christliche Glaubensrichtung ist vor allem unter den Germanenstämmen, so bei den Goten und Langobarden, verbreitet. Sie steht unter dem Einfluss vom griechischsprachigen Christentum und den heidnischen Philosophien eines Platon. Für die drastische Spaltung der Christenheit sorgen über mehrere Jahrhunderte hinweg die heftigen Diskussionen zur Frage nach der Göttlichkeit oder Menschlichkeit von Christus.

Auch der Theologe *Wulfila* (um 311 bis 383) bringt sich in den Streit ein. Der Gote ist ein Revolutionär. Viele Jahrhunderte vor Luther übersetzt er die Bibel in die germanische Volkssprache. Hierfür erfindet er sogar neue Wortschöpfungen, da es für manche der griechischen Ausdrücke keine Entsprechungen im Gotischen gibt. Darüber hinaus kennen seine Vorfahren und Zeitgenossen keine Schrift, und so kreiert er aus Runen, griechischen und römischen Buchstaben mit seiner Bibelübersetzung das älteste schriftliche Zeugnis einer germanischen Sprache. Wie Columba sucht er die Spaltung der Christenheit zu überwinden und setzt sich beim ersten Konzil von Konstantinopel im Jahr 381 gegen die Verurteilung des Arianismus ein.

Zu den faszinierenden Persönlichkeiten, die die Iroschotten beeinflussen, gehört der Britannier Pelagius (um 350 bis ca. 420). Er lehnt die Vorstellung von der Erbsünde ab und predigt vom freien Willen und von der Selbstbestimmung des Menschen. Seine Anschauungen wurden auf der Synode von Karthago im Jahr 418 von den römischen Bischöfen als Irrlehren verdammt.

Kulturelle Einflüsse auf das Leben in den iroschottischen Monasterien

Die iroschottischen Monasterien wurden von zahlreichen Kulturen beeinflusst. Grundlage bilden die keltischen Traditionen, aber auch philosophische Schulen, wie die der griechischen Pythagoräer und das Koinobitentum, das Mönchstum der Ägypter. Im Sinne des Christentums wird das gemeinschaftliche Leben mit Eremitentum und Askese verbunden. Die Landwirtschaft, Viehzucht sowie handwerkliche Betriebe bestimmen genauso den Alltag wie das Lehren, Lernen und Kopieren von Manuskripten. Die sprichwörtliche Gastfreundschaft der iroschottischen Monasterien – sie bieten Fußwaschungen und reichhaltige Mahlzeiten für die Gäste – lockt zahlreiche Besucher an. Die Septa secreta, wohl der Bereich für traditionelle, geheime Riten, erscheint als eine Besonderheit der iroschottischen Klöster. Die weiterhin gepflegte Verbindung zum Druidentum und dem heiligen Wissen zeigt sich durch die von der römischen Kirche verbotene Haartracht. Die Tonsur reicht von Ohr zu Ohr.

Sie wird auch als die *Tonsur des Simon Magus* (gestorben um 65 nach Christus) bezeichnet. Simon Magus ist eine schwer zu fassende und stark umstrittene Persönlichkeit. Mit Ennoia-Helena an seiner Seite, die er aus der Prostitution befreit haben soll, gilt er als der erste von der römischen Kirche verurteilte Häretiker. Des Weiteren zeugt die Columcille von Iona (um 520 bis 597) zugeschriebene Bezeichnung *Jesus, mein Druide* von der Verbundenheit mit den Priestern der Ahnen.

Zu den weiteren Besonderheiten der iroschottischen Mönche zählt das weiße Martyrium. Das weiße Martyrium und die damit verbundene Verbannung aus dem heimatlichen Kloster dient der Buße. Aufkommende Disziplinlosigkeit in den Monasterien soll damit im Keim erstickt werden. Schließlich entwickelt sich daraus die Missionstätigkeit von Columba und Cailech, deren Spuren auf dem Kontinent wir im Roman verfolgen.

Viele Urkunden und Zeitzeugnisse aus den Jahrzehnten um 600 nach Christus gingen verloren, wurden zerstört oder verfälscht. Die sich daraus ergebenden Widersprüchlichkeiten führen auch in der Wissenschaft zu unterschiedlichen Thesen. Die tatsächlichen historischen Begebenheiten sind kaum nachzuvollziehen. Doch die literarische Gattung Roman gibt die Freiheit, die Ergebnisse der umfassenden Recherchen mit der Fiktion zu verbinden.

Vorschau

Im folgenden Band suchen wir weiter nach den verborgenen Wurzeln der iroschottischen Gründungen der Monasterien von St. Gallen und auf der Insel Reichenau. Entstanden auch hier zunächst Institute des Wissens in Verbindung mit Familienklöstern? Welchen Vorstellungen, die noch heute ihre Auswirkungen haben, musste sich das universale Wissen um die hochverehrte Natur und die Sternenkunde beugen? Welche Persönlichkeit verbirgt sich hinter Otmar, dem berühmten Abt von St. Gallen, der im hohen Alter wegen Unzucht zur Kerkerhaft in der Königspfalz von Bodman verurteilt wurde?

Literatur in Auswahl

Bitel, Lisa M.: Do not marry the fat short one. The early Irish Wisdom on Women. Journal of Women's History 7, 1. 1995, S. 137-159

Diem, Albrecht: Das monastische Experiment. Die Rolle der Keuschheit bei der Entstehung des westlichen Klosterwesens, Münster 2005

Ebrard, Johann: Die iroschottische Missionskirche des sechsten, siebten und achten Jahrhunderts, Gütersloh 1873

Flechner, Roy / Meeder, Sven (Hrsg.): The Irish Early Medival Europe. Identity, Culture and Religion, New York / London 2016

Harper, Kyle: From Shame to Sin. The Christian Transformation of sexual Morality in Late Antiquitiy, London 2013

Herity, Michael / Breen Aidan: The Cathach of Colum Cille, Royal Irish Academie 2002

Jona, Mönch: Das Leben des heiligen Columbanus, übersetzt und kommentiert von Otto Abel, Neustadt 2012.

Keller, Ralf: Die Heidenhöhlen bei Goldbach – eine Höhlungsburg am Bodensee? Burgen und Schlösser 55, 4. 2014, S. 222 ff.

Meyer-Sickendiek, Ingeborg: Gottes gelehrte Vaganten. Die Iren im frühen Europa, Düsseldorf 2000

Müller, Peter R.: Columbans Revolution: Wie irische Mönche Mitteleuropa mit dem Evangelium erreichten - und was wir von ihnen lernen können, Cuxhaven 2019

Ó Corráin, Donnchadh: Die Ehe im frühen Irland (Marriage in Ireland, Hsg.. A. Cosgrove, Dublin 1985 5-24). Deutsche Übersetzung von Peter Dietsch, Troisdorf 2011.

Schär, Max: Gallus, Der Heilige in seiner Zeit, Basel 2011

Schulenburg, Jane J.: Forgetful of their Sex. Female Sanctity and Society ca. 500-1100, Chicago 1992

Walker, G.S.M. (Hrsg. und Übers.), Sancti Columbani Opera, Scirptores Latini Hiberniae, Dublin 1970

Columban, Briefe und Reden online:
https://celt.ucc.ie/index.html

Marion Harder-Merkelbach

Die Bodensee-Romane, HiStory – Welt und Mensch

Der Medicus vom Bodensee

Edition Isele, 1.-4. Auflage, 2008-10
MHM Verlag, 5.-7. Aufl. 214-2020, 219 Seiten

Süddeutschland und Italien im Jahrhundert des Konzils zu Konstanz:

Der vom Bodensee stammende Patriziersohn Andreas Reichlin gerät während seines Medizinstudiums an der Elite-Universität von Padua in den Bann einer Gruppe von jungen Visionären. Als berühmter Arzt trifft Reichlin in Rom erneut auf seine Freunde, die jetzt als Papst, dessen Kardinäle und Berater das Rad der Welt bewegen. Gemeinsam streben sie mit Hilfe der Baukunst nach Macht und Ruhm. Doch der erbitterte Kampf gegen den Schwarzen Tod, Neid, Verleumdungen und die Liebe stellen das Streben des Medicus vom Bodensee in Frage.

Handlungsorte sind Überlingen, Konstanz, Heidelberg, Padua und das päpstliche Rom.

Ein außergewöhnlicher Bodensee-Roman, der auf den wissenschaftlichen Erkenntnissen der Autorin basiert und bereits mehrfach aufgelegt wurde.

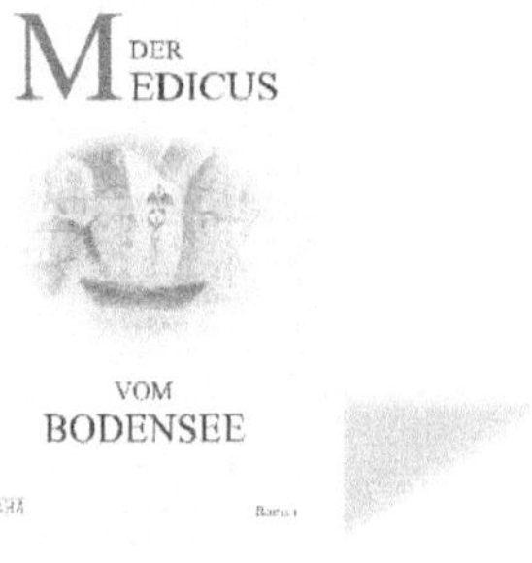

BodenSeele

MHM Verlag 2012/14, 335 Seiten

Bodensee, Schwarzwald, Herzogtum Mailand im 15. Jahrhundert:

Der aus Überlingen stammende Medizinstudent Matthias Reichlin, Sohn des **Medicus vom Bodensee**, verliebt sich in die Novizin Simarna, die uneheliche Tochter einer Ketzerin.

Die geheime Liebe entführt in die spätmittelalterliche Welt zwischen Reichtum und Armut, Kirche und Ketzerei, Bildung und Volksglaube, Frömmigkeit und Folter...

Am Ende des Buches finden sich Erläuterungen zum historischen Hintergrund der handelnden Personen.

»Marion Merkelbachs präzise recherchierter Spätmittelalterroman BodenSeele ist ein Glanzstück des Genres.« (Badische Zeitung)

»Geglückt ist der Spagat zwischen Historie und Jetztzeit, was gerade in der Figur der Simarna festzustellen ist.« (Südkurier)

Das Geheimnis des Medicus

MHM Verlag, 2015, 288 Seiten

Bodensee, Freiburg, Italien im 15. Jahrhundert zur Zeit der Vorreformation und der Renaissance:

Als Rektor der Universität und gefragter Arzt trifft der Überlinger Medicus Matthias Reichlin in der Nähe von Mailand erneut auf die von der Inquisition verfolgte Simarna. Folter und Pest, Liebe, Magie und Hexenverfolgungen bestimmen das menschliche Dasein jener Zeit. Da findet Simarna Zugang zu der verborgenen Welt eines faszinierenden Künstlers. Das Genie erforscht unermüdlich Himmel und Erde, um den Geheimnissen des Lebens und der Natur auf die Spur zu kommen:
Leonardo da Vinci.

Rätselhaft, vollkommen, All umfassend ...

»Gut recherchiert, mit viel Detailwissen und dem Gespür für eine gut komponierte Handlung und mehrdimensionale Figuren sind Harder-Merkelbachs Romane flüssig und mit Gewinn zu lesen.« (Badische Zeitung)

X – Die Geheime Quelle vom Bodensee

MHM Verlag, 2020, 222 Seiten

Europa und der Bodensee im 2. Jahrhundert nach Christus: Ein geheimnisvolles Netzwerk mit dem Erkennungszeichen X hat den Auftrag, die Welt von zürnenden Göttern, blutigen Kriegen und todbringenden Seuchen zu befreien. König Ghrian und das keltische Mondkind Ceili begeben sich von Britannien aus auf eine geheimnisvolle Mission. Während ihrer Reise ins Ungewisse treffen sie auf den Druiden Dru und weitere Gleichgesinnte. Am Bodensee erwartet die Visionäre schließlich ein erbitterter Kampf auf Leben und Tod ...

Ein packender Bodensee-Roman, der den Leser zu den verborgenen Wurzeln unserer Kultur führt

Leserstimmen (Lovelybooks):

"Gerade die Mischung aus Geschichte, historischer Handlung und Dramatik haben für mich den Roman so lesenswert gemacht."

"Ich war sehr gespannt, und wurde nicht enttäuscht, das Buch zeigt sehr viele Parallelen zur heutigen Zeit auf."

Die Autorin und die Bodensee-Romane

Marion Merkelbach entführt die Leserinnen und Leser auf eine Zeitreise in eine in Vergessenheit geratene Epoche der europäischen Kultur. Das Studium der Kunstgeschichte und der Archäologie in Freiburg und in Italien bildet die Grundlage für ihre Recherchen zu Liebe, Leid und Leidenschaften der historisch belegten Protagonistinnen und Protagonisten. Die Idee zu ihrem ersten historischen Roman (*Der Medicus vom Bodensee*, 2008–2020, 7. Aufl.) entwickelte sich aus ihrer Promotion zur Architektur der Renaissance in Italien und weiteren wissenschaftlichen Arbeiten. Seither führt sie die Spurensuche auf Rechercheeisen durch ganz Europa – unter anderem nach Irland, Schottland, Frankreich, Italien und Deutschland. Darüber hinaus bietet ihr das Leben am geschichtsträchtigen Bodensee eine unermüdlich sprudelnde Inspirationsquelle für die *Bodensee-Romane, HiStory – Welt und Mensch*.

www.marion-merkelbach.de

YouTube – MHM Verlag, Marion Merkelbach